월 경 의
정 치 학

월경의 정치학

아주 평범한 몸의 일을 금기로 만든 인류의 역사

ⓒ박이은실, 2015

초판 1쇄 펴낸날 2015년 11월 10일
초판 2쇄 펴낸날 2020년 3월 10일

지은이 박이은실
펴낸이 이건복
펴낸곳 도서출판 동녘

전무 정락윤
주간 곽종구
편집 구형민 정경윤 박소연
영업 권지원
관리 서숙희 이주원

인쇄·제본 영신사 **라미네이팅** 북웨어 **종이** 한서지업사

등록 제311-1980-01호 1980년 3월 25일
주소 (10881) 경기도 파주시 회동길 77-26
전화 영업 031-955-3000 편집 031-955-3005 **전송** 031-955-3009
블로그 www.dongnyok.com **전자우편** editor@dongnyok.com

ISBN 978-89-7297-744-5 93300

아주 평범한 몸의 일을
금기로 만든 인류의 역사

월경의 정치학

박이은실 지음

동녘

차례

1장 월경은 어떻게 금기가 되었나
문화인류학적으로 본 월경

2장 여성의 몸을 통제해온 종교
비교종교학적으로 본 월경

불편한 마음으로 의기투합할 수 있기를

월경에 관한 책을 쓸 거라고 말했을 때 주변의 반응은 시큰둥했다. 그 반응을 어느 정도 짐작할 수 있었다. 많은 여성들에게 월경이란 가능하면 고통 없이, 흔적 없이 치르고 싶은 월례행사에 가깝다. 월경을 한다는 것은 다양한 차원의 고통을 수반한다. 꼼짝하지 못할 통증 덕분에 하루 종일 드러누워 있어야 하고, 다종다양한 생리대 시장에서 제 몸에 걸맞은 제품을 고민 끝에 선택해야 하고, 쉽게 썩지 않는 일회용 생리대 폐기물이 보이지 않는 어딘가에 쌓인다는 사실에 괴로운 심정이 들기도 한다. 게다가 적지 않은 금액을 들여 평생 소비할 생리대를 구비해야 하는데 한 여성이 일생동안 소비하는 생리대를 화폐로 환산하면 전 세계가 열광하는 최신 컴퓨터를 넉 대 장만할 수 있는 금액이다. 이렇듯 월경은 '어떤 고통도 흔적도 없이' 치러지지는 않는다.

월경은 생물학적 존재로서 여성을 규정하는 대단히 중요한 사건이다. 여성의 생물학적 특성을 반영하는 월경은 사회문화적 맥락에서 '여성혐오'의 소재로 악용되기도 한다. 날이 갈수록 노골적이고 가혹해지는 여성혐오 풍조는 인터넷상에서 뿐만 아니라 생활의 곳곳에서 횡행하고 있다. 그리고 '혐오스러운 종의 특성'을 가진 집단을 규정하는 핵심에 생물학적 특성의 상징과 같은 월경이 자리하고 있다.

이 책은 필자의 십 년 간의 문제의식을 정리한 결과물이다. 월경에 대한 연구는 필자의 학위 논문의 문제의식에서 시작되었다. 당시 연구의 결과물은 말레이시아에서 《Body that Bleeds》로 출간되었다. 필자의 유학 시절 이루어진 출간이었기에 한국 독자에게 우리말로 소개하지 못한 아쉬움이 늘 있었다. 그 아쉬움이 마음에 남아 기존의 연구 성과를 새롭게 구성하고 보충한 한국어판 출간을 결심하게 되었다. 특히 한국 사회의 특성을 고려해 각별하게 이야기되어야 할 주제들을 추가했는데 월경에 관한 기존의 대중 담론이 좀 더 다양하고 깊은 시각으로 논의되었으면 하는 바람이다.

'여성' 대통령이 재임 중인 한국이다. 또한 '차별받는 남성'에 대한 이야기를 하자는 남성들과 '페미니스트'가 싫어서 사막 한가운데에서 사람을 목 베어 죽이는 문제적 집단에 소속되고자 나라를 떠난 청년이 존재하는 한국이다. 그의 행동을 지지하는 이들에게 특히 '월경'이라는 주제와 그것을 보는 눈을 통해서 '페미니즘'과 '여성'에 관한 이야기를 다시금 들려주고 싶다. 이 책이 읽는 이들의 마음을 불편하게 하고 흔들어 놓을 수 있는 힘을 갖기를 간절히 바란다. 그리고 마음이 움직인 분들이 모여 의기투합할 수 있는 계기가 되어준다면 저자로서 더 바랄 나위가 없겠다.

집필에 집중할 수 있도록 도와주신 고마운 분들 덕분에 이 책이 출간될 수 있었다. 방문연구원으로 연구에 집중할 수 있도록 해주신 말레이시아 국립대학교 말레이시아학 및 국제학 연구원 분들, 특히 롸쉴라 람리Rashila Ramli 교수, 땀 슈인Tham Siew Yean 교수, 압둘 라흐만 엄봉Abdul Rahman Embong 교수께 깊은 감사를 드린다. 바쁜 일정 중에도 세심히 배려해준 헬렌 팅 무 훙Helen Ting Mu Hung 교수와 행정 일을 꼼꼼하게 진행해준 나자뚤무나 함단Najatulmuna Hamdan에게도 고마움을 전한다. 투병 중에도 집필에 열중하시고 사회활동을 놓지 않고 계신 노라이니 오트만Norani Othman 교수께 특별한 감사를 전한다. 차 없이 생활이 불편한 말레이시아에서 선뜻 차를 빌려준 나의 친구 말라유 대학교 중국학과 응우 익티엔Ngu Ik Tien 박사에게도 많이 고맙다.

한국을 떠나 있는 동안 한결같이 마음의 응원을 보내주셨던 여성문화이론연구소 선생님들, 특히, 〈여/성이론〉 편집주간을 선뜻 대신 맡아주셨던 이해진 선생님과 멀리 말레이시아까지 책을 보내주셨던 손자희 선생님, 지난 겨울 몸과 마음의 여유가 없는 상황에서도 시간을 쪼개어 마음을 나눠주시고 응원을 해주신 고정갑희 선생님께 깊이 감사드린다.

이 책이 문화인류학 저서이자 문화연구 저서이며 여성학 저서이기도 하다는 점을 가장 반가워해주실 분은 페미니스트 문화인류학자이자 내 박사논문 지도교수셨던 김현미 선생님일 것이다. 잘 먹고 힘내라며 한 상 차려주신 그 밤을 두고두고 잊지 못할 것 같다. 구제역 사태 이후 채식으로 전향한 탓에 비록 먹지는 못했지만 한겨울 일산에서 망원동까지 고깃국을 끓여 손수 들고 오셨던 나임윤경 선생님께도 같은 마음이다.

늘 곁을 지켜준 힘이 되는 친구들에게도 고맙다. 특히 기사에 치여 살면서도 싫은 내색 없이 초고를 읽어준 친구 이유진에게 많이 고맙다. 내 삶을 언제나 응원해주는 든든한 버팀목 큰언니 박은정과 작은언니 박은주에게도 깊은 고마움과 사랑을 전한다. 세월이 갈수록 말레이시아 '가족들'이라는 말 밖에는 적당한 말이 없는 이들, 내 오랜 친구 리 옌옌과 그 가족들에 대한 고마움 또한 깊다. 옌옌이 없었다면 이 책은 나올 수 없었을 것이다. 어느 날 엄마가 긴 시간 사라져 어리둥절했을 나의 자식들, 고양이 우렁찬과 우렁진, 나의 부재동안 그 아이들을 살뜰히 돌봐주었던 조카 안영실, 막바지 작업을 하는 동안 심신의 안녕을 지켜준 지리산 친구들, 특히, 신강과 김희경에게 감사하고 여러 가지로 도움의 손길이 되어 준 내 학생이자 동료이자 친구인 황은교에게도 고마움을 전한다.

마지막으로 이 책을 낼 수 있도록 뜻을 함께 해 주었던 동녘의 이정신 편집자와 박은영 편집자께 큰 감사의 마음을 전한다. 두 분이 없었다면 이 책은 한국 구경을 하지 못했을 것이다.

인류의 절반이 겪는 아주 평범한 일

신체적 차이는 … 사회적으로 실천됨으로써
하나의 사회적 사실로 변형되지 않는 한
어떤 의미도 갖지 않는다.[1]

인류의 절반은 대략 십삼세부터 오십세까지 약 오백 번 주기적으로 피를 흘리는 행사인 월경menstruation[2]을 한다. 많은 문화권에서 월경은 일종의 터부, 즉 금기로 존재해 왔다. 그 말을 입에 올리는 것조차 금기시되는 시대와 문화권도 있었다. 월경을 하는 동안은 살던 곳에서 외떨어져 혼자 생활한 시대와 문화권도 있었으며 지금도 이 관습이 어느 정도의 변형을 거쳤을지언정 본질적인 의도가 크게 달라지지 않은 상태로 유지되고 있는 곳도 있다.

'과학'은 우리로 하여금 그러한 관습이 미개한 믿음이자 여성 차별적인 문화에 근거한다고 생각하도록 만들었다. 동시에 '과학'은 우리로 하여금 월경이 아닌 '생리'라는 말을 더 자주 쓰도록 만들었고, 생리란 처방과 약으로 다스려야 하는 일종의 '비정상적 상태'라고 생각하도록 가르쳐 왔다. 과학의 이름으로 월경의 주술적 마력이 제거되고 그 덕분에 모종의 '오염' 상태에서 벗어나게 되었지만, 그 대신 여성은 한 달에 한 번 비정상적 상태 혹은 열등한 상태로 존재하는 인간이 되었다. 우리는 그러한 과학의 성취를 '진보'라고 불러왔다. 이 책은 기본적으로 그러한 인식이 과연 합당한지, 아니면 누군가를 곤란에 빠뜨리고 동시에 또 다른 누군가는 그 상황으로 인해 이득을 취하게 해 온 것은 아닌지 묻는다.

인간의 난소는 약 백만 개의 난포를 가지고 있다. 이 중에서 약 사백 개가 성숙하여 사춘기에 이르면 배란될 준비를 갖춘다. 배란 후 약 십사 일이 지나면 질을 통해 혈액과 점액질이 섞인 형태가 흘러나오게 된다. 월경 액의 이분의 일에서 사분의 삼정도는 혈액이고, 나머지는 점액질과 자궁 내 점막 조직들, 질에서 나온 세포막 등으로 혈액 외의 것이 포함되어 있으며 그 양은 약 20-80cc로 한 숟가락 정도다.[3] 월경혈은 혈관 속 피보다 열세배 정도 연하고 일반 혈액처럼 응고되지 않는다. 임신이 되면 난자는 생식을 시작하는데 정자를 만나 생식을 시작한 난자 여섯 중 하나는 자연유산되고 종종 몸에 재흡수되기도 한다. 이런 경우 자신이 임신한 상태인지조차 전혀 눈치 채지 못할 수도 있다. 임신 기간을 제외하고 질 밖으로 월경혈이 흘러나오는 월경은 완경기, 즉 마지막 월경이 있기까지 반복된다. 완경은 마흔에서 예순 사이에 일어나는데, 그 과정은 육 개월에서 삼 년 동안 진행된다.[4]

월경은 세계인구의 약 절반이 생애의 상당기간을 경험하는 지극히 평범한 생물학적 신진대사다. 그러나 그것은 문화에 따라 그리고 사람에 따라 서로 다르게 경험된다. 초경, 즉 첫 월경은 전 세계의 다양한 문화권에서 다양한 방식으로 다뤄져 왔다. 어떤 문화에서는 축하하기도 하고 어떤 문화에서는 감추기도 하며 어떤 문화에서는 아무런 관심을 받지 못한다. 같은 문화권 안에서도 개인적 상황에 따라 초경이 축하받고 싶은 일이 되거나 관심을 피하고 싶은 일이 되기도 하며 때로는 결코 알리고 싶지 않은 끔찍한 일이 되기도 한다. '이제 아이를 가질 수 있게 되었구나!', '너는 엄마가 될 소중한 몸이란다' 하며 자신을 껴안는 어머니들이나 어른들의 말 또한 칭찬이나 응원으로 들리기보다 불편한 말로 여겨지기도 한다. 몇 년 전 번역 출간된 《마이 리틀 레드북》은 다양한 연령의 사람들이 초경을 어떻게 경험했는지를 다루고 있는데, 이 책 속에 등장하는 사람들은 자신의 어머니가 다리 사이에 손을 넣어 '실이 매달린 핫도그'를 빼내는 걸 보고 충격을 받기도 하고, 색을 확인할 수 없는 시각장애인의 경우 월경을 소변이 나온 것으로 착각하기도 하고, 또 다른 누군가는 자신이 죽을병에 걸린 줄 착각하기도 하고, 임시방편으로 어머니가 가져다준 '기저귀'를 보고 부끄러워하기도 한다. 혹은 여성의 신체를 거부하기에 여성임을 증명하는 듯한 초경을 재앙으로 경험하는 이들도 있다.

초경 이후 계속되는 월경 또한 다양하게 경험된다. 그것은 통증을 동반하는 창피하고 수고스러운 일로 경험되기도 하고, 달의 주기를 체험하는 몸의 신비를 긍정하는 기회로 해석되기도 하며, 성스러운 것들을 오염시키는 더러운 것으로 인식되기도 하고, 그것을 할 때마다 죽고 싶을 만큼 끔찍한 경험으로 체험되기도 한다. 한편, 월경을 긍정적으로 겪고자 하는 이들에게도 여전히 많은 경우 그것은 속삭여 말해야 할 만큼 공공연하게 이야기하기에는 뭔가 마음이 불편한 것이기도 하고, 하얀 상태로 있지 못하게 될까 봐 전전긍긍해야 하는 월례 행사이기도 하다. 이처럼 월경의 경험은 단일하거나 단순하지 않다.

　몸은 단순히 생물학적 현상이 자연적으로 일어나는 물리적 공간이 아니다. 몸이란 무엇보다도 '젠더'[5] 규범이 구성되고 체화되고 또 발현되는 정치적 현장이다.[6] 예를 들어, 여성[7]의 몸은 가부장적 사회체계 안에 현존하는 위계적 젠더 구조와 규범, 그리고 젠더 질서를 정당화하는 데에 주요하게 동원되어 왔다.[8] 여성의 몸은 여성이 남성과 '다르다'는 인식의 근거가 되어 왔고, 여성이 남성보다 '열등하다'는 관념을 정당화하는 데 쉽게 동원되어 왔다. 가부장적 사회체제에서 남성과 연관된 것은 일종의 규범으로 인식되는 반면 여성과 연관된 것은 규범과 다른 것 또는 규범 외의 것으로 인식되는 경향이 있다. 이런 경향 하에서는 여성은 주체가 아니라 타자 the other이며 남성에 종속된 존재거나 주체인 남성에 비해 부차적인 존재로 여겨진다. 이때 여성의 '다른' 몸은 여성의 타자성otherness의 토대로 인식된다.[9]

　셰리 오트너Ortner는 이 점을 상세히 다루면서 임신, 수유, 생리 등 여성의 몸이 갖는 다양한 측면들이 여성이 남성과 다르다는 것을 증명하는 '증거들'로 인식되며, 이러한 증거들은 여성이 이성적 존재이기보다는 몸에 가까운 존재로 여겨지도록 해왔음을 역설했다. 여성이 이성의 영역보다 몸 영역에 더 가까운 존재라는 인식은 여성은 자연에 가까운 존재이고 남성은 문화에 가까운 존재라는 인식으로 이어진다. 자연을 다스리는 문화는 자연보다 우위에 있어 자연과 대등하지 않고 같은 이유로 남성과 여성은 대등하지 않으며 당연히 이성적 존재인 남성이 자연과 쌍을 이루는 여성의 우위에 있다는 논리로 이어졌다. 여성은 자연이고 남성은 문화이며 자연이 문화보다 열등한 위치에 있듯 여성은 남성보다 열등한 존재라는 인식인 것이다.[10]

이러한 인식체계에 따르면 남성의 몸은 아무런 문제가 없는 몸, 규범이 되는 몸으로 간주된다.[11] 여성의 몸만이 규범이 되는 몸과 다른 몸, 따라서 문제적인 몸으로 인식된다. 여성의 몸이 통제되고 규제받을 필요가 있다는 생각을 불러온 것은 다름 아닌 바로 이러한 인식체계였다.

《성의 역사History of Sexuality》에서 미셸 푸코Foucault는 몸이 어떻게 한 사회의 담론을 통해 지배당하고 통제받는지를 분석했다. 푸코에 따르면, 모든 사회는 개개인이 자신의 내면에 특정한 규범과 정체성에 귀착하려는 욕망을 갖게 함으로써 스스로의 행위와 외형을 관찰하고 감독하고 이를 통해 궁극적으로 지배 집단의 헤게모니를 지속시킨다. 한 사회가 생산하는 특정한 지식, 특히 몸에 대한 지식이 헤게모니를 지속시키는 데 복무하게 된다. 오랫동안 지구 곳곳에서 여성의 몸은 숱한 사회문화적 규제와 통제의 대상이 되어 왔다. 여성의 몸은 덮이고(베일), 잠기고(정조대), 주물 틀에 넣어지고(코르셋), 뒤틀리고(전족), 조형되고(성형) 때로는 인간을 생산하기 위한 도구로 사용되어 왔다(대리모).

생물학적 결정론자들, 즉 모든 것은 태어날 때 이미 생물학적으로 결정되어 있다고 보는 이들은 젠더 차이가 여성과 남성의 생물학적 차이에서 비롯되며, 이 생물학적 차이는 유전자적 차이에서 비롯된다고 주장해 왔다. 생물학적 결정론자들에게 젠더 차이란 불가피하며 생물학적으로 고정되어 있는 것이다. 때문에 젠더화된 위계 또한 사회문화적으로 만들어지는 것이 아니라 자연적으로 결정되는 것이라고 주장한다.[12] 그들은 이 주장을 입증하기 위해 사회문화적 영향을 전혀 받지 않은 문화적 진공상태에 있는 순수한 몸을 상정한다. 그러나 어떤 인간이든 사회와 문화 안에서 탄생하기 때문에 출생을 시작점으로 이미 젠더화된 몸이 된다고 보아야 한다. 문화적 진공 상태에서 태어나는 인간을 상정하는 것은 불가능하기 때문에 생물학적 결정론자들의 논리적 토대는 질문되어야 하는 것이지 액면 그대로 받아들여져서는 안 된다.

페미니스트들은 생물학이 과학의 이름으로 만연해 있는 젠더 관념들을 정당화하는 데에 동원되어 왔음을 주지하며 이에 대해 오랫동안 논쟁해 왔으며, 젠더가 사회적으로 구성된다는 사실을 논증함으로써 생물학적 결정론자들의 주장을 반박해 왔다. 또한 생물학적 결정론을 뒷받침 해 온 과학 자체의 남성중심성과 이를 바탕으로 생산되어 온 지식 자체에 대한 문제제기를 지속해 왔다.

월경은 차이와 차별이 페미니즘에서 핵심적으로 다뤄지는 가운데 점점 많은 학자들이 탐구하게 된 영역이다. 월경이야말로 여성과 남성이 몸으로 보이는 두드러진 차이의 상징으로 쉽게 인식되기 때문이다. 월경은 차이와 타자성이 드러나는 표식으로 인식되어 왔고, 앞서 언급했듯이 여성이 남성보다 열등하다는 것을 증명하는 증거로 여겨졌다. 또한 '폐경閉經'[13] 혹은 비교적 최근에 발명되어 대중화된 용어라 할 수 있는 '메노포즈menopause'[14]는 역시 새롭게 발명되어 대중화되고 있는 용어 '월경전증후군(Pre-menstrual Syndrome, 이하 PMS)'과 함께 여성을 감정적으로 그리고 지적으로 문제적인 존재로 만들어 사회 활동, 지위, 의례에 참여하는 것을 제약하는 '제어되지 않는' 원인으로 여겨져 오기도 했다.

월경은 매우 보편적인 생물학적 행사이지만 많은 문화권에서 생물학적 행사 이상의 것으로 인식되어 왔다. 이런 맥락에서 월경이 생물학적 영역 너머에서 어떻게 인식되고 있는지를 면밀히 들여다보는 것은 페미니스트 문화정치학에 매우 필요한 일이었다. 월경하는 사람들은 어떻게 월경을 경험해 왔고 일상생활에서 월경을 어떻게 대면해 왔을까? 각 사회문화에 침윤되어 있는 월경에 대한 인식들은 월경하는 몸에 대한 구체적인 이해와 관념에 어떤 영향을 미쳐 왔을까? 월경에 대한 사회문화적 시각과 개인 각자가 가지고 있는 시각은 여성 몸에 대한 사회문화적 시각과 어떻게 교차해 왔을까?

이런 물음과 함께 월경이라는 주제가 페미니스트들 사이에서 본격적으로 주목받는 주제가 되어 담론화된 것은 그리 오래 되지 않는다. 초기에 소위 가모장제matriarchy[15] 개념과 뉴에이지New Age 여신운동과 연결되어 학문적 주제나 사회운동의 관심분야로 부상했고 점차 대중서적을 통해서 다뤄지기 시작했다.[16] 그러나 월경이 몸에 대한 페미니스트 논쟁에서 갖는 중요한 위치를 감안할 때 한국을 포함한 대다수 사회에서 그에 걸맞은 충분한 연구가 왕성하게 되지 못한 것도 사실이다.

이 책은 월경을 페미니스트 문화정치학으로 적극적으로 들여와 다각적이고 비교문화적인 측면에서 월경을 바라본다. 월경을 문화인류학적으로, 비교종교학적으로, 지식사회학적으로, 문화경제학적으로 두루 살펴보았으며 한국뿐만 아니라 중국, 인도, 이슬람 문화권 등에서의 월경문화를 함께 살펴보고자 했다.[17] 우선, 1장에서 월경이라는 주제를 어느 학문분과에서보다 적극적으로 다뤄온 문화인류학적 시각에서 월경이 어떻게 논의되어 왔는지를 들여다보고 월경이 단순히 하나의 시각에서 인식되어 온 것이 아니라 그 의미가 역사적이고 사회문화적인 맥락 속에서 구성되어 왔음을 살펴보았다. 2장에서는 어떤 사회제도보다 가장 풍부하게 월경에 대해 논해 온 종교에서 월경이 어떻게 다뤄지고 또 이것이 각 종교를 따르는 이들에게 어떤 인식론적 영향을 미치게 되었는지를 다루었다. 3장에서는 근대가 시작되면서 종교의 자리를 대체하여 지식 영역과 생활 영역을 관장해 온 과학이 어떻게 종교와는 다르지만 결과적으로는 유사하게 월경과 여성의 몸에 대한 적절하지 않은 개입을 해 왔는지를 들여다보았다. 특히 과학적 지식이라는 이름하에 월경에 대해 어떤 교육이, 어떤 방식으로, 누구에 의해서 진행되고 있는지를 살펴보았고 과학적 사실 혹은 지식이라고 간주되는 의학적 지식이 어떤 방식으로 월경과 월경하는 몸을 폄하하는 방식으로 생산되고 유통되고 있는지를 살펴보았다. 4장에서는 월경과 가장 밀접한 소비재가 된 생리대 시장을 일회용 생리대의 역사, 광고 내용의 변천과정, 시장 규모 등을 중심으로 살펴보았다. 5장에서는 1장에서 4장까지 살펴본 내용들을 배경으로 살아가는 월경하는 사람들의 일상을 들여다보고 월경이 일상 문화에서 어떻게 인식되고 그러한 인식에 큰 영향을 미쳐온 것이 무엇인지를 살펴보았다. 여성들이 월경을 어떻게 인식하는지를 들여다보고 그러한 인식이 특히 주요 종교가 여성의 몸과 월경에 대해 갖는 시각과 어떻게 연관되어 있는지를 짚어보았다. 나가는 말에서는 페미니스트 몸정치학을 소개하고 대안적인 월경문화 생산과 소통을 위해 그동안 한국 사회에서 어떤 문화정치적 운동들이 있었는지를 간단하게 살펴보았다. 그리고 월경하는 몸은 '참을 수 없이 무거운' 의미 덩어리들로 덕지덕지 쌓이고 덮여 있으며, 그 의미가 긍정적인 것으로 간주되든 부정적인 것으로 간주되든 궁극적으로 월경하는 몸, 피 흘리면서도 멀쩡히 살아가는 존재들을 '양가적 존재'로 만듦으로써 언제든지 지배 질서의 필요에 따라 편리하게 동원될 수 있는 '유순한 몸'으로 만드는 것일 뿐임을 주장한다. 월경하는 몸이 해방되기 위해서는 월경을 긍정적으로 보게 하도록 애쓰기보다는 각자의 월경이 각자의 상황에서 존재하며 각자의 필요에 따라 다뤄질 수 있도록 '렛 잇 비Let it be'하는 것이라고 주장한다.

월경하는 당사자를 중심으로 살펴보면 초경에 축하를 보내는 사회가 반드시 월경하는 사람에게 좋은 사회이거나 무관심으로 일관하는 사회가 반드시 월경하는 사람에 대해 부정적인 사회라고 하기 어렵다. 심지어 월경을 '저주'로 여기는 사회조차도 무엇보다 먼저 그 안의 맥락을 꼼꼼히 살필 필요가 있다. 그러다 보면 축하와 부정이 동전의 양면이기도 하다는 것을 발견하게 되고 결국은 차라리 개별 여성들의 각기 다른 요구와 상황에 맞게 충실히 귀

기울여주는 것이 한 사회가 월경하는 이들에 대해 취할 수 있는 가장 바람직한 태도가 아닐까 하는 생각이 절로 들게 된다. 존재하는 모든 것이 그렇게 존재할 수 있도록 해 주는 것, 그것이야말로 존중과 해방이 갖는 공통분모이며 '좋은' 사회가 추구해 가야할 길이 아니겠는가.

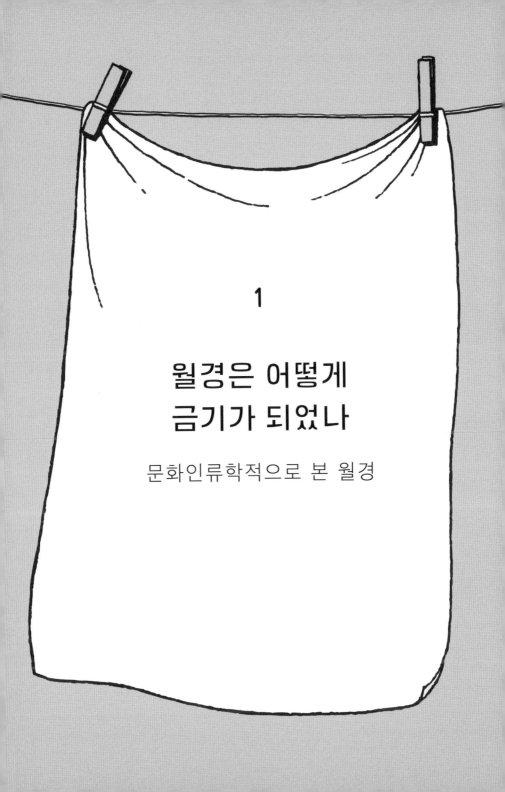

1

월경은 어떻게
금기가 되었나

문화인류학적으로 본 월경

최초의 난자 배출은 조용히 일어난다. 그것은 최초의 정자 배출이 남자다움이라는 세계에 첫발을 딛는 자랑스러운 경험으로서 사회화되는 사건과는 대조적이다. 첫 월경과 첫 사정은 당사자들에게 주목할 만한 경험이다. 난자와 난자를 둘러싸고 있던 피가 몸 밖으로 배출되는 최초의 경험인 초경은 그것을 겪는 이가 알아야 할 갖가지 제약들에 대한 가르침과 함께 시작된다. 월경은 대체로 뿌듯하거나 흐뭇한 혹은 자랑스러운 마음으로 경험되도록 만들어지지 않는다. 영어권 서구 문화에서 월경은 심지어 '저주'라고 불리어왔다. 한국을 포함한 아시아 문화에서도 정도의 차이는 있지만 그 태도가 크게 다르지 않다.

단과 모나겔Dan & Monagel은 비교문화적 연구를 통해 월경에 대한 이해가 사회마다 상이하며 월경에 대한 인식은 월경의 어떤 절대적인 특성에 대한 지식이 아니라 그 사회에서 특정하게 구성된 것이라고 보았다.[18] 예를 들어, 고대 그리스 철학자 아리스토텔레스는 월경혈이 여성의 몸이 남성의 몸처럼 효과적으로 모든 양분을 다 사용할 수 없기 때문에 여성의 몸에 남게 되는 불필요한 영양분 찌꺼기가 배출되는 것이고, 이 부분이 여자가 재생산에 기여하는 유일한 부분이라고 생각했다.[19] 고대 로마 자연학자 플리니는 월경혈을 '죽음에 이르는 독극물'이라고 생각했다.[20] 한편, 월경이 사실상 살아본 적이 없는 죽은 사람으로 인식되는 경우도 있고, 어네스틴 프리들Friedl의 주장처럼 월경이 임신되지 않았음을 말해주는 것이기 때문에 죽음의 징후로 해석되기도 한다.[21] 예를 들어, 마오리인들은 월경혈을 인간이 되려다 만 물질로 간주한다. 피가 흘러나오지 않았다면 인간이 되었을 것이라고 믿기 때문이다. 이런 이유로 마오리문화에서 월경혈은 한 번도 살았던 적이 없는 죽은 인간의 지위를 갖기도 하는 것이다. 이와 같이 몇 가지 사례만 보더라도 지극히 평범한 생물학적 행사인 월경이 많은 사회에서 그저 단순한 생물학적 행사로 여겨지지만은 않는다는 것을 알 수 있다. 월경은 광범위하고 다양하게 특별한 상징들을 가진 것으로서 묘사되어 온 것이다.

문화인류학자들은 이런 점들에 주의를 기울였고 여러 연구들에서 월경에 대한 관심을 발견할 수 있다. 그 연구물들을 다음과 같이 세 가지 측면에서 검토해 볼 수 있다. 첫째, 월경이 특정 사회에서 다뤄지는 방식에 대한 연구이다. 예를 들어, 월경 금기와 월경 축하연의 경우가 있다. 둘째, 한 사회에서 발견되는 월경 터부의 이유와 이것이 다른 사회적 상황들과 갖는 관계를 설명하는 연구이다. 셋째, 월경에 대한 태도가 여성들의 삶에 어떤 영향을 끼치고 직간접적으로 어떤 결과를 만들어내는지에 대한 연구이다.

월경에 관한 터부들

매리 더글러스Mary Douglas는 월경에 대한 터부는 인류 문화에 보편적으로 존재하며 이러한 보편성은 '월경 오염menstrual pollution'이라는 개념의 결과라고 보았다. 토마스 버클리와 알마 고틀립Buckley & Gottlieb은 월경 터부의 보편성 이론에 동의하지 않았다. 이들은 월경에 대한 인식은 사회마다 다르며 심지어 한 사회에서도 다를 수 있다고 주장했다. 또한, 월경 터부가 발견되는 사회에서조차도 그것은 월경 중인 여성에 대한 금기로 이해되기보다는 경우에 따라 월경 중인 여성을 보호하는 터부로 이해되어야 한다고 주장했다.

다음에서 월경을 월경 터부 혹은 월경 회피라는 측면에서 다룬 연구들을 세 가지 측면, 즉, 월경 오염을 위험으로 보는 월경 터부, 월경에 대한 모호한 사회적 태도, 그리고 월경 축하 문화를 중심으로 나눠서 살펴보도록 하겠다.

오염원으로서의 월경

많은 사회에서 월경은 무엇인가를 오염시키고 따라서 위험한 것이라는 인식이 있었다.[22] 더글러스는 《순수와 위험Purity and danger: an analysis of concepts of pollution and taboo》에서 보편적으로 월경은 무엇인가를,

특히 성스러운 것을 오염시키는 것으로 인식되어 왔다고 주장했다. 이 같은 월경오염 이론은 이후 인류학과 사회학에서 오랫동안 중요한 위치를 점하며 유지되어 왔다.

월경오염 이론을 뒷받침하는 예는 어렵지 않게 찾을 수 있다. 고대 로마의 자연학자 플리니는 월경혈이 '포도주를 상하게 만들고, 철을 무뎌지게 만들며, 개를 미치게 한다'고 믿었다.[23] 플리니는 월경혈이 '오줌을 상하게 만들고 썩게 만들며, 씨앗에서 생식력을 빼앗고, 벌레를 죽이며, 정원의 꽃과 잔디를 단숨에 없애버리고, 과일이 가지에 붙어있지 못하게 만든다'고 믿기도 했다.[24] 월경혈이 살아 있는 것들을 해칠 수 있다는 믿음은 월경 중인 여성들은 왜 고기를 간하는 일을 하지 말아야 하는지(고기를 상하게 할 수 있으므로), 왜 농사일을 하지 말아야 하는지(농작물이 상할 수 있으므로), 그리고 왜 포도주나 맥주 주조를 하지 말아야 하는지(포도주와 맥주 맛이 나빠질 것이므로)를 말해주는 것이라 여겨졌다.[25] 존 리드 스완튼Swanton에 따르면, 그와 같은 믿음은 월경 중인 여성들이 생선과 사슴고기에 접근하지 못하게 하고 불을 붙이지 못하게 하는 관습을 가진 티무쿠아Timucua인들 사이에서도 관찰되었다. 머빈 메깃Meggitt은 호주의 선주민 부족 중에서는 월경혈이 남자를 죽일 수도 있다는 믿음이 있어서 실연당한 여자들이 자신을 버리고 떠난 연인에게 복수하기 위해 그 남자가 먹을 음식에 월경혈을 넣기도 했다고 말한다. 월경을 위험한 것으로 보는 시각은 마저리 울프Wolf의 글에서도 발견된다. 울프는 월경이 무엇인가를 오염시킨다고 보는 대만의 전통 사회에서 월경에 대해 갖는 사회적 태도를 설명하면서 다양한 종교적 터부와 관습적 터부들이 월경 중인 소녀와 여성들에게 강요된다고 주장했다.

이처럼 많은 문화들에서 월경 오염에 대한 공포가 있었다. 어떤 경우에는 초경을 하게 된 소녀가 공동체로부터 한시적으로나마 고립되기도 하고 월경 중인 소녀 자체가 터부로 취급당하거나 따돌림을 당하기도 한다. 알래스카의 콜로쉬Kolosh인들은 초경을 하는 소녀를 일 년 동안 꼬박 오두막에서 혼자 지내게 하고, 호주의 몇몇 선주민들은 초경하는 소녀가 다른 이들에게 끼칠 위험을 줄이기 위해 소녀들을 모래로 묻기도 했다고 한다.[26] 월경혈이 이런 가공할 힘을 가지고 있다고 믿었기 때문에 다른 이들, 특히 남자들을 해칠 수도 있는 흑마술에 사용될 수 있는 위험한 것 혹은 위협적인 것으로 간주되었다. 때문에 월경혈은 그 사회가 중요하게 생각하거나 숭배하는 것을 더럽히고 오염시키며 그 사회의 질서를 교란시킬 수 있는 것이고, 월경 중인 사람은 되도록 멀리 떨어져 있게 하거나 감춰져야 하며 특히 남자로부터 떨어져 있게 해야 한다고 여겨졌다.

모호한 것으로서의 월경

버클리와 고틀립은 어떤 사회에서는 월경이 완전한 오염인으로 여겨지기보다는 오히려 어떤 모호한 물질로 인식된다고 주장했다. 월경은 생명에 위험한 것으로 여겨지기도 하지만 한편에서는 생명을 보호하는 것으로도 여겨진다는 것이다. 예를 들어, 월경혈은 악귀를 쫓는 힘이 있다고 여겨졌고 월경 중인 여성의 창조적 기운이 다른 것들의 악영향을 받지 않도록 보호하는 데에 월경혈이 사용되거나 보관되기도 했다.

데보라 윈슬로우Winslow의 연구에 따르면, 스리랑카에서는 월경이 불교도들 사이에서는 우주의 순수성과 사회에 위협을 가하는 것이라 여겨지지만 기독교도들 사이에서는 여성들을 외부 위협에 취약하게 만드는 것이라 여겨진다. 릴리 카라치Kharrazi는 시리아의 유대교 여성들이 월경에 대해 보이는 이와 유사한 양가적 태도를 보고한 바 있다. 버클리는 유록Yurok 여성들 사이에서 월경이 여성의 힘을 제약하면서 동시에 강화하는 양면적인 것으로 인식되고 있다는 사례를 발표하기도 했다.

이처럼 월경에 대한 단일한 시각만 있는 것이 아닌 경우에도 여성들이 월경 터부를 계속해서 지키는 이유에 대해 데니스 로렌스Lawrence는 그것이 오염 개념과는 관련이 없다고 주장했다. 로렌스는 포르투갈의 한 마을을 사례로 들고 있는데, 이 마을에서는 돼지를 잡아 소시지를 만들 때 전통적으로 이웃 여자들을 초대해 함께 만든다. 이때 집주인 여자는 집안 형편 등 마을 전체에 알리고 싶지는 않은 문제들에 대해 사생활을 지키기 위해 집으로 초대할 이웃을 조심스럽게 선택해야 한다. 집주인 여자는 초대하고 싶지 않은 여자들을 빼기 위하여 월경 중인 여자는 고기와 접촉하지 말아야 한다는 월경 터부를 교묘히 이용한다. 이처럼 여자들이 월경 터부를 자신의 이해관계에 따라 이용할 수도 있기 때문에 월경 터부를 굳이 없애려고 하지 않는다는 것이다.[27]

월경에 대한 부정적 인식과 태도가 팽배한 사회에서는 월경이 종교 의례를 포함한 모든 문화적 구성물들의 근원이라는 주장이 그리 큰 관심이나 인정을 받지는 못할 것이다.[28] 사실 월경 오염에 근간을 둔 월경 터부에 대한 인정과 실천은 매우 광범위하게 받아들여지고 또한 그것이 여성의 사회적 억압을 반영하는 것으로 여겨지기도 한다. 그렇지만 엘리스 슐레겔Schlegel은 그런 상황을 특정 문화가 갖는 특성으로 봐야지 월경 터부가 존재하는 모든 문화에 일반화시킬 수는 없다고 반박한다. 월경 터부가 어떤 문화에서는 여성의 열등함에 대한 증명으로서 이용되기도 하지만, 다른 문화에서는 그렇지 않을 수도 있다는 것이다. 버클리와 고틀립도 월경 터부를 여성에 대한 억압으로 일반화하는 것을 비판한다. 그러한 일반화는 월경 주기를 둘러싼 터부가 월경 중인 여성들보다는 오히려 다른 이들의 행동을 제약한다는 사실을 간과한다는 것이다. 이런 측면에서 버클리와 고틀립은 터부를 규정하기 전에 터부를 어기게 되면 누가 해를 입게 되는 것인지를 검토할 필요가 있다고 주장한다. 월경이 항상 무엇인가를 더럽히거나 오염시키는 것으로 인식되는 것도 아니고 어떤 경우에는 월경 터부를 비롯한 월경에 대한 특정한 인식이 여성들의 이해관계에 활용되고 유지되기도 하기 때문이다.

긍정과 해방으로서의 월경

월경 터부가 강력한 사회도 있지만 어떤 사회에서는 월경이 긍정적인 것으로 여겨지고 또 어떤 사회에서는 월경 터부가 여성들에게 힘을 부여하기도 한다. 고대 로마에서는 월경 분비물이 밀밭의 생식력을 북돋는다고 여겨졌고 이러한 인식은 월경에 대한 플리니의 생각과는 다른 것이었다. 모로코에서는 월경혈을 상처에 발라 치료하는 데 쓰기도 했고, 프랑스에서는 의사가 월경중불안증menstrual liver-bile syndrome이라는 것을 치료하기 위해 월경혈 주사를 놓기도 했다.

여성의 활동을 제약하는 것으로 여겨지는 '월경 중 격리' 또한 다른 관점에서 해석되기도 한다. 월경 중인 여성이 가사일로부터 쉴 수 있는 기회이자 남자들로부터 벗어나 다른 여성들과 어울리며 특별한 음식을 요리해 먹거나 옷감을 짜거나 명상과 기도를 할 수 있는 기회로 볼 수 있다는 것이다. 이런 관점에서는 월경 중 격리가 여성들만으로 이뤄진 의식과 노래, 신화, 기도 등에 참여하는 기회이자 심지어 혼외 연애를 하는 기회 등을 갖는 시간으로 이해된다. 이런 맥락에서 버클리와 고틀립은 월경 중 격리를 제약으로 보기보다는 오히려 해방으로 봐야 한다고 주장했다. 또한 월경 터부가 여성들에게 자율성, 영향력, 사회적 통제력을 보장하는 수단을 제공한다고 보았다. 프레더릭 램프Lamp도 시에라리온의 템느Temne족의 월경 관습에 대한 글에서 월경이 여성들에게 여성들만으로 이뤄진 의례와 이에 기반을 둔 권력에 접근할 수 있는 기회를 제공한다고 주장한 바 있다. 페트리샤 갤러웨이galloway는 남편을 포함하여 남자들이 일반적으로 그렇게 특별하게 지배적이지 않은 사회거나 거주 규칙이 가모장적인 사회에서는 월경 중 격리와 그것에 수반된 관행들과 같은 월경 터부가 여성들에게 이로운 것일 수도 있다고 주장했다.

월경을 긍정적 가치로 점철된 여성됨을 확인시켜주는 것으로 보고 월경을 전적으로 긍정적인 시각에서 보는 경우도 있다.[29] 로지아 오마Omar의 주장에 따르면, 말레이시아의 여성들 또한 월경을 자연적인 신체 기능으로, 여성으로 사는 데 핵심적이고 중요한 요소로 보기 때문에 월경은 긍정적인 경험으로 여겨지고, 월경 터부 또한 억압적인 의도로 만들어진 것으로 여겨지지도 않으며 월경 터부로 인해 여성들이 소외감이나 억압을 느끼지도 않는다. 영국과 인도의 사례를 비교 연구한 브람웰Bramwell과 그의 두 동료들의 연구도 인도 여성들은 월경을 '여성됨을 지속적으로 확인시켜주는 것'으로 봄으로써 긍정적으로 인식하고 있다고 보고하기도 했다.[30] 한편 월경과 관련하여 대체로 여성의 행위를 제약하는 것으로 여겨지는 몇몇 종교 의례와 전통도 그 내용이 서로 다른 면들이 있다.

월경 터부의 배경과 원인에 관한 여러 이론들

월경 터부는 전적으로 보편적인 것은 아니다. 그러나 문화적으로 상당히 만연해 있는 것도 사실이다. 그럼에도 한 사회에 월경 터부가 존재한다는 사실 자체가 그 사회의 특성을 모두 설명하지는 않는다. 월경 터부가 생겨나게 된 과정과 작동하는 방식과 결과가 동일하지 않을 수 있기 때문이다. 월경 터부가 어떤 배경과 근거에 기반을 두고 생성되었는지에 대해 여러 가지 설명이 존재한다.

먼저 정신분석학자 지그문트 프로이트Freud는 월경 터부가 월경혈을 사디즘의 맥락에서 심리학적으로 설명하고 해석하는 과정에서 비롯되었다고 보면서 월경 터부에 대해 다음과 같은 주장을 했다.

원시인들은 매달 반복되는 이 알쏭달쏭한 피 흘림 현상을 가학적 관념과 떼어놓을 수가 없다. 월경, 특히, 첫 월경의 발생은 어떤 동물혼이 물어서 생긴 것, 대체로 이 영혼과의 성적 교접의 흔적으로 해석된다. 때때로 그것은 조상의 영혼이라고 여겨지기도 한다. (중략) 월경 중인 소녀는 터부인데 그 소녀가 조상신의 소유이기 때문이다.[31]

더글러스에 따르면 월경 관습과 믿음에 관한 인류학적 연구를 틀 지우는 데에 핵심적인 것은 오염 관념이다. 월경 터부가 갖는 상징 분석의 대부분이 월경을 오염인으로 보는 관념에 근거해 왔다.

1920년 벨라 쉬크Schick와 데이비드 마츠Macht는 월경 중인 여성이 방출하는 특정한 물질이 식물을 죽이기도 하고 맥주가 발효되지 못하게 만들기도 한다는 사실을 발견했다. 그 후 쉬크는 월경혈에 박테리아성 '월경독성물menotoxin'이 존재한다는 가설을 제시했고 에슐리 몬타구Montagu는 이 가설을 인류학자들의 관심영역으로 가지고 왔다. 몬타구는 여성들이 월경 중에 이런저런 활동에 참여하지 못하게 하는 월경 터부는 그와 같은 인과에 대한 합리적인 반응으로 시작되었을 수도 있다고 보았다. 월경 중 성적 교접을 하지 못하게 하는 흔한 터부도 월경독성물 가설에 근거하여 그것이 의학적으로 남성에게 위험하기 때문에 발생했다고 설명되기도 했다.[32]

그러나 버클리와 고틀립은 월경독성물 가설에 동의하지 않으며, 대다수의 건강 실용서를 보면 월경 중 성행위가 의학적으로 아무 해를 끼치지 않는다고 반박했다. 월경 중 성행위 시 콘돔을 사용해야 하는 이유는 남자가 아니라 여자를 위해, 남자에게 있을 수 있는 감염요인으로부터 여성의 자궁을 보호하기 위한 것이지 그 반대가 아니라고 주장한다. 버클리와 고틀립은 월경 터부가 월경독성물 담론에서 기원한다고 보는 입장에서는 '월경이 다양한 상징으로 이야기되는 것을 설명할 수 없다'고 지적한다. 마가렛 미드Mead도 월경독성물 이론은 월경 오염이라는 토속적인 생물학 관념을 재강화하는 것에 다름 아니라고 주장했다. 앞서 보았듯이, 월경 배출물이 독성을 가졌다고 보편적으로 인식되어 온 것도 아니다.

한편, 월경혈이 독특한 냄새를 가지고 있고 이 냄새 때문에 여성들이 사냥과 사냥에 쓰일 무기에 접근하지 못하게 하는 월경 터부가 생겨났다는 가설도 있다. 월경혈의 독특한 냄새가 사냥을 망친다고 여겨졌기 때문이라는 것이다. 월경 냄새가 월경 터부가 생겨난 원인이라는 가설은 월경 터부가 여성들의 사냥 활동참여를 금지하는 문화에서 나왔다고 본 몇몇 학자들에게 설득력 있게 다가갔다. 캐터린 마치March와 크리스토퍼 넌리Nunley는 월경혈에 대한 동물 반응을 연구한 후 월경 냄새가 월경 터부의 원인이라는 가설을 지지하는 결과를 발표했다. 그렇지만 버클리와 고틀립의 반박처럼 전 세계 인구 중에서 사냥을 주된 삶의 방식으로 삼고 살아온 이들은 얼마 되지 않으며 그럼에도 전 세계 상당 부분의 문화권에서 어떤 방식으로든 월경 터부가 존재한다는 사실을 설득력 있게 설명하지 못한다. 나아가 인도의 여성들은 월경혈이 결코 독특한 냄새를 풍기지 않는다고 주장하기도 한다.[33]

브루노 베델하임Bettelheim은 월경 터부를 재생산 선망, 또는 자궁 선망 개념을 가지고 설명하려고 했다. 브루노는 월경에 대한 남성들의 반응과 월경을 위협으로 인식하는 터부 체계 모두를 특징 짓는 것은 재생산 선망이라고 보았다. 그의 이런 생각은 이후 버클리와 고틀립에 의해 비판받았는데 이들은 베델하임의 설명과 같은 생각이 여성을 기본적으로 남성중심적으로 생산된 상징체계의 수동적 희생자로만 위치시키고 있다고 지적했다.

남성들의 '거세 불안'이 월경 터부에 책임이 있다고 보는 경우도 있다.[34] 월경하는 것, 즉 생식기에서 피를 흘리는 사람에 대한 생각이나 그런 모습을 보는 것이 강한 거세 불안을 가진 사람에게는 무서운 것이기 때문에 그것을 회피하려는 생각이 월경 터부를 만들어 냈다는 관점이다. 이런 관점은 월경 터부가 단순히 남성들이 자신들의 이득을 위해 만든 것에 불과하며 여성들이 그러한 터부 관념에 복종했다는 가정에 근거하고 있다. 이런 가정은 여성들이 문화 형성 과정에서 차지했던 역할에 대한 정보가 더 많이 수집될수록 근거가 없는 것으로 드러났다.

마빈 메깃이 예로 들고 있는 뉴기니New Guinea의 메 잉가Mae Enga

사람들처럼 서로 적대적인 부족들 사이에서 혼인이 이뤄지는 경우의 월경 오염 관념은 외부인에 대한 불신의 은유로서 작동하기도 한다.[35] 이 사례는 월경혈과 같이 신체의 물질성에 대한 터부를 만든 원인이 인간의 사멸성에 대한 두려움과 스스로의 동물성에 대한 부정(자연에 속한다는 사실에 대한 두려움)이라고 하는 주장과 어느 정도 맞닿아 있다.[36] 외부인에 대한 불신과 타문화에 대한 경계심은 생존욕구와 경계 붕괴에 대한 두려움과 연관되어 있다. 또한 이것은 월경에 대한 종교적 터부와도 맞닿아 있다. 생사를 가를 수 있을 만큼 중요한 문제지만 터부가 없었다면 쉽사리 간과할 수 있는 문제를 잊지 않도록 만든 절차들을 사람들이 잘 따를 수 있도록 만들기 위해 일종의 연막으로서 종교에서의 월경 터부가 만들어졌다고 설명되는 것이다. 이와 같은 시각에서는 월경 터부가 종교의 이름으로 행해지든 그렇지 않든 간에 궁극적으로는 열악한 생존 환경 안에서 삶을 지속할 수 있는 방안으로 고안된 장치라고 인식된다.

몇몇 학자들은 특정 사회적 요인을 월경 터부와 관련지으려 시도했다. 예를 들어, 윌리엄 스티븐스Stephens는 여성들이 두드러지게 경제적 기여를 하는 사회에서는 월경 터부가 강하지 않다는 가설을 세웠다. 젤만Zelman은 큰 규모의 설문조사 결과에 근거하여 월경 터부는 성별화된 노동 분업이 뚜렷한 사회에서 강조되는 경향이 있으며 여성과 남성이 다양한 활동을 평등하게 함께 하는 사회에서는 강조되지 않는 경향이 있다는 것을 보여주었다. 말레이시아 사바 주의 룽구스 선주민을 연구한 로라 애펠Appell의 연구결과에서도 이러한 관점을 지지하는 내용이 제시되었다. 애펠은 룽구스 사회에서 월경 터부가 존재하지 않는 것은 성별 노동 분업이 상호 보충적인 사회적 관계가 유지되도록 이뤄져 왔기 때문이라고 밝히고 있다. 마조리에 쇼스탁Shostak의 연구도 여성과 남성이 노동을 나눠서 하고 중요한 결정도 함께 내리는 아프리카의 쿵족 문화에서는 초경이 공포나 불안의 대상이 결코 아니라고 밝히고 있다.[37]

이런 맥락에서 카렌과 제프리 페이지Page & Page는 재생산 의례에 관한 연구에서 월경 터부를 생산할 만한 사회구조를 특정한 오염 개념을 통해 예측하려 했다. 두 사람은 경제적 상황과 정치적 상황, 월경 터부 사이의 관계를 제시했는데, 이들에 따르면 부족사회와 유목사회에서 경제 상태가 불안정하고 정치 상황이 불안정할 때 월경 중인 여성이 공동체에서 분리되는 경향이 있다. 남자들이 월경 터부를 강제함으로써 여성의 재생산 주기에 대한 통제력을 유지하려고 시도한다는 것이다. 그리고 때로는 남성들이 경제적, 정치적 혹은 사회적 영예를 누리기 위한 자원을 여성들에게 의존하고 있는 경우에도 여성들을 오염인으로 간주하기도 한다.[38]

이런 경향성을 토대로 페기 샌디Sandy는 주변 환경에 대해 부정적 시각이 존재하는 곳, 예를 들어 굶주림이나 이웃 집단과의 부정적 관계 앞에서는 월경이 다른 것을 오염시키고 위험한 것으로 보게 된다는 가설을 내놓았다. 샌디는 '월경혈이 위험하다고 보는 시각은 외부 세계에 대한 시각을 반영하는 것이며 그러한 생각을 여성의 몸에 투사하는 것'이라고 말한다. 이는 앞서 본 뉴기니의 메잉가족의 혼인문화와 월경 터부의 관계에서도 언급된 것이다. 이런 맥락에서 더글러스는 여성과 남성 사이의 관계가 동등한 사회에서는 여성과 남성의 몸과 관련한 월경 터부도 같은 방식으로 동등하게 강조되고 그 관계가 동등하지 못하거나 위계적인 사회에서는 오염 터부가 성에 따라 동등하지 않게 강조된다고 보았다. 더글러스가 지적하듯이 월경혈이 오염인으로 여겨지는 사회에서는 여성과 여성적인 것이라고 간주되는 모든 것에 대해 그 사회가 가지고 있는 모호함이 월경혈 관념을 통해 상징적으로 코드화되는 것이라고 볼 수 있다. 이런 사회에서는 남성우월주의 이데올로기를 그 사회가 의식적으로 발달시킨 것일 수도 있고 한편에서는 월경이 여성들로 하여금 어떤 특정한 권력에 접근할 수 있도록 허용하는 것처럼 드러날 수도 있다. 이런 상황에서는 남성우월 의식과 여성이 가진 권력 사이에 어떤 긴장이 만들어지게 되고 이 긴장이 권력 모순을 일으키게 된다. 더글러스는 그와 같은 양가적인 사회구조의 결과로 월경 터부가 만들어졌다고 주장했다.

월경에 대한 특정 시각이 인간에게 미치는 영향

다양한 사회에 존재하는 월경 터부에 대한 다양한 설명이 있었지만, 월경 터부가 여성에 대한 억압을 반영한다는 관점이 가장 설득력을 얻어 왔다. 예를 들어, 더글러스는 월경에 대해 만연한 부정적 태도와 월경에 덧붙는 터부는 문화적으로 구성된 것이며 월경에 대한 이런 특정 태도가 여성의 사회적 종속으로 귀결된다고 보았다.

셔리 오트너Ortner는 널리 알려진 논문 〈남성과 여성의 관계는 문화와 자연의 관계와 같은 것인가?Is female to male as nature to culture?〉에서 다음과 같은 결론을 내리고 있다. 여성은 자연에 가깝고 남성은 문화에 가깝다고 여겨지는 사회에서 여성은 남성에 대해 열등한 지위를 차지하는데 이는 자연이 문화보다 낮게 가치평가 받기 때문이다. 월경은 출산과 수유와 함께 여성을 자연에 가까운 존재로 보이도록 만드는데, 그 이유는 그와 같은 행위들은 창의적이거나 문화적인 것이라기보다는 본능적이거나 동물적인 것이라고 여겨지기 때문이다. 브라이언 터너Tuner에 따르면, 정치적 변화와 경제적 변화와 같은 사회적 환경은 우리가 몸을 인식하고 그것을 재현하는 데에 영향을 미친다. 오트너의 관점과 유사하게, 터너도 몸에 대한 가치는 사회적으로 구성되며 아동과 동성애자, 여성의 낮은 사회적 위치는 이들의 몸에 부여되는 사회적으로 구성된 가치와 밀접하게 연관되어 있다고 주장한다. 인간의 생존은 불가피하게 환경에 의해 규정되고 제약받으며, 인간이 근원적으로 갖는 육체성으로 인하여 인간은 자신의 육체성으로부터 거리를 유지하고 이를 통해 자신의 한계를 극복하고자 하는 노력을 지속적으로 기울여 왔다. 그 결과 한계를 극복하는 데에 동원되어 온 정신은 우월한 위치를 차지하게 되었고 한계를 만들어내는 몸은 정신에 비해 열등한 위치를 점하게 된 것이다. 이때 여성은 정신보다는 몸에 더 가까운 존재로 간주되고 따라서 문화와 더 가까운 관계에 있는 남성에 비해 열등하다고 간주되는 것이다.

월경에 대한 사회적 편견과 선입견들은 성적 분리를 유지시키 거나 강화시키는데, 특히 남성이 여성에 의해 위협받는 것처럼 보일 때 더욱 그러하다. 예를 들어, 여성운동이 여성과 남성 사이의 기존 관계를 흐트러뜨릴 수 있어서 남성 헤게모니가 위협에 직면 하게 되었을 때 기존의 성별질서를 옹호하는 많은 저자들은 전통 적인 성 역할을 재강화하기 위해서 월경의 해로운 영향 등과 같은 기존의 만연해 있던 관념들을 다시 불러오기 시작한다. 미국의 한 대학 총장이었고 미국 심리학회 창시자로 알려져 있는 스탠리 홀Hall은 중학교 여학생들은 또래 남학생들과는 다른 교육을 받아야 한다고 주장했다. 홀은 몇몇 성차별적 의학 정보들을 인용하며 '여성이 학문적인 교육을 깊게 받으면 받을 수록 적은 수의 아이를 출산하고, 출산과정이 더 어렵고 위험해지며 자녀 양육 능력이 떨어진다'고 주장했다. 또한 월경 중인 소녀는 '일상생활에서 멀찌감치 떨어져 자연의 신이 작동할 수 있도록 해야 한다'고 주장했다. 이런 주장들은 2차 세계대전 중 미국이 산업 유지를 위해 전쟁에 참여한 남성들을 대신한 많은 수의 여성들의 전업 노동력이 필요했을 때는 완전히 사라진다. 당시에는 월경통으로 고통을 받는 여성들의 불편함과 필요조차 철저히 부정되고 무시되었다. 심지어 월경 중에 잠깐이라도 꼭 쉬어야 할 만큼 불편을 겪는 여성들이 있다는 사실을 인정하지 않았다. 또한 영국과 미국 경제가 모두 여성의 산업 참여에 대거 의존했던 1960-70년대에는 월경으로 발생하는 어떤 신체적 혹은 심리적 문제든지 '개입해서 없앨 수 있고 또 없애야 하며', 월경 증후군들은 생물학적인 월경 증세가 아니라

월경에 대해 사회적으로 구성된 인식 때문에 생기는 것이라고 주장되었다.[39]

그러다가도 다시 남성의 이해관계를 위해 필요한 경우가 발생하면 월경으로 인해 여성들이 겪는 불편은 과하다싶을 만큼 관심을 받게 된다. 이런 경우 월경의 긍정적인 측면들은 무시되고 간과된다. 제니스 델러니Delaney와 동료들이 비판하고 있듯이 일에 대한 집중력 저하에서부터 정신착란, 폭력 범죄 경향, 자살에 이르기까지 현대 사회에서 월경 중 일어나는 갖가지 부정적 측면들이 여성 일반의 문제로 보편화되고 이는 여성들이 중요한 결정을 내릴 위치를 차지할 능력이 없다는 것을 증명하고 여성의 능력을 폄하하는 데 이용되기도 한다. 물론 이런 움직임에 반발하여 월경 중인 여성들의 활동력이 떨어지는 것은 월경의 부수효과인 신체 피로보다는 월경이 불순하다는 문화적 믿음 때문에 빚어진다는 연구결과가 발표되기도 했다.[40]

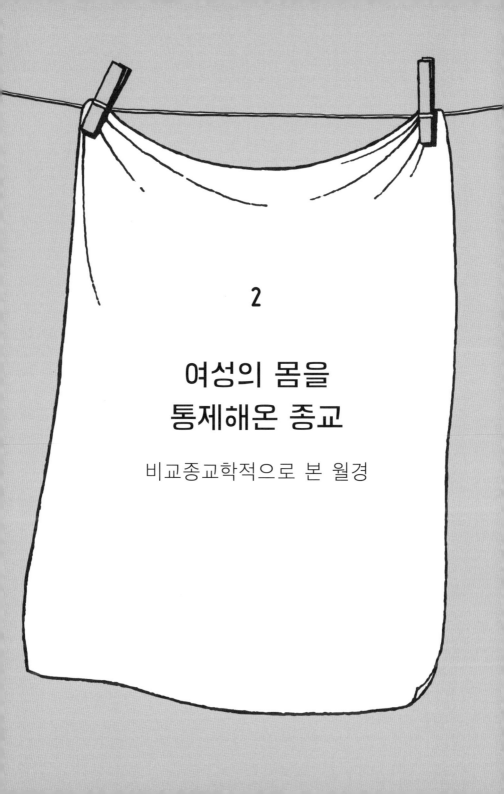

2

여성의 몸을
통제해온 종교

비교종교학적으로 본 월경

여자가 창조되기 전에 세상은 여자 없이 재생되어 왔고
여자는 인류에 대한 형벌로 따로 만들어졌다.
여자의 몸속은 몸 밖에 있는 젖가슴과 월경 등
여자의 타고난 열등함에 대한 확실한 정보에 기초해 있다.[41]
— 《고대 그리스로마 신화》 중에서

지난 2003년 11월, 대한예수교장로회 합동 총회장 임태득 목사는 총신대 채플 시간에 "여자가 목사 안수 받는 것은 턱도 없다! 어디 기저귀 찬 여자가 감히 강단에 올라와!"라고 말해서 화제가 되었다. 그는 자기 발언이 문제가 되자 닷새 후에 "이 사건을 밖으로 알리기보다는 내부에서 기도하자"는 내용의 메일을 보냄으로써 개신교 여성들의 분노를 촉발했다. 월경하는 여성을 부정하다고 여겼던 구약의 〈레위기〉를 신봉해서였을까. 그는 '월경 중인 여성은 더럽다. 모든 여자는 더럽다. 따라서 여자는 목사는 물론 중요한 역할은 절대로 할 수 없다'라고 생각했던 모양이다.[42]

모든 문화는 자연 세계와 인간 세계를 통제하는 초자연적 힘에 대한 생각을 발달시켜 온 것으로 보인다. 인간은 초자연적인 힘에 입각해 인간이 존재하는 데에 필요한 기본 규칙을 결정했고, 초자연적 힘의 의지는 신과 인간을 매개하는 자를 통해 알 수 있다고 여겨 왔다. 그리고 그것을 가르치고 강제하는 구조와 초자연적 존재와 인간 사이의 관계를 형성하는 구조를 구축했다. 이 구조들은 당황스러울 만큼 다양한 형태를 가진다. 어떤 것은 조상이나 귀신에 초점을 맞추고, 또 어떤 것들은 신들 혹은 유일신에 대한 관념에 초점을 맞췄다. 그 내용은 어떤 경우 신성하다고 여겨지는 문헌을 가지고 있고 어떤 경우는 구전으로 전달된다. 어떤 경우는 따르는 이들의 전적인 충성을 요구하고 어떤 경우는 다른 신앙 체계도 가질 수 있도록 허용한다. 어떤 경우에는 정치 구조나 친족 구조와 연결되어 있고 또 어떤 경우는 정치 구조나 친족 구조에 반하기도 한다.[43] 이 구조들을 우리는 종교라 부른다.

　유교 문화, 불교나 힌두교 문화, 이슬람 문화, 기독교 문화가 있는 모든 문화권에서 월경혈이 오염을 일으킨다는 관념은 공통적으로 존재한다. 월경 중인 여성은 '깨끗하지 않기' 때문에 종교 의식에 참여할 수 없고, 월경이 끝나도 정화 의식을 거친 후에야 종교 의례에 다시 참여할 수 있다. 이 의식은 문화에 따라 목욕과 같이 몸 전체를 씻는 것에서부터 간단히 손을 씻는 것까지 다양하게 존재한다.[44] 종교가 가진 이러한 태도는 우리가 몸에 대해 갖는 관념에 어느 정도의 영향을 미칠까?

　성별화된 관념이 팽배해 있는 여러 종교들은 그 종교가 태동한 특정한 문화적 맥락에 관념의 뿌리를 두고 있다. 어떤 주요 종교도 예외 없이 모든 종교는 '적절한' 성별 관계, 구조, 성별에 맞는 종교적 행위, 그에 대한 위계적 가치에 대한 관념들을 가지고 있다. 나아가 이런 관념들은 여성과 남성이 일상생활에서 어떻게 행동하는 것이 적합한지를 결정하는 기준으로 제공된다. 성별에 대한 관념과 종교적 믿음은 결국 사람들이 내면화한 가치 체계의 핵심이 되어 왔다.[45] 지난 50세기 동안 종교는 젠더 관념에 대한 태도를 통해 성 정치학에 가장 큰 영향력을 행사해 왔다.[46]

젠더 관념이라는 이데올로기를 생산하고 유지시키는 데 있어 종교의 역할과 관련해 종교적 해석이라는 문제에 대한 열띤 논쟁이 있었다. 그 해석은 언제나 많은 자원에 접근할 수 있는 이들에 의해, 즉 문헌, 교육, 권위 등을 더 많이 가질 수 있는 이들에 의해 독점되었다. 지식의 특혜를 독점한 이들은 그들의 해석에 근간을 둔 실질적 지배력을 가졌고, 동일한 특혜를 받지 못한 이들에게 자신들이 해석한 것을 강제할 수 있었다. 특혜를 입은 이들은 남성들이고 특혜와 거리가 먼 이들은 대체로 여성들이었으며 지금도 여전히 그러하다. 위스너 행크스Wiesner-Hanks는 젠더 관념에 대한 해석과 관련한 종교적 실천과 규칙에 대한 논쟁을 다음과 같이 묘사했다.

종교적 전통들은 현존하는 젠더 구조를 강화하기도 하고 질문하기도 하면서 상보성과 평등뿐만 아니라 위계에 대한 생각도 갖도록 했다. 종교 지도자들은 특정한 종교 문헌들과 종교의례, 성직자의 자질, 종교법체계에 관련해 정치 지도자들과의 긴밀한 관계를 통해 단일한 내용과 형식을 만들고 강제하려 시도해 왔지만, 각 개인들은 젠더와 관련된 초자연적인 지시나 신성한 의도를 다르게 해석하기도 했다. 이로써 종교들 사이에서의 다양성뿐만 아니라 한 종교 내에서의 다양성을 만들어 왔다. 젠더와 종교적 믿음에 대한 생각들이 사람들이 가진 가치 체계의 핵심에 놓여있는 경우가 많기 때문에 이 같은 다양성은 엄청난 갈등을 만들어 왔고 이런 갈등은 오늘날 세계 곳곳에서 여전히 목격되고 있다.[47]

저명한 페미니스트 이슬람 학자인 아미나 와듯Wadud은 어떤 종교든 그 종교가 태동한 사회의 생태적 조건과 환경에 대한 특정 관점을 가진다고 지적한다. 종교적 관념은 한 사회의 사람들이 생존을 위해 환경을 통제하면서 구축해 온 영역인 가족 혹은 국가에서 비롯된 성별 관계에 의해 영향을 받아왔다. 일단의 영향력 있는 남성들이 내놓은 성별 역할, 특성에 대한 해석과 강제에 대해 아미나 와듯은 해석과 실행은 인간 역량에 달려있으며 따라서 틀릴 수도 있고, 그렇기 때문에 해석의 결과로서 실제 생활에 존재하는 위계 또한 틀릴 수 있다고 주장한다.[48]

실비아 월비Walby는 종교가 사실상 위계적 성별 관계에 대한 가부장적 관점을 재강화하는 영향력 있는 제도들 중 하나임을 지적한다. '가부장적인 문화제도는 일련의 제도들로 구성되어 있는데 이 제도들은 다양한 영역에서 여성에 대한 가부장적 시선을 통해 여성을 재현한다. 종교, 교육, 미디어가 그것들이다.' 가부장적 종교들은 여성을 폄하하는 이데올로기를 유지하고 정당화하는 사회적 태도를 갖는다. 이러한 종교적 세계에서 성별화된 '여성'은 젠더, 섹스, 섹슈얼리티가 혼합된 상징적 구성물이며 비유, 이데올로기, 은

유, 환상, 남성의 심리적 투사 등으로 구성된다.[49] 그럼에도 종교적 시각과 종교의 이름으로 젠더는 하나의 사회적 구성물이 아니라 자연으로부터, 신으로부터 주어진 도전해서는 안 되는 신성한 것이 된다. 그리고 이러한 관념은 각 종교가 가지고 있는 '근원신화, 창조신화, 유래신화' 등 각종 종교적 신화에 의해 강력하게 뒷받침된다.[50]

한국뿐만 아니라 중국, 말레이시아, 태국, 인도, 인도네시아 등 아시아 사회들, 터키, 이태리, 영국, 핀란드 등 유럽 사회들, 남아공, 잠비아, 가나 등 아프리카 사회들, 그리고 미국과 같은 북미 사회, 멕시코와 브라질과 같은 남미 사회 등 전 세계 곳곳에서 종교는 일상 속에 맹렬히 뿌리를 박고 삶의 도처에 영향력을 과시하고 있다. 한국이나 말레이시아처럼 정부 주도의 산업화와 자본주의 정책 하에서 근대화를 겪어온 사회에서는 한편에서는 자본주의적 요구를, 또 한편에서는 전통적인 가부장적 요구를 동시에 받게 되는 여성들이 일종의 찢긴 자아를 경험해왔다. 이 경험의 핵심은 다른 누구도 대신하지 못하는 몸의 체험이다. 그렇기 때문에 몸, 특히 여성의 몸을 두고 어떤 말이 오가고 그 말들이 다시 어떻게 그 몸에 영향을 끼치는가의 문제는 중요 사안이 아닐 수 없다. 그리고 '여성임을 증거'하는 핵심으로 인식되는 월경은 몸 담론의 핵심에 있어 왔다.

이런 맥락에서 이 장에서는 월경에 대한 토속적인 믿음과 주류 종교가 보여온 월경에 대한 태도를 다룬다. 종교적 가르침은 월경에 대해 그 사회가 보이는 일반적 태도로 나타날 수 있고 이는 여성의 사회적 지위나 여성이 특정한 사회적 삶의 영역에서 배제되는 것 등과 관련한 사회적 인식과 실천에 영향을 미친다. 이런 맥락에서 세이어Sayers는 여성의 낮은 지위와 종속은 여성의 생물학적 요소에 대한 사회적 태도에 막대한 영향을 미쳤음을 주장했다.

토속적 믿음

한 공동체에서 사람들이 공유하는 전통적 신앙체계를 일컫는 토속신앙은 그것의 과학적인 유무에 상관없이 사람들의 매일의 경험을 통해 지켜지고 세대를 이어가면서 지속된다.

월경에 관한 많은 토속적인 믿음들은 월경혈과 관련되어 있다. 피가 초자연적인 어떤 것과 관련되어 있다고 여기는 것은 흔한 일이다. 월경혈은 많은 사회에서 특히 초자연적 힘과 관련되어 있다.[51] 예를 들어, 말레이시아의 경우 말레이, 중국, 인도, 밀림의 주거자들이었던 선주민들 등 아시아 문화와 식민지를 착취하며 문화적 족적을 남긴 유럽 문화 등 다양한 문화적 전통들이 뒤섞여 있다. 다양한 아시아적 문화가 혼종되어 있어 훌륭한 텍스트가 되어주는 말레이시아 사례에서 볼 수 있는 몇 가지 사례들을 기반으로 월경에 대한 토속 신앙적 믿음들을 네 가지 정도로 묶어 볼 수 있다. 첫째, 혼령(특히 악귀) 또는 유령과 관련된 믿음, 둘째, 흑마술과 주술과 관련된 믿음, 셋째, 월경독에 관련된 믿음, 넷째, 개인적인 인식과 경험에 관련된 믿음이다.

여성의 몸을 통제해온 종교

악귀와 관련된 믿음

월경과 관련한 흑마술이나 귀신과 관련된 믿음은 가장 흔하다. 말레이시아의 어린 소녀들은 월경 귀신에 관한 이야기를 자주 듣는다. 귀신이 생리대에 묻은 피를 먹는다거나 사탄이 생리대에 침을 뱉는다거나 하는 이야기들이다. 이런 이야기들은 교사, 어머니, 친구 등으로부터 전해 듣는데, 이야기의 끝에는 사용한 생리대는 반드시 빨아서 버리라는 충고가 뒤따른다. 그렇게 하지 않으면 귀신이나 사탄이 생리대 주인에게 결국 나쁜 일이 일어나도록 만들 것이라는 경고가 함께 주어진다.

열대우림 기후에 속하는 말레이시아의 날씨처럼 덥고 쉽게 습해지는 날씨에는 월경혈이 흡수되어 있는 생리대는 쉽게 부패할 수 있다. 그렇기 때문에 갓 월경을 시작한 어린 소녀들에게 위생적인 이유로 이런 당부를 할 수도 있을 것이다. 그런데 위생 문제에 대한 합리적인 설명 대신 귀신 이야기로 전달되는 경우가 많은 것은 흥미롭다.

말레이시아 문화에는 지금까지도 이야기되는 매우 잘 알려진 여자 귀신 형상이 있는데 바로 뽄띠아낙pontianak이다.[52] 이 귀신은 사용한 생리대에서 피를 먹는 귀신 이야기에도 등장한다. 뽄띠아낙은 원래 평범한 여성이었는데 아이를 낳다 죽어 귀신이 되었고 그 모습은 뱀파이어를 닮았다. 젖가슴은 등 뒤로 틀려 돌아가 있고 없어진 원래의 젖가슴 자리 밑에는 피를 빨아먹는 구멍이 나 있다. 오로지 총명한 남자만이 뽄띠아낙을 원래의 평범한 여성으로 돌려놓을 수 있는데 그 방법은 피를 빨아먹는다는 그 구멍에 못을 던져 넣는 것이다.

한편, 뻐낭알란penanggalan이라는 귀신도 있다. 이 귀신은 몸통이 없이 머리와 그 밑으로 내장만 달려있는 여자의 형상을 하고 있다. 악마에게서 흑마술을 배웠다고 이야기되는 뻐낭알란은 어느 날 마력을 얻기 위해 몸을 단련시키려고 커다란 팜 와인 통 안에 옷을 벗은 채 앉아있었다. 그때 갑자기 나타난 남자 때문에 놀라 황급히 달아났는데 너무 급하게 달아나려던 나머지 몸은 채 빠져나가지도 못하고 머리와 내장만 빠져나갔다는 것이다. 뻐낭알란의 유래에 대한 또 다른 이야기도 있다. 어느 날 뻐낭알란이 창문가에 앉아 집 밖에 지나가는 남자를 향해 웃으며 그 남자를 부르고 있었다. 그때 뻐낭알란의 남편이 이 모습을 발견하고 뻐낭알란을 집안으로 잡아 끌어들이려고 했는데 뻐낭알란이 남편의 화를 피하려고 달아나려다가 머리와 내장만으로 달아나게 되었다는 것이다. 캐롤 래더만Laderman은 이 두 귀신의 형상에 대해 다음과 같은 설명을 덧붙이고 있다.

랑수르(뽄띠아낙)과 뻐낭알란은 자신들에게 요구된 규범적 역할을 바꾸거나 따르지 않은 여성들이다. 랑수르는 출산의 의무를 성공적으로 다하지 않았다. 랑수르는 텅빈 여자, 위험하고 위협적인 구멍을 가진 여자다. 랑수르는 남성 생식기 모양의 물건이 벌려진 구멍에 들어가야지만이 통제될 수 있다. 뻐낭알란은 오직 상징적인 성교 행위의 힘을 통해서만이 인간성을 복구하게 된다. (중략) 뻐낭알란의 노골적인 방정치 않은 행위는 이미 그녀를 말레이시아의 이상적인 여성다움의 반대편에 놓이게 만들었다. 전설의 세계에서 그녀가 자신의 여성다움뿐만 아니라 인간성마저 잃어버리게 되기까지 삐낭알란은 그리 먼 길을 돌아갈 필요조차 없었다.[53]

월경 중인 소녀들이 듣는 경고에는 월경혈에 대한 두 가지 모순된 시각이 있다. 한편에서는 월경혈이 귀신이나 악귀를 불러들여서 월경 중인 당사자에게 해를 끼친다고 하고, 다른 한편에서는 혼령은 '단 피'만을 좋아하기 때문에 더럽고 불결한 월경혈은 혼령의 관심을 끌지 않는다고 말해지기도 한다. 2003년 말레이시아의 수도인 쿠알라룸푸르에서 만났던 한 사십 대 중반의 사교적이고 활달한 전업주부 여성도 월경혈은 사탄의 피라는 말을 들었다고 하는 것을 보면 래더만의 말이 비단 1980년대의 뜨릉가누Terengganu 지역에서만 관찰될 수 있었던 것은 아님을 알 수 있다. 그 여성은 월경혈이 특별히 더럽다고 생각하지는 않지만 혹시나 자신이 해를 입을까봐 매번 사용한 생리대를 빨아서 버린다고 했다.

월경 중에는 귀신이 가까이 오지 않는다는 믿음의 경우, 역설적이게도 월경혈이 월경 중인 여성을 나쁜 기운들로부터 보호하는 역할을 하게 된다. 쿠알라룸푸르에 거주하고 있던 한 사십 대 중반의 양업주부 여성도 친구들과 그 이야기를 한 적이 있다고 말했다. 비슷한 사례가 고대 중국의 경우에서도 발견된다. 고대 중국에서는 긴 여행 중 노숙을 할 경우 악귀의 접근을 막기 위해 월경혈을 길에 뿌렸다고 한다.[54] 한국에서도 항구가 있는 마을에서는 굿을 할 때 악귀를 쫓기 위해 깃대 끝에 월경혈이 묻은 면 생리대를 매달기도 했다.

중화계 문화에서는 월경혈이 더럽고 불순하기 때문에 오히려 악귀를 쉽게 불러들인다는 믿음도 있다. 그렇기 때문에 이 문화에서는 월경 중인 여성이 집밖을 나가거나, 무덤가에 가거나, 정글에 들어가면 안 된다고 믿기도 한다. 교사인 이십 대 중반의 한 화교계 말레이시아 여성은 말레이시아에서 가장 접근이 어려운 정글 트래킹 지역이라고 알려져 있는 구능 따한Gunung Tahan을 다녀온 적이 있다. 당시 이 여성은 정글에는 악귀들이 많으며 이것들은 월경혈 냄새를 잘 맡기 때문에 월경 중에는 정글에 들어가지 말아야 하며 이를 어기면 악귀의 공격을 받아 해를 입게 될 것이라는 충고를 들은 적이 있다고 한다. 동년배의 건축가 남편을 둔 오십 대에 접어든 한 중산층 전업주부 여성은 월경 중인 여성은 절대 무덤이나 신성한 곳에 가면 안 되며 그 이유는 '더러운' 월경 혈이 혼령들을 화나게 할 수 있기 때문이라고 굳게 믿고 있었다. 이 여성은 월경 중에 공동묘지에 갔다가 실제로 병이 든 사람을 알고 있으며 무당에게서 그 이야기를 들었다고 했다. 이 여성은 인도네시아 발리 여행 중에 한 사원을 방문하게 되었고 그곳에서 월경 중인 여성은 사원 안으로 들어오지 말라는 경고문을 발견한 뒤 이런 믿음을 더욱 강하게 갖게 되었다고 한다. 완경을 할 때까지 이 여성은 월경 중에는 절대 기도를 하지 않았고 절이나 묘지 등 소위 성스러운 장소라고 일컬어지는 곳이라면 절대 들어가지 않았다고 한다. 그리고 그러는 동안 이 여성이 원망한 것은 월경을 보는 시선이 아

여성의 몸을 통제해온 종교

니라 월경을 하고 있던 자신이었다.

이런 생각은 어떤 특정 사회나 문화에 한정된 것이 아니다. 타밀계 말레이시아 소녀나 성인 여성들 역시 월경 중인 여성은 깨끗하지 않기 때문에 월경 중에는 공동묘지 같은 곳을 가서는 안 된다는 충고를 자주 듣는다. 또한, 월경 중에는 밤 시간, 특히, 자정이 넘은 밤 시간에 집 밖을 나가지 않는 것이 좋다는 이야기도 듣는다. 그 이유는 역시, 악귀로부터 쉽게 공격받을 수 있기 때문이다. 이십일세의 한 여대생은 초경을 할 때 자신의 어머니로부터 다음과 같은 말을 들었다.

엄마가 이제 밤에 집 밖에 나갈 수 없다고 말했죠. 그리고 밤에 꼭 나가야 할 일이 있다면 못을 가지고 나가라고 했어요. 왜 그래야하는지는 모르죠. 아마 전통인가봐요. 못 하나를 주머니에 넣고 나가라고 하더라고요.[55] 아마 악귀 때문이겠죠? 초등학교 6학년 때까지 밤에 나갈 땐 주머니에 못을 넣고 나갔어요. 지금은 그런 거 안 믿죠, 물론.

물론 중요한 것은 악귀가 월경혈을 좋아하는지 아니면 무서워하는지가 아니다. 사람들이 그것을 믿든 그렇지 않든, 그것을 설명하는 데 사용되는 공통된 인식, 즉 두 이야기 모두에 월경혈은 더럽고 불순하다는 시각이 깔려 있다는 것이다. 그 시각으로 인해 여성의 행동에 통제가 가해진다는 점이다.

성교와 관련된 믿음

말레이시아 문화에서 남자는 월경 중인 아내와 성교를 해서는 안되며 이것은 이슬람 종교에 따른 것이다. 이 같은 생각은 월경 중 성교에 대한 토속적인 믿음들과 결합해 더 확고해 진다. 래더만에 따르면, 뜨릉가누 지역에는 월경 중인 여자와 성교를 하는 남자는 생식기가 망가질 수도 있다는 믿음이 있다.

물론 종교와 토속 생물학에 근거한 이런 믿음이 항상 성공적으로 해당 행위를 못하게 하지는 못한다. 래더만은 월경 중이라 하더라도 남편이 성교를 원하면 거부하지 않는다는 뜨릉가누 여성들의 이야기를 전하고 있다. 이런 가운데 월경 중 여성과의 성교가 남성의 생식기를 다치게 할 수도 있다는 믿음은 월경 중 성교가 발기부전인 남성의 성기능과 정력을 복구할 수 있다는 주장과 맞닥트리기도 한다. 래더만에 따르면 두 개의 서로 다른 주장들 중에서 뜨릉가누 지역 사람들이 더 많이 따르는 주장은 후자다.

클레란 포드Ford는 월경 중 성교를 금하는 터부가 많은 문화권에서 흔하게 발견되며 이는 월경독 가설에 따라 남성이 겪게 될 수도 있는 의료적 위험에 대한 생각에서 비롯되었다고 주장한다. '남성의 생식기를 망가트린다'와 같은 말에서 짐작할 수 있는 것은 월경혈이 무엇인가를 망가뜨릴 수 있는 독성을 가지고 있다고 여겨진다는 것이다. 이런 믿음은 월경혈의 강한 독성이 남성의 정력을 강화시킬 수 있다는 믿음으로 뒤바뀌기도 한다. 이와 같은 생각은 강철이 강철을 녹일 수도 있는 용광로에 담가져 단련되는 것에 비유된다.

루시엔 랜슨Lanson[56]은 월경 중 성교에 대한 다른 관점을 제시한다. 랜슨에 따르면, 월경 중 성교는 허리통증을 앓거나 골반 관련 통증으로 고생하는 여성들에게 의료적으로 이롭다는 것이다. 이에 더해, 버클리와 고틀립은 현대의 건강 지침서와 성 지침서의 거의 대부분에서 월경 중 성교는 의료적으로 볼 때 어떤 남성에게도 해로운 것이 아니라고 보고되고 있다고 말한다. 월경 중에 콘돔을 사용하는 경우라 할지라도, 그것은 남성이 아니라 남성으로부터 옮을 수도 있는 질병으로부터 여성의 자궁을 보호하기 위한 것이라는 것이다. 또한 월경 중 성교는 세균 감염이 일어날 가능성을 제외하면 성교를 하는 어느 쪽에도 해로운 일이 아니라고 주장되고 있다.

　　월경 중 성교에 대한 토속적인 믿음은 상징적 관념으로 이해될 필요가 있다. 또한 월경 중 성교를 금하는 종교적 가르침과 이를 권하는 관습이라는 두 개의 상충된 문화는 어느 쪽이 되었든 남성이 여성의 섹슈얼리티를 자신의 이해관계에 따라 이용할 수 있는 힘을 부과한다는 점에서 서로 상충하지만 또한 목적은 동일한 것이라고 볼 수 있다.

금전적 요행 관련한 믿음

삼십삼세의 한 여성 회계사는 초경을 한 날 자신의 어머니로부터 사용한 생리대를 집안에 있는 쓰레기통에 버리지 말라는 당부를 듣는다. 사용한 생리대를 남자가 만지거나 심지어 사용한 생리대가 들어있는 쓰레기통만 만지게 되어도 그것을 만진 남자는 '돈 복'을 잃기 때문이라는 것이었다. 이 여성은 어머니의 말을 충실히 따랐고 부모님 집에서 독립한 후에도 사용한 생리대는 집 밖 쓰레기통에 버려야 마음이 편하다고 한다. 월경과 월경혈에 대한 인식은 이런 식으로 어린 시절부터 이 여성의 마음속에 깊이 각인되었다. 갓 월경을 시작한 어린 소녀가 그런 말을 들으며 월경과 월경을 하는 여성들에 대해 어떤 생각들을 갖게 되었을까는 어렵지 않게 상상해 볼 수 있다.

흑마술과 주술 관련된 믿음

메깃에 따르면, 월경혈은 다른 사람에게 해를 입히려는 의도로 행해지는 의식에, 특히 마녀의 주문에 가장 적합한 재료인데 이는 월경혈이 오염시킬 수 있는 특성을 가지고 있다고 여겨지기 때문이다. 사십 대 중반의 한 전업주부 무슬림 여성은 월경혈이 실제로 이런 의도로 쓰이고 있다고 말했다. 이 여성은 말레이시아의 중서부에 있는 도시인 말라카Malacca 근처의 한 시골에 살고 있는 자신의 어머니가 이웃의 흑마술에 걸려 병을 앓게 되었다며 다음과 같은 이야기를 전해 주었다. 어느 날 이 여성의 어머니가 면 생리대를 빨아 집 마당에 널어놓았는데 그것이 감쪽같이 없어졌다는 것이다. 그 후 얼마 지나지 않아 어머니의 무릎이 임산부처럼 부어오르기 시작했다면서 그것이 흑마술 때문이라고 주장했다.

여성의 몸을 통제해온 종교

누군가 어머니의 생리대를 가져가서 어머니를 해하는 주문을 건 것임에 틀림이 없어요. 어머니의 면 생리대를 넣어 인형을 만들었음에 틀림이 없어요. 그러고 나서 주문을 걸고 인형 배를 바늘로 마구 찔렀겠죠. 그래서 어머니 다리가 임신한 여자 다리처럼 부어오른 거예요.

이 여성이 하는 말을 옆에서 듣고 있던 여성의 남편도 이 이야기에 깊은 동의를 표했다. 이들이 이 이야기를 들려준 사람이 저자 한 명만은 아닐 것이다. 그리고 이 이야기가 더 많이 퍼질수록 흑마술의 재료로서의 월경혈의 힘은 더욱 커지고 있을 것이다. 이 믿음이야말로 월경혈이 가진 힘을 만들어 내는 원천이라고 할 수 있을 것이기 때문이다.

월경독과 관련된 믿음

쉬크는 1920년대에 월경 중인 여성에게서 특정한 종류의 물질, 즉, 월경독이 뿜어져 나오며 월경혈에는 박테리아성 독성물질이 있어 이것이 식물을 죽게 만들 수도 있고 맥주 발효를 방해할 수도 있다는 주장을 내놓았다. 월경 중인 여성이 고기를 소금에 절이는 일에 참여하지 못하도록 하거나 특정한 농사일이나 포도주와 맥주 등을 주조하는 일에 참여하지 못하게 하는 경우가 이 이론을 뒷받침하는 데 사용되었다. 같은 이유로 말레이시아에서도 전통음료 따빠이tapai를 만들 때나 쌀 술을 만들 때 월경 중인 여성의 접근을 금지한다. 이십오세의 한 법대생 여성은 월경 중인 여성이 따빠이를 만들면 맛이 쉽게 상한다고 알고 있다고 말했다. 일흔한 살의 노인 여성도 월경 중인 여성이 따빠이를 만들면 잘 되지도 않을 뿐더러 이상한 맛이 나게 된다고 말했다. 잘 만들어진 따빠이는 깨끗한 흰색이어야 하는데 월경 중인 여성이 만든 따빠이는 붉은 빛을 살짝 띤다는 것이다. 육십삼세의 화교계 노인 여성도 유사한 이야기를 들려주었다. 월경 중인 여성은 쌀 술을 빚지 말아야 하는데 빚게 되면 술이 시어져서 맛이 없어진다는 것이다.

이런 생각은 흥미롭게도 월경혈이 피부미용에 좋다는 이야기로 이어진다. 사용한 생리대에서 피를 씻어버린 후 얼굴에 문지르면 피부가 좋아진다는 것이다. 실제로 삼십팔세의 한 여성은 자신의 어머니가 여러 번 이런 방법으로 피부 관리를 했고 그것을 보고 자신도 따라 한 적이 있다고 했다. 이 여성은 자신은 효과를 보지 못했지만 어머니의 경우는 효과가 있었다고 말하면서 어머니가 오랫동안 그런 방식으로 피부 관리를 했을 것이라고 말했다.

월경독 가설은 여성들로 하여금 특정한 물건이나 활동을 못하도록 제약할 수도 있지만 긍정적으로 이용될 수도 있다. 그렇지만 월경독 가설이 긍정적으로 활용되는 경우보다는 특정 활동을 못하게 금하는 경우처럼 부정적인 측면에 더 많은 관심이 주어지는 것으로 보인다.

월경독 가설 자체에 대한 논란도 많다. 마가렛 미드에 따르면 월경혈이 어디서나 보편적으로 독성물질로 인식되는 것은 아니다. 고대 로마인들은 월경혈이 밀밭을 기름지게 해준다고 믿었고 모로

코에서는 상처를 치료하는 데에 쓰였으며 프랑스 의사들은 그것을 주사제로 쓰기도 했던 것이다. 사용한 생리대를 피부 미용에 사용하는 것 또한 유사한 측면에서 이해할 수도 있다. 따라서 월경독에 대한 믿음 역시도 그것이 어떻게 누구를 위해 활용되는가에 따라 부정적으로 여겨지기도 하고 긍정적으로 여겨지기도 해 월경혈에 대한 양가적 태도를 보여준다.

개인적인 인식과 경험에 관련된 다양한 믿음

서른이 된 타밀계 미혼 여성은 초경을 하는 동안 할머니가 집 바깥을 나가지 못하게 했다. 초경 때 아버지 외의 남자를 보게 되면 얼굴에 여드름이 나기 때문이라고 한다. 이 여성은 초경이 끝날 때까지 일주일동안 집 안에서만 지냈고 먹고 쉬고 씻는 일 외에는 어떤 집안일도 하지 못하게 해서 좋았다고 한다.

이 여성의 경험은 릴라 듀브Dube[57]가 보고한 방글라데쉬와 인도, 파키스탄의 초경 풍경과도 맞닿아 있다. 이 나라들의 문화에서 월경은 소녀가 취약한 존재가 되었다는 증거이자 결혼할 준비가 되었다는 증거로 여겨진다. 따라서 이성인 남성으로부터 사회가 보호해 주어야 할 때가 되었음을 알리는 것이라고 여겨진다.

그런데 초경의 소녀를 장래에 있을 결혼을 위해 보호한다는 등의 이유로 행동에 제약을 받은 경험이 있는 여성들은 그 일을 유쾌하기보다는 불쾌한 기억으로 가지고 있는 경우가 많다. 첫 월경에 대한 불쾌한 느낌은 이후 해당 여성이 월경에 대해, 그리고 자신의 몸 자체에 대해 갖는 태도에 상당히 영향을 미치게 된다.

이처럼 정도의 차이는 있지만 월경을 초자연적 힘에 연루시키는 것은 월경혈이 오염력을 가지고 있다고 여겨지는 말레이시아와 같은 사회에서 매우 흔하게 발견된다. 그리고 월경의 이러한 오염력은 모호한 상태로 받아들여진다. 한편에서는 월경 중인 여성에게 위험한 것으로 여겨지지만 다른 한편에서는 월경 중 여성을 보호해 주는 것으로 여겨진다. 심지어 월경혈이 월경 중인 여성의 피부미용에 좋다는 인식도 공존한다.

도교, 불교, 그리고 유교

도교, 불교, 유교는 하나의 독자적 종교로 존재하기보다는 일종의 상호융합적 종교로 존재한다고 보는 편이 정확하다. 도교와 유교의 종주국이자 한반도보다 불교가 먼저 전해진 중국인들의 사례에서나 한국 사회에 있는 불교 사원이나 무속 신앙처들을 잠깐만 들여다봐도 이는 어렵지 않게 관찰할 수 있다. 불교신자라고 할지라도 사실은 유교적 가르침을 받아들이고 있거나 도교적 요소를 받아들이고 있는 경우 또한 어렵지 않게 발견할 수 있다. 심지어 스스로를 기독교인이라고 하는 경우에도 불교적, 유교적, 혹은 심지어 도교적 요소를 받아들이고 있는 사람들도 종종 목격할 수 있다. 말레이시아의 경우도 도교, 불교, 유교가 각각 하나의 온전하고 독립된 종교로 존재해 신도들을 각각 보유하고 있기보다는 이 세 가지 가치관들이 혼재된 상태로 신자들을 공유하고 있는 경우가 많다.

이런 까닭에 도교, 불교, 유교는 각각의 기원을 가지고 있지만 또한 매우 혼종된 방식으로 존재하기도 한다. 예를 들어, 조상신을 모시는 문화는 어떤 면에서 도교적인가 싶으면 불교적인 요소가 있고 불교적인가 싶으면 사실상 유교적인 요소가 녹아 있는 것이다. 세 종교가 혼종되어 있던 중국문화적인 요소가 각 종교에 다분히 침윤되어 있기도 하다.

도교

도교道教의 '도'는 '길'이라는 뜻이다. 그것은 또한 '자연의 길 혹은 법도'라는 함의를 갖는다. 도는 종종 '창조의 자궁'으로 묘사되기도 했다.[58] 일종의 신비철학 학파인 도교는 노자에 의해 창시되었다고 이야기되는데 노자는 공자 이전의 인물이라 전해진다. 도교는 혼령, 주술 등에 대한 광범위한 믿음과 같은 초기 중국 전통에 근간을 두고 있다고 말해진다. 이런 까닭에 도교는 샤머니즘, 운세설, 점성학, 퇴마술과 같은 소위 미신 혹은 전통신앙들과 섞여 혼합되었다.[59] 도교가 전통신앙들과 혼종됨에 따라 주술과 초자연적 힘에 대한 요소들이 발달해 있다. 도교에 잔존하는 초자연적 요소들은 수세기동안 중국문화에서 축적된 것이다.[60]

우주 창조에 대한 도교적 설명에서는 시초에 타이치, 한국어로는 태극太極, 즉 가장 큰 근원만이 있었고 그것이 모든 존재의 본질이다. 이후 양과 음이 태극에 의해 만들어졌다. 양陽은 '빛, 강함, 온기, 선함' 같은 소위 긍정적 요소들을 함의하고 '남자'가 이 범주에 속해 있으며 반면에 음陰은 '어둠, 약함, 냉기, 악함' 등 소위 부정적 요소들을 대표하며 '여자'는 이 범주에 속해져 있다. 이런 관점에서 태양太陽은 가장 큰 남자이고 달은 태음太陰, 즉 가장 큰 여자로 상징된다.[61]

원칙적으로 도교에서는 여자와 남자 사이의 위계를 강조하는 유교에서의 양극단적인 성별 구조와 대조적으로 두 개의 성이 상호 보완적인 것으로 여겨진다. 그렇기 때문에 섹슈얼리티와 몸 또한 긍정적으로 인식되며 월경혈이나 정액과 같은 체액에 부가되는 어떤 금기도 존재하지 않는다. 그렇지만 리온 콤버[62]에 따르면, 음양 이론에 근거한 이원론적 관념은 결과적으로 남자와 여자가 생래적으로 갖게 되는 특성으로 이해되는 '선과 악'의 존재를 함의한다. 양과 음은 불가피하게 함의의 고리를 갖는데, 양과 음이 서로 상반되는 것이듯 '왕-신-하늘-정신-영혼-해-남자-빛-긍정-선'의 연결고리가 '여왕-여신-땅-물질-몸-달-여자-어둠-부정-악'이라는 연결고리와 상반되기 때문이다.

이런 맥락에서 도교에서 몇 가지 따라야 할 월경 금기가 있다. 월경 중인 여성은 기도를 하거나 향을 피우거나 기도 시 바칠 꽃이나 과일을 사거나 기도 의식에 관계되는 어떤 물건도 만지거나 해서는 안 되는데 여기에는 재단에 올릴 그릇도 포함된다. 물론 절 안으로 들어가거나 주실 안으로 들어가서도 안 된다.

여성의 몸을 통제해온 종교

이십팔세의 한 고등학교 교사의 부모는 도교신자들이다. 여성 교사의 가족들은 모두 도교에서 말하는 월경 금기를 철저히 따랐다. 이 여성은 스스로를 도교신자라고 생각하지 않지만 부모님 집에서 독립해 나온 이후에도 부모님 집을 방문할 때는 여전히 이 금기를 준수하고 있다.

너무 좋았죠. 제사는 맨날 하는 거였고 지루했으니까요. 그러니까 그걸 안 해도 되는 게 오히려 좋았죠. 야, 그 기간이네, 그럼 과일 사러 나갔다 와서 또 과일 씻고 할 필요도 없고 꽃 사러 나갈 필요도 없네. 그게 억압적이라고 느끼지 않았어요. 오히려 엄마를 도와드려야 하는 부담에서 풀려나는 거죠. 안 도와도 되는 이유가 생긴 거죠. 나는 그게 좋았어요. 처음부터 그 제약에 대해서 나는 그렇게 느꼈죠. 우린 깨끗하지 않으니까 제사에 참여하거나 관계된 걸 만져서는 안 되는 거죠. 그걸 처음 알았을 때 그 제약은 이미 내게 그런 의미였어요. 그렇지만 그 것이 해롭게 느껴지거나 하지는 않았죠. 깨끗하지 않다는 것이 내게는 별 의미가 없었으니까요. 그래? 안 깨끗해? 그렇다면 뭐 안 깨끗한가보지. 뭐가 문제람?

도교 신자들 사이에서 지켜지는 월경 금기는 그것을 지키는 가정에 따라 철저할 수도 있고 비교적 느슨할 수도 있어서 그 정도가 똑같지는 않다. 그렇지만 설사 그와 같은 금기가 종교 문헌이나 종교 권위자를 통해 공식적으로 강제되지 않는다 하더라도 각 가정에서 그 금기를 도교적 전통으로서 계속 지키기 때문에 한 세대에서 다음 세대로 자연스럽게 전승된다.

불교

불교는 인도에서 유래되었는데 싯다르타 고타마라는 인도 왕국의 왕자에 의해 창시되었다.[63] 이론적으로 불교도들의 궁극적인 목표인 깨달음은 성이나 카스트와 무관하게 모든 인간에게 열려 있는 것이다. 그렇지만 여성은 남성의 정신적 과업 달성에 해가 되는 위협요소이자 불교의 가르침에 생래적으로 반하는 인간이며, 영원히 불순한 몸적 존재로 간주되어 여성에 대한 무수한 차별적 언술들이 불교 안에 존재한다.

마하야나Mahayana 불교와 히나야나Hinayana 불교의 경전들은 여성은 깨달음을 얻을 역량을 가지고 있지 않다고 가르친다. 마하야나 불교에 따르면, 여성이 붓다가 되기 위해서는 우선 남자로 다시 태어나야만 한다. 히나야나 불교도 붓다가 될 것이라 예측할 수 있는 아주 드문 징후들 중 하나가 남자라고 가르친다. 이런 면에서 여자는 아무리 깊은 믿음을 가지고 있다 하더라도 윤회에서 자유롭게 벗어나 궁극적인 깨우침을 얻기 위해 할 수 있는 가장 큰 일이 겨우 다음 생에서 남자로 태어나는 것이다. 테라바다Theravada 불교에서 여성은 승려의 자격을 갖지 못한다. 그 이유는 여성은 출산과 양육 등 몸이 하는 일에 연루되어 있기 때문이다. 테라바다 불교 신자들은 그와 같은 몸이 하는 일은 여성으로 하여금 세상일

여성의 몸을 통제해온 종교

에 보다 더 묶이도록 만들고 이는 속세의 일들로부터 떨어지라는 붓다의 가르침에 어긋난다고 믿는다. 신할리스Sinhalese 불교에서도 여성은 삶의 순환에 연루되는 것을 대표하는 존재로 그려지는데, 여성은 탄생을 가능하게 하고 따라서 세상에서의 고통을 지속시키는 근원으로 여겨진다. 줄리아 레슬리[64]는 자인Jain 금욕주의 불교에서 보이는 유사한 관점을 설명한다. 이들 불교도들은 여성은 월경혈과 모유와 같이 몸에서 흘러나오는 액체를 가지므로 불순하다고 주장한다. 레슬리는 논쟁을 통한 가르침에서 드러나고 있는 이와 같은 가르침을 다음과 같이 요약하고 있다.

> 여성, 이름하여, 여자 인간의 신체적 기호를 가진 이 존재들은 이번 생에서 목사moksa(해탈)을 얻을 수 없는데 이는 이들의 영혼이 '완전한 존재'(싯다Siddha)라 불리는 순수한 변형을 증거하지 않기 때문이다. (중략) 생물학적 여성은 (중략) 불결한 몸을 가지고 있다는 사실로 인해 확연히 드러나며 이는 매달 (월경)피가 흘러나오는 것으로 증명된다.[65]

오그라디에 따르면 불교에서 월경혈은 매우 오염적인 것으로 간주되며 초경 중인 소녀는 주변인들, 특히, 남자들에게 일종의 위험요소다. 따라서 여러 종교 의례와 의무에 참여하지 못하도록 규제받아야 하며 절 안으로 들어오거나 성지를 순례하는 일은 금지되어야 한다.[66]

불교의 종주국인 인도에서 월경은 여성이 불교도들의 궁극적인 목표인 니르바나nirvana를 성취할 능력이 없음을 보여주는 증거로서 인식되어 왔다. 인도의 한 전통 문헌에 따르면, 세균과 같은 '미생물적 존재'들이 여성이 월경혈을 흘릴 때 여성의 생식기에서 생성되고 여성의 젖에서 생성되며 이것은 여성의 몸이 순수하지 못하다는 증거가 된다.

불교에서 여성의 몸은 일반적으로 혐오스러운 것으로 간주되며, 월경은 이러한 관점에서 인식되고 다른 어떤 것보다도 가장 육체적이고 본질적으로 성적인 과정으로 여겨진다. 레슬리에 따르면, 인도 불교의 한 분파인 잔 금욕주의에서는 나체상태(즉, 속세의 것을 모두 져버린 완전한 무소유의 상태)가 매우 중요하게 여겨짐에도 불구하고 여성은 절대 공중이 있는 자리에서 나체상태가 되어서는 안 된다. 그 이유는 첫째, 여성은 타고난 섹슈얼리티가 월경 중에 드러날 수 있기 때문이고, 둘째, 섹슈얼리티가 드러나게 되면 성적 희롱에 취약해 질 수 있기 때문이라는 것이다. 따라서 설사 잔 금욕주의 불교 신자들이라 할지라도 여성이라면 반드시 옷을 입어야 한다. 그리고 옷을 입어야만 하기 때문에 여성은 영적 성장에 적합하지 않은 존재로 간주된다. 그렇기 때문에, 여성에게는 아무리 신앙심이 깊어도 속세를 온전하고 완전히 거부하기 위해서는 무엇보다 먼저 남자의 몸으로 다시 태어나는 것이 신앙적으로 도달할 수 있는 최고의 단계가 되는 것이다.

기원전 6세기, 붓다는 자신과 삼촌지간이었던 여성인 마하프라야파티Mahāprajāpati가 그를 따라 여자도 승려가 되고 가족의 요구로부터 자유로워질 수 있도록 해달라는 요구를 하였을 때 여자들도 종교생활을 할 수 있도록 동등한 기회를 주었다. 그러나 여성도 영적 개발에 있어서 남자와 동등한 잠재력을 가지고 있다는 것을 인정하면서도 여성이 남성에게 종속되는 당시 사회의 관습은 문제 삼지 않았다. 당시 문화에서 승려들은 여성을 사악한 유혹자로 그리는 부정적인 이미지에 근간을 두고 여성을 개개인 승려들의 영적 성장과 사원 공동체의 안정을 항시적으로 위협하는 잠재적으로 성적인 존재로 보았던 것이다.[67]

독실한 불교신자이면서 동시에 윗대부터 이어져온 도교적 풍습에 따라 집안에 작은 신당을 차리고 매일 참배하는 마흔다섯의 한 화교계 사업가 여성은 다음과 같이 자신이 들어 온 이야기를 전한다.

도교 신자들은 자주 여자는 더러운 일을 해야 하는데 왜냐하면 전생에 나쁜 업을 쌓았기 때문이라고 하죠. 그래서 여자들이 임신을 하는 거고 젖을 줘야 하는 거고 월경을 해야 하는 거라고 말이죠. 불교의 가르침에서는 깨우침을 얻는 마지막 단계에 이르면 인간이 성이 없는 존재가 된다고 합니다. 그리고 그 단계 직전에 먼저 남자가 되어야 하죠.

이 여성은 개인 사업을 운영하는 변호사이고 경영학 석사 학위에 중국 전통의학 수련까지 받은 고등교육의 수혜자다. 그럼에도 도교나 불교에서 여성에 대해 이야기하고 있는 내용에 대해 질문하거나 반박하려들지 않는다고 했다. 왜냐하면 그것을 믿고 있는 가족들에게 문제를 일으키고 싶지 않기 때문이다. 가족은 문제 있는 가치관이나 관점이 대물림되는 현장이 되기도 한다.

삼십삼세의 한 화교계 회계사 여성도 가족들로부터 이와 비슷한 이야기를 들었는데 이 여성은 자신도 그런 관점에 동의한다고 한다. 월경 중인 여성은 절에 가면 안 되고 굳이 가게 된다면 적어도 주실에는 들어가지 말아야 하며 향을 피워도 안 된다는 것이다. 신의 존엄함을 지켜주어야 하기 때문이다. 이 여성은 어느 날 이런 관점에 대해 승려에게 질문했다고 한다. 그 승려는 도교의 신은 등급이 낮은 신이라 월경혈 냄새에 화를 낼 수도 있겠지만 붓다는 그런 낮은 등급의 신과 달라서 월경에 아무런 영향을 받지 않을 것이라고 했다고 한다. 그러니 월경 중에도 사원에 가는 것이 아무 문제되지 않는다는 것이었다. 이 여성은 그 승려의 말을 듣고 그제야 안심하게 되었으며 승려의 말대로 따라왔다고 한다.

이 여성의 경우가 보여주듯, 많은 경우 여성들은 월경 중일 때 자신이 깨끗하지 않기 때문에 이런저런 제약들과 금기들이 따른다는 말을 듣게 되어도 그 말을 곧이곧대로 믿고 싶어 하지는 않는다. 그럼에도 그것을 완전히 반박할 수 있는 여지가 없기 때문에 침묵을 택한다. 그렇지만 그 설명을 반박할 긍정적인 설명을 듣게 되는 경우 주저 없이 긍정적인 설명을 택하려는 경향이 있다.

불교는, 특히 인도에서는, 평범한 여성 신자들의 공헌에 크게 의존해 왔다. 그것은 붓다 시대에도 마찬가지였다. 현대의 말레이시아나 한국에서도 마찬가지다. 특히, 여성들은 경제력을 가지면 가질수록 자신이 소속된 사원에 물질적인 기부를 더 많이 하는 경

여성의 몸을 통제해온 종교

향이 있다. 또한 요즘은 불교 안에서도 다양한 해석들이 존재하기 때문에 자신에게 더 설득력을 갖는 해석을 선택할 수 있는 여지가 점점 더 생겨나고 있다. 이런 점들은 불교계 권위자들로 하여금 보다 더 반여성차별적인 관점을 택하여 점점 더 변하며 나아지고 있는 성별 관계에 더 적합한 가르침을 주는 경전을 선택하도록 강제하고 있기도 하다.

유교

유교는 이론적으로 기원전 5세기경 공자에 의해 창시되어 봉건시대에 성장했다. 유교는 종교라기보다는 당대 중국의 사상과 전통에 기반을 두어 구축된 정치적, 그리고 윤리적 철학 체계다. 그래서 유교儒敎, 즉 배운 자들의 가르침인 것이다. 유교는 한 나라 시대 중국에서 매우 영향력 있는 지적 흐름이 되었고 지금까지도 그 영향력을 떨치고 있다.[68]

유교적 가르침의 핵심은 하늘과 땅 사이의 관계에 대한 관념에 있다. 하늘과 땅은 서로를 필요로 하고 따라서 상호의존적이지만, 둘 사이의 관계는 일반적으로 위계적인 것으로 이해되며 이때 하늘이 우월하고 땅은 열등하다. 하늘은 또한 창조적 요소로 인식되는 반면 땅은 수용적 요소로 인식된다. 하늘과 땅 사이의 균형은 양과 음 사이의 관계로 표현된다. 양은 '밝음, 건조, 활동성, 강함, 천국' 그리고 '남자'를 대표하고, 음은 '어두움, 습기, 수용성, 푹신함, 땅' 그리고 '여자'를 대표한다.

유교에서 말해지는 적합한 인간관계는 하늘과 땅의 위계적 질서를 따라가는 것이다. 따라서 남성과 여성 사이의 관계도 위계적이고 성인과 아동의 관계도 마찬가지다. 유교적 질서에 따르면, 여성은 음의 요소로서 남성에 의해 대표되는 양보다 열등하다. 그리고 이러한 위계를 따라, 여성은 남성에게 종속되어 있다. 이 관점은 여성에게 강제되는 세 가지 복종을 통해 재강화되는데 딸로서 아버지에게 복종하고, 아내로서 남편에게 복종하고, 어머니로서 맏아들에게 복종하는 것이다.

유교시대 중국에서의 이상적인 여성은 약하고 종속적이며 이끌기보다는 이끎을 받으며 지원하는 역할을 하는 여성이었다. 따라서 일반적으로 전통 중국문화에서 여성은 '가족 안에서 협소하게 규정된 역할에 갇혀' 있었다.[69] 한자로 여성을 가리키는 말은 '婦', 즉, '빗자루를 든 여자'인데 이는 여성이 있어야 할 곳이 어디인지를 가리킨다. 이와 달리 남성은 '많이 공부하고 지식과 지혜를 갖춘 개인'으로서 다른 사람을 돕는 사람이며 정치 영역에 몸담아 이를 실천하는 것을 궁극적 목표로 갖는 사람이다.

중국 문화에서는 대체로 전통적으로 남자가 가장인 부계혈통을 따라 조직된 가족체계 안에서 살아왔으며 가부장적 질서 안에서 남성이 여성에 대한 지배력을 갖고 그런 남성의 지배력은 사회적 규범을 통해 보장되었다. 결혼은 여자가 남자의 가족 구조 안으로 들어가는 것이며, 결혼한 여자가 해야 하는 중요한 기능은 아들을 낳아 조상신에게 제사를 지낼 수 있도록 하는 것이고 아들로 하여금 남편의 가족이름, 즉 남편의 성을 따르게 하여 남편 가

여성의 몸을 통제해온 종교

족의 계를 지속시켜 주는 것이다. 이 모든 것이 유교법에 남편의 권리로 명문화되어 있다. 딸은 매매, 결혼 등을 통해 다른 이에게 줄 자식이기 때문에 환영받지 못한다. 이처럼 가족들로부터 외면당한 여아들은 종종 매춘여성이나 무임금 가사노동자가 되기도 했다.

중국의 중산층 여성들은 1917년까지도 대체로 다섯 살이 되면서부터 전족을 해야 했고 이 때문에 발이 기형으로 성장하는 끔찍한 경험을 해야 했다. 혼전 처녀성은 엄청나게 중요하게 여겨졌으며 이를 지키지 않은 여성들은 비난을 받았고 혼전 처녀성을 잃었다는 이유로 혹은 자신의 처녀성을 '지키기' 위해 자살하는 것은 공개적으로 치하받고 독려되었다. 또한, 남편이 죽은 여성들은 남편을 따라 스스로 죽음을 택할 것을 종용받았으며 재혼은 불명예스러운 것으로 여겨졌다.[70]

전통적으로 여성들, 특히, 초경을 맞은 소녀들이 유교 교육을 받고 있는 경우는 드물다. 그런 탓에 유교가 여성의 몸에 대해 일일이 지적하고 가르치는 부분이 유교 문헌들에 적시되어 있거나 유교교육에서 직접적으로 가르쳐지지는 않는 것으로 보인다. 그럼에도 유교 자체가 근본적으로 남성을 교육하고 여성을 통제하는 데에 쓰여 왔기 때문에 도교와 불교와 혼종된 상태에서 도교, 불교가 갖는 월경과 여성의 몸에 대한 부정적 태도를 상쇄하기보다는 그것을 고스란히 포용하고 있다고 봐야 할 것이다.

힌두교

힌두교는 인도에서 그보다 오래된 종교와 각 지역에 당시 존재했던 종교적 관념이나 영혼에 대한 생각이 복합적으로 합쳐져 만들어진 종교다. 힌두교에서는 삶의 목적이 네 개로 나눠져 있다. 다마dharma, 즉 신심, 아타artha, 즉 번영, 카마kama, 즉 쾌락, 목사moksa, 즉 해탈이다. 불교와 마찬가지로 힌두교에서도 인간 존재의 궁극적인 목표는 해탈 혹은 정신적 해방을 얻는 것이다. 힌두교의 원리들은 다양한 종교 문헌에 기록되어 있고 성과 젠더와 무관하게 모든 이들에게 적용된다고 말해진다.[71]

인도에서 여성과 남성이 동등하다고 여겨지던 때도 있었다. 심지어 위계적인 인도 브라만Brahman 계급 내에서도 여성이 높은 지위를 누릴 수 있었고 집 안팎에서 남성들과 나란히 일할 수 있었다고 한다. 많은 힌두교 신들이 여신들인데 생명을 주는 신인 데비Devi 혹은 강가Ganga, 충실한 배우자의 신인 파바티Parvati 혹은 라다Radha, 파괴의 신인 칼리Kali 혹은 두르가Durga 등이 있다. 힌두교 여성들은 이들 여신들을 자신들에게 힘을 주는 신들로 섬긴다. 라마 메타Mehta[72]에 따르면 힌두교에서 여신, 남신, 여성, 남성이라는 이 항은 상호보완적인 것이며 이 상보성은 고대 베딕Vedic 시기부터 이어져 온 두 성들 간의 평등이라는 종교적 전통에 입각해 있다.

그럼에도 힌두교는 젠더 위계에 대해 모순된 관념을 제공한다고 여겨지는데 이는 힌두교의 근본적인 성격이 인도의 '많은 전통들의 혼합체'이기 때문이라 설명된다. 어떤 경우에는 여성이 남성

여성의 몸을 통제해온 종교

보다 열등한 존재로 간주되고, 또 어떤 경우에는 여성과 남성이 상호보완적인 존재로 간주되는 것이다. 여성과 여성성에 높은 가치를 부여하는 관점도 함께 존재한다.[73]

그렇지만 많은 경우 힌두교 안에서 여성은 열등한 성으로 인식된다. 고대 인도부터 두 성들 간의 불평등한 권력이 여성의 타고난 특성 때문이라고 설명되어 왔다. 여성은 사악하고 통제 불가능하고 위협적인 섹슈얼리티를 가지고 태어났으며, 그렇기 때문에 태어날 때부터 불결하다는 것이다. 이런 인식 하에서 여성들은 잠재적인 오염원이며 월경과 출산 시에는 불가촉 존재가 되고 의례를 배우는 과정 중에 있는 브라마카린brahmacārin(남자 초년생들)에게 항시적으로 위협적인 존재로 간주된다.

힌두교에서 여성의 열등함에 대한 생각이 공표되고 있는 대중적인 텍스트들 중 하나가 고대 인도법인 마누법 조항들이다.[74] 여성의 생애주기가 '세 번의 복종' 단계로 묘사되었던 중국의 경우와 같이, 마누법도 여자의 삶이 아동기 때는 아버지에게, 젊어서는 남편에게, 그리고 남편이 죽으면 아들에게 달려 있다고 명시하고 있으며 여성은 전 생애에 걸쳐 절대 독립적으로 살아서는 안 된다고 되어 있다. 따라서 여성은 어떤 것도, 심지어 집안에서도 독립적으로 행동해서는 안 된다.

수잔 오지탐Oorjitham[75]에 따르면, 예전 인도에서의 결혼은 개인의 선택사항이었지만 어느 때부터인가 반드시 거쳐야 하는 사회규범이 되었다. 그러면서 결혼은 필수이며 온전한 성인이 되는 것이라는 이데올로기가 만연해지기 시작했다. 동시에 결혼 연령 또한 낮아졌다. 그러면서 매우 어리고 덜 혹은 전혀 교육받지 않은 문맹의 소녀가 자신보다 훨씬 나이가 많고 더 교육받은 남자에게 시집을 가는 현상이 고착되게 되었다. 이는 스스로 교육을 받고 때로는 공부를 더 하기 위해 아예 결혼을 하지 않기도 했던 그전 시기 여성들의 삶과 매우 달라진 것이었다. 자연스럽게, 어리고 덜 혹은 전혀 교육을 받은 적이 없는 아내는 남편에게 종속적이었고 남편에게 복종하고 심지어 남편의 부모들에게도 복종할 것을 요구받았다. 급기야 남편은 아내의 교사로 간주되기에 이르렀고, 시집의 식구들과 남편은 매우 권위적이 되는 경향이 있었다.

여성들이 결혼제도 안에서 주변화되기 시작하면서 사춘기가 지나서도 결혼하지 않은 딸을 데리고 있는 것이 죄악시되었는데 이는 월경 주기를 놓치는 것은 수정란을 죽이는 것에 견주어질 수 있다는 믿음으로 더욱 공고해졌다. 결혼제도라는 측면에서, 상호합의에 의한 결혼도 있었지만 신부를 일종의 부意로 제공하는 여러 다른 결혼 형태와 함께 한때는 심지어 강간도 결혼의 한 형태로 간주되기도 했다.[76]

이런 환경이었기 때문에 여아의 이름을 짓거나 여아의 배냇머리를 깎아주는 의례 등은 매우 조용히 치러졌다. 딸은 선호되지 않았고 이는 당시 횡행했던 성차별과 여성에 대한 공공연한 폭력 때문이었다. 이런 환경에서 월경과 같은 여성의 몸 활동은 여성의 불결함의 증거이거나 취약함의 증거로 간주되었다.

인도 문화는 카스트 제도에서 드러나듯이 매우 위계적인 세계관을 가지고 있는 것을 특징으로 해왔다. 카스트들 사이의 관계는

여성의 몸을 통제해온 종교

젠더에 빗대어 표현된다. 높은 카스트는 남성적인 것에 비유되고 낮은 카스트는 여성적인 것에 비유되는 것이다. 이런 측면에서, 카스트 제도는 젠더 위계와도 연관되어왔다.

카스트 제도는 낮은 카스트에 속하는 여성들에게 특정한 요구들을 한다. 불가촉천민과 같은 최하층 카스트 여성은 사원 입장이 허용되지 않는다. 이는 이 여성들이 타고나기를 불결하게 태어났고 그들의 불결함이 종교 의례를 거행하지 못하게 하기 때문이라고 말해진다. 설사 이들이 종교의 의무를 거행하도록 허용된다고 하더라도 이들 중 많은 이들은 자신들이 사원에 들어가 사원을 더럽히게 되면 신들의 노여움을 사 저주를 받을까 두려워하기도 한다.

한편, 높은 카스트 여성들에게는 이들의 '순수성'을 보호한다는 명목 하에 고강도의 제약이 가해지는데 이는 이들의 출산을 통제함으로써 이뤄진다. 순수함과 같은 관념은 여성의 거동, 의상, 다른 사람과의 대화 등에 대한 제약으로 이어졌다. 이 같은 제약들은 특히 남편이 죽은 여성들에게 심하게 적용되었다.

이와 같은 힌두교에서 바라보는 월경혈에 대한 전통적 시각은 레슬리의 다음과 같은 글에 잘 나타나 있다.

아유베다āyurveda에 따르면, 인간의 몸은 작은 우주다. 아유베다의 목적은 바로 그 작은 우주의 부분들과 그 기능들에 대한 정보를 제공하는 것이다. 차라카Caraka에 따르면, 자궁 안에서 일어나는 잉태는 세 가지의 조합, 즉 남자의 씨(비자bīja) 혹은 정자, 즉 수크라śukra, 여자의 씨(스트리비자stribīja, 소니타śonita), 그리고 전생에 의해 이끌려 내려오는 영(지바$_{jīva}$, 쎄타나다투$_{setanādhātu}$)이 만들어낸 결과다. (중략) 의학 서적에서 '여자의 씨'는 대체로 어머니의 질 내의 피$_{śonita}$[77]와 같은 것으로 말해진다. 즉 월경혈이다. 월경혈을 일컫는 가장 잘 알려져 있던 용어는 '불타는 듯한 독특한 특별한 피'로 묘사되는 아르타바$_{ārtava}$이고 '사춘기 때 나타나는 여성의 피'라고 규정되는 라자스$_{rajas}$이다.[78]

오그라디에 따르면 힌두교에서는 초경이 소녀에게 일어난 경사스러운 일로 여겨지는데 이는 무엇보다 사춘기가 다산의 시작을 가리키기 때문이다.[79] 또한 월경이 여성의 몸을 정화한다고 여겨지기도 하는데 과도한 피로 인해 빚어질 위험을 여성으로부터 제거함으로써 그렇게 되는 것이라고 말해진다.[80] 그럼에도 월경의 과정은 여전히 오염적이라고 여겨진다. '고립 의식, 특별한 음식, 칠일 째 행해지는 목욕의례' 등 이 모든 것들의 총합인 셈이다.

인도 내 몇몇 부족 문화에서는 고립, 금기, 제약 등이 초경 중인 소녀에게 강제되기도 하지만, 초경은 대체로 축하를 받는다. 그러나 바타차리야$_{Bhattacharyya}$[81]에 따르면, 인도 전역에서 초경의 소녀는 아무도 만져서는 안 되는 존재이며 초경 기간 동안 다른 사람들과 떨어져 지내야 하고 고립기의 나흘 동안은 해를 보는 것도 금지된다. 이 고립기가 끝나면 소녀는 이제 결혼할 수 있는 여자로 간주된다. 이때 소녀는 '높은 의자에 앉혀져서 이웃들과 친지들의 방문과 선물을 받는데 데샤스트 브라민들$_{Deshast\ Brahmins}$ 사이에서는 이 의식을 위해 특별히 준비된 기름으로 씻기기도 한다'. 그리고

여성의 몸을 통제해온 종교

나서 성인 여성들이 입는 싸리와 같이 새 옷을 입히고 친구들에 둘러싸인 채 목욕 의례를 거치는데 나야Naya인들 사이에서는 이것이 끝나면 잔치가 이어진다. 월경을 시작한 소녀는 출산 준비가 되었다고 간주되기 때문에 꽃이 떨어지는 의식 또는 결혼이 실질적으로든 상징적으로든 사춘기가 오기 전에 행해지고 그렇게 함으로써 소녀는 초자연적 영과 첫 성교를 하게 될 지도 모를 위험에 놓이지 않게 된다고 여겨진다.[82]

이제 막 출산 능력을 갖게 된 초경의 소녀와 달리, 초경 이후로 월경 중인 여성은 '한시적인 불모의 땅'이자 출산력 부재의 상태에 있다고 여겨져 부정적으로 인식된다. 월경 기간의 첫 사흘 동안 인도의 여성들은 다른 것을 오염시키는 존재로 여겨진다.[83] 월경 첫째 날은 불가촉천민만큼 오염적이고, 둘째 날은 '브라민 살인자'로 간주되고, 셋째 날은, 세탁사만큼 오염적이며 넷째 날이 되어서야 오염으로부터 자유로워졌다고 간주된다.

오그라디와 레슬리의 보고에서 보듯이 월경은 힌두 인도 문화에서 궁극적으로 여성의 생식기능으로 간주된다. 이 때문에 초경 이후에도 결혼하지 않은 여성은 죄를 짓고 있다고 여겨지는데 이는 각 월경은 결혼을 했으면 생겨날 수 있었을 수정란이 생기지 못하게 된 것을 뜻하고 따라서 결과적으로 수정란을 살해한 것이나 마찬가지라고 생각되기 때문이다. 이런 생각은 1장에서 보았듯이 뉴질랜드의 마오리족에서도 발견되는데 마오리족 사람들도 월경혈을 미처 태어나지 못한 인간이라고 여기는 것이다.

이런 측면에서 힌두 인도 문화 안에서 월경 중인 여성은 자신의 건강과 미래의 태아를 위해, 성공적인 임신을 위해 엄격한 규제를 따를 것을 요구받는다. 월경 중 첫 삼일동안은 잉태에 적절한 때가 아니므로 성교를 하지 말아야 하고, 우유로 만든 음식처럼 쉽게 소화될 수 있는 음식을 먹어야 하며, 잠을 너무 많이 자거나 너무 많이 웃는 등 과한 행동을 하지 말아야 한다. 월경 중인 여성이 만약 이것을 어기게 되면 아직 태어나지 않은 자식들이 다치게 될 것이라는 경고를 받게 된다.

이밖에도 월경 중인 여성에게 부가되는 제약들은 더 있다. 월경 중인 여성은 불순하기 때문에 불을 만지거나 음식을 해서는 안 된다. 성교를 즐겨서는 안 되기 때문에 스스로를 매력적으로 가꾸거나 성적 접촉을 허락하는 태도를 취해서도 안 된다. 따라서 손톱을 깎아서도 안 되고 눈썹을 그려서도 안 되며 머리를 빗어서도 안 되고 목욕을 해서도 안 되고 기름으로 몸을 마사지해서도 안 되고 남편과 한 접시에서 밥을 먹어서도 안 되고 남편을 쳐다봐서도 안 된다. 결국 월경 중인 여성은 아무 것도 해서는 안 되는 것이다. 이에 더해, 월경 중에는 집안의 특정 구역에 몸을 감추고 다른 가족들로부터 스스로를 고립시켜야 하고 다른 이들과 말을 나눠서도 안 되고 아이들을 만지거나 함께 놀아서도 안 된다. 또한 전통적으로 월경 중인 여성은 월경 중임을 다른 이들이 쉽사리 알아볼 수 있도록 월경 중에만 입는 특별한 옷을 입어야 했고 결혼식과 같은 행사에는 절대 참여하지 않았다.

마지막으로 월경이 끝났다고 간주되는 넷째 날에는 불순한 상태에서 벗어나 다시 '적당한' 상태가 되었다고 간주된다. 이제 이

여성의 몸을 통제해온 종교

여성은 남편의 성적 접촉을 허용해야 한다. 그러기 위해 자신을 아름답게 단장해야 하고 남편에게 매력적으로 보일 수 있도록 목욕을 하고, 갓 빨아 말린 옷으로 갈아입고, 장식품을 달아야 한다. 그러나 만약 이후로도 출혈이 계속되면 남편이 '만져도 될 정도는 된다'고 간주되어 남편과 성교할 수는 있을 만큼은 깨끗한 상태가 되지만 종교 의례에 참여하기에는 아직 불결하므로 종교 행위에 참여할 때는 반드시 스스로를 정화한 후에 참여해야 한다.

잉태를 하면 월경혈이 흘러나오던 통로는 양분을 받으려는 태아에 의해 막히고 월경혈 중 일부가 여성의 젖가슴으로 올라가 장래 태어날 아이를 먹일 젖이 된다고 여겨진다. 종교적으로든 신화에서든 모든 물질 중에서 가장 오염된 것으로 여겨지는 것이 역시 종교적으로든 그리고 신화에서든 가장 순수한 물질이라고 여겨지는 것으로 변한다고 보는 것은 흥미로운 일이다.

인도에서 월경 중인 여성에 대한 이와 같은 생각과 행동은 다른 나라에서 살고 있는 인도계 이주민 문화에서도 발견된다. 타밀어를 사용하는 힌두계 말레이시아 여성들은 유사한 종교적 금기와 제약이 말레이시아에도 있다고 말했다. 이들에 따르면, 월경 중인 여성은 기도를 하거나 성스러운 책을 만지거나 절에 들어가서는 안 되며 그 이유는 월경 중 여성은 깨끗하지 않고 불순하기 때문이다. 물론 이런 모든 것들에 대한 여성들의 반응은 다양하다.

힌두교도로서, 월경 중에는 밤에 나갈 수도 없고 기도를 할 수도 없는데 그건 우리가 깨끗하지 않기 때문이죠. 나는 그게 정당하지 못하다고 느껴요. 우리 집에는 기도방이 있는데요. 그리고 내 방에는 내가 믿는 신의 사진을 책상에 올려놓았고요. 그러면 내가 월경 중일 때도 나는 여전히 신 얼굴을 마주해야만 하는데 어떻게 하란 거죠? 나는 기도할 수 없지만 마음속으로는 여전히 기도를 해요. 난 (내가 깨끗하지 않다고) 그렇게 생각하지 않아요.

—21세, 대학생, 미혼

힌두교는 가장 오래된 종교 중 하나죠. 힌두교는 철학이에요. 사실상 삶의 방식인 거죠. 그래서 살아가는 동안 우리가 필요로 하는 모든 것에 대한 완벽한 안내가 되어 있어요. 물론, 월경과 그와 같은 것들도 삶의 한 부분이고 정전 어딘가 그에 대한 언급도 있죠. 문제는 대부분의 사람들이 정전을 읽지를 못하는 것인데요. 힌두교 정전이 가장 오래된 언어 중 하나이자 더 이상 우리가 사용하지 않는 언어인 산스크리트어로 쓰여 있기 때문이죠. 번역자가 그것을 영어나 말레이시아어로 번역할 때 그중 어떤 것은 포함하지 않았을 수 있어요. 정전과 문학 그리고 힌두교 관련 책들에서 내가 읽은 바로는 수정란을 만들기 위해, 아기를 만들기 위해 남자와 여자 양쪽의 세포가 필요한데, 세포를 생산하기 위해서 여자는 반드시 피를 흘려야 해요. 어떤 사람들은, 심지어 힌두교도들도 월경이 금기 같은 거라고, 불결한 거라고, 따라서 월경 중에는 어떤 특정한 것들은 하면 안 된다고 믿죠. 인도에서는 더 심해요. 월경 중에는 집안에 두지도 않죠. 집 밖에 있으라고 두죠. 오두막을 지어서 그 안에

여성의 몸을 통제해온 종교

있으라고 하죠. 그리고 그곳에 있을 때마다 마을 사람들은 그 여자가 월경 중이라는 것을 알게 되죠. 왜 그런지 이해할 수가 없어요. 종교 정전에는 그 기간 동안 여자가 반드시 고립되어 있어야만 한다는 말은 전혀 없어요. 내가 읽은 바로는 그래요. 내 생각에는 아마 적합한 생리대를 가지고 있지 않았기 때문이었지 싶어요. 집 안에서 어디 앉았다가 바닥에 얼룩을 묻히게 될 수도 있으니까요. 그런 이유 때문에 소녀가 집 밖에 있기를 원했을 거예요. 그렇지만 종교 정전 어디에도 여자는 월경 중에 나머지 사람들로부터 반드시 떨어져 있어야 한다는 말은 없어요. 요즘 인도에서도 더 이상 그렇게 하지는 않죠. 모두 그건 몸의 한 부분이고 생물학적인 규칙적 순환 과정으로서 일어나는 거라고 배우죠. 그리고 그 기간 동안 깨끗하지 않은 게 아니라는 것도 배우구요. 내가 공부했던 힌두교 정전에 따르면 절에 반드시 가지 말아야 하는 게 아니라 가지 않는 게 좋다고 하는 거예요. 왜냐하면 힌두교 정전에 따르면 그 기간 동안은 피가 몸 밖으로 빠져 나가기 때문에 그와 함께 힘도 밖으로 빠져 나가서 우리 몸의 아우라와 진동이 어느 정도 약해지는 거죠. 절 행사나 사람들이 많이 모이는 곳에 가게 되면 다른 사람들로부터 나오는 어떤 강력하고 부정적인 진동이 공격해 올 수도 있고 그러면 병이 날 수도 있는 거죠. 그래서 안전을 위해 가급적이면 절에 안가는 게 좋다는 거예요. 절에 가는 것이 금지된 게 아니라는 거죠. 잘못 해석된 거죠. 나는 내 기간 동안 절에 가고는 하는데요. 나는 좀 다르게 믿기 때문이에요. 신이 나를 만

들었고 신이 내게 그 기간을 주었다고 믿어요. 그렇다면, 그 기
간이라고 해서 신을 만나는 일에서 빠져야만 할 까닭이 없는
거죠. —30세, 대학 강사, 한 자녀의 어머니, 기혼

인도 문화에서는 월경은 기본적으로 출산력과 연관되어 이해
되고 출산력은 인도 문화에서 매우 높은 가치를 가진다. 그럼에도
월경 중인 여성은 일반적으로 오염시키는 존재로 인식된다. 이런
까닭에 무엇을 입을 수 있거나 없는지, 무엇을 만지면 되는지 안
되는지, 무엇을 해야 하는지 혹은 하지 말아야하는지 등 많은 종
류의 제약들이 있다. 위계적이고 가부장적인 문화를 가진 남성 중
심 사회에서 여성이 가치 있다고 여겨지는 것은 오직 출산 기능을
가지고 있을 때뿐이라고 볼 수 있다. 여성이 '불모지'로 여겨지면
이내 그 여성은 오염시키는 존재로 간주될 뿐만 아니라 '무엇을 하
기에도 적합하지 않다'고 여겨지는 것이다.

기독교

기독교는 그리스도Christ[84]라 불리는 나사렛 지역의 예수의 가르침
을 기반으로 하는 종교다. 예수가 죽고 부활해 승천했다고 믿으며
이후의 초기 기독교도들은 결혼하지 않은 채 살았는데 이는 그리
스도가 곧 돌아올 것이고 그렇게 되면 가족을 가지는 것과 같은
속세의 삶은 의미가 없어질 것이라고 믿었기 때문이다. 이런 측면

에서, 성 아우구스티누스와 같은 영향력 있는 신학자에 의해 죄악과 연관되게 되었다. 잘 알려져 있듯이 기독교에서 최초의 인간인 아담과 이브는 신의 복종을 어기는데 이브가 아담을 유혹해 원죄를 저지르게 하여 낙원에서 쫓겨난다. 이러한 행위의 결과로 이브가 신으로부터 받은 처벌이 바로 출산시의 통증과 육아의 의무다. 성 아우구스티누스는 이 죄가 당대에 그치지 않고 성교를 통해 다음 세대로 계속 이어지는 것이라고 보았다. 갓난아기도 죄악 행위를 통해 세상에 태어나는 것이므로 죄를 저지른 이로 간주된다. 이런 측면에서 성행위의 무경험은 선호되는 존재 상태가 되고 아우구스티누스 이후부터는 그것이 동성애적 행위든 자위든 어떤 성행위든 출산을 목적으로 하지 않는 한 엄청난 비난을 받게 되었다.[85]

16세기 이후 개신교도들이라 불리게 된 종교 지도자들이 비혼 생활을 거부하고 가톨릭 교회로부터 떨어져 나오면서 기혼의 가족적 삶은 성직자들에게도 가장 바람직한 삶의 형태로 주장되게 된다. 개신교도들 사이에서는 비혼의 삶이 더 이상 독려되지 않게 되었을 뿐만 아니라 결혼하지 않은 여성과 남성은 일탈 행위를 하는 이들로 의심을 받기 시작한다.

한편, 위스너 행크스는 여성들이 예수의 말을 듣고 예수와 예기를 나누는 데에 적극적으로 참여하여 가스펠에서 두드러지게 나타났다고 말한다. 그러나 예수를 따랐던 초기 신자들 중 많은 수가 교회에서의 여성의 역할에 대해 애매한 생각들을 가지고 있었고, 기원후 1세기 동안, 여성 신자들에 대한 제약을 가하기 시작했다. 유대 문화와 고대 지중해 연안 문화 모두에서 여성의 종속

상태를 자연스럽고 적절한 것으로 보았고 기독교 또한 그것에 근원한 성별 위계를 고스란히 답습해 왔다.[86]

기독교에서의 여성에 대한 부정적 인식은 유럽에서 '마녀 사냥'이라고 불리었던 악명 높은 학살사로 이어졌다. 개신교와 천주교 모두 '마녀'에 높은 관심을 쏟았다. 광범위하게 마녀사냥이 진행되었던 시기동안 약 50만 명에서 백만 명에 이르는 사람들이 교수형을 당해 죽었고 그 중 80퍼센트가 여성이었다. 대다수가 여성이었던 까닭은 첫째, 여성은 정신력이 약하다고 간주되고 자신이 원하는 것을 얻기 위해 윽박지르고 저주하는 것을 좋아하기 때문에 악마의 주술에 넘어갈 가능성이 보다 더 농후하기 때문이고, 둘째, 여성은 음식을 준비하거나 산모나 아이 혹은 동물을 돌보거나 하는 동안 뜻밖의 나쁜 일들이 일어날 수 있는 삶의 영역과 접촉할 일이 더 많기 때문이고, 셋째, 여성은 자연, 무질서, 몸 등 악마적인 것과 가까운 것에 연관되어 있다고 여겨졌기 때문이었다.[87]

유대 율법과 〈창세기〉 3장 16절에 이르기까지 출산과 함께 월경은 여성이 받는 형벌이라고 인식되어 왔다. 이런 측면에서 월경은 지금까지도 '저주'라는 말로 불린다. 오그라디에 따르면 히브리 경전(〈레위기〉 15장과 18장)은 월경 중인 여성이 불순하고 깨끗하지 않으며 이런 까닭으로 월경 중인 칠일 동안 성교는 금지된다. 가톨릭에서는 이를 근거로 여성은 성직을 받아서는 안 된다고 주장되어 왔다. 〈레위기〉의 월경 금기는 아우구스티누스에 의해 단지 비유로서가 아니라 문자 그대로의 뜻으로 이해되고 적용되었다.

그리스 정교 기독교도들 사이에서 월경 중 여성은 '종교적 상

여성의 몸을 통제해온 종교

징물을 만지거나 봉헌된 양초를 만지면 안 되'며[88] 영성체를 해서도 안 된다.[89] 다른 기독교파들에서도 8-11세기 동안에는 월경 중인 여성들은 영성체를 할 수 없었다. 찰스 우드Wood에 따르면,[90] 이 금기는 로마 가톨릭 교회 시기 교종 그레고리에 의해 폐지되었다. 그럼에도 보수적인 동유럽 정교에서 이 금기는 여전히 실천되고 있다.

월경에 대한 이와 같은 전통적으로 부정적인 시각에도 토마스 버클리에 따르면, 〈마가복음〉 5장, 〈마태복음〉 9장, 〈누가복음〉 8장과 같은 신약성서는 예수가 월경 문제를 치료해준 여성에 대한 이야기를 담고 있다. 이를 근거로 어떤 이들은 기독교적 전통에서도 월경을 긍정적인 관점에서 보는 관점이 있었다고 주장하기도 한다.

이러한 논쟁과는 별개로 근대 대도시에 거주하는 기독교 신자들은 이제 월경 중인 여성에 대한 기독교적 금기에 대해 별스러운 이야기를 하지 않는 것 같다. 기독교 페미니스트 신학자들이 기독교 내에서 평등주의적 관점을 열심히 설파해 온 결과이기도 할 것이다. 많은 기독교 분파에서 여성들은 성직에 관여할 수 있게 되었고 심지어 신부나 성직자가 될 수도 있다.

기독교의 전신이라고 할 수 있을 유대교는 그만큼 기독교와 많은 공통점을 가지고 있다. 유대교적 전통 사회에서 여성은 사원이나 정치적 삶 그리고 경제적 삶에서 배제되었는데 이는 월경이 오염력을 가지고 있다고 여겨졌기 때문이다. 유대교에서 월경 중인 여성은 이슬람, 도교, 불교, 힌두교 등 다른 주요 종교들에서와 같이 '깨끗하지 않고', '불순하다'고 여겨진다. 히브루 경전은 월경 중인 여성은 월경기간인 일주일 동안 불순하여 깨끗하지 않다고 보며 《탈무드》는 월경이 끝난 후 이레 동안 여전히 불순하다고 그 기간을 확대한다. 이 기간 동안 여성은 니다niddah라는 격리 의식을 가지며 격리가 끝나면 받아 둔 물속에 몸을 잠기게 침수시켜 정화하는 의식인 미크베mikveh를 치르게 된다. 니다와 미크베 모두 소위 정통 유대교도들 사이에서는 지금도 여전히 행해지고 있다고 한다. 어떤 유대 페미니스트들은 이 의례를 여성들이 유일하게 자유롭게 영적 활동에 전적으로 참여할 수 있는 드문 기회로 보기도 한다.

이슬람교

이슬람은 종교개혁가이자 예언자인 모하마드Muhammad가 창시한 종교다. 아미나 와둣에 따르면, ISLAM은 아랍어에 어원을 둔 용어인 'S-L-M', 즉 평화라는 말에서 왔다. 아랍어 문법에 따라, iS-La-M은 '복종'이라는 뜻이 되는데 ISLAM을 신앙으로 갖는 이들은 남성인 경우 muSLiM(무슬림), 여성인 경우 muSLiMah(무슬리마)로 불리며 이들은 복종하는 자, 즉 'al-Lah(알라)', '유일한 신(the-God)'에게 복종하는 자라는 뜻이다. 무슬림들에게 《코란》은 신이 예언자 모하마드에게 직접 전달한 말이다. 하디트Hadith는 모하마드의 말과 설명들을 모아놓은 책인데 무슬림들에게 하디트는 《코란》에서 언급되지 않은 사안들에 대한 판단을 내려야 할 때 참

조하는 책이다.[91]

많은 이슬람 학자들은 이슬람에서 여성과 남성은 《코란》에 따라 신 앞에서 전적으로 평등하다고 지적한다. 이슬람은 종교적 문제에서 여성과 남성 사이에 평등을 구축했고 여성과 남성 모두 자신의 행동과 신앙에서 다섯 가지 기둥[92]을 지키는 데 있어 전적인 책임을 진다.

그러나 1970년대와 1980년대에 이란과 같은 무슬림 국가 혹은 무슬림들이 다수인 국가들에서 보수적인 종교 지도자들이 정치적 권력을 잡게 된다. 이런 가운데 일어난 이슬람 근본주의 운동은 여성과 남성에 대한 보수적인 관점을 서구의 '문화 제국주의와 상업주의'에 대항하는 이슬람의 근본적 상징으로 삼아 퍼뜨렸다. 그리고 불공평하게 구조화된 성별 관계는 샤리아법, 즉 이슬람 종교법을 통해 종교적 권위를 발판 삼아 강화되어 왔다.

남성중심주의적인 소위 근본주의적 관점에 따르면, 《코란》은 남성이 네 명의 아내까지 둘 수 있도록 허용하며 손쉽게 이혼할 수 있도록 허용하고 딸에게는 아들에게 주는 유산의 절반을 줘도 되고, 여자들은 공적 영역에서 배제되어야 한다고 가르친다. 많은 무슬림들은 또한 남자가 여자에 대한 결정권을 가지며 따라서 여자는 남자에게 복종해야 한다고 생각한다.

베일 쓰기와 일부다처와 같은 관행들은 이슬람 이전의 문화에서 연유했다고 주장되고 《코란》에서는 원칙적으로 성 평등과 정의, 자유를 가르치고 있다고 주장되지만 그럼에도 많은 무슬림 사회에서는 가부장적 질서와 함께 남성에게 유리한 관점들이 강력하게 지켜지고 있다.

물론 말레이시아와 같이 남성에 대한 여성의 독립성과 주체성을 보장해온 말레이들의 전통적 관습법인 아닷adat과 같은 전통이 이슬람이라는 종교적 관습과 함께 공존하는 사회에서는 무슬림 여성들이라 하더라도 가정에만 얽매이거나 남성에게 경제적으로 전적으로 의존하는 경우만이 흔한 것은 아니다. 남편이 이슬람법에 따라 자동적으로 가정의 가장으로 선언된다 하더라도 아내는 전통적으로 그래왔듯이 가정 경제에 기여를 하고 또한 가정사에 대한 결정권도 남편과 함께 공유한다.

그러나 노라니 오트만Othman[93]이 지적하고 있듯이, 여성에게 일정한 권한을 부여하는 관습인 아닷과 남성에게 유리한 지위를 부여하는 종교가 각각 항상 그런 식으로 고정되어 있거나 무조건적으로 보장되는 것은 아니다. 여기에는 항상 경제적이고 정치적인 상황이 큰 영향을 미치기 때문이다. 예를 들어, 1970년대와 1980년대에 일어난 이슬람 부흥운동인 닥과dakwa운동 시기와 함께 말레이시아 정부에 의해 1972년부터 진행된 신경제계획은 양측 모두가 남성성이 과잉되게 수행된 것이었고 아닷을 통해 지켜진 양성 보완성을 심각하게 해치고 남성 우위와 여성에 대한 남성의 통제력이라는 이슬람 교리를 강화시켰던 것이다. 이는 특히, 중산층 말레이시아 무슬림들 사이에서 급격히 일어난 일이었다.[94]

한편, 아닷과 같은 전통이 관습법처럼 지켜져 내려오는 말레이시아 무슬림 사회에서도 이슬람의 종교적 영향은 여성에 대한 관념에 큰 영향을 주었다. 전통적으로 여성이 이혼 후 재혼하는 것이

여성의 몸을 통제해온 종교

크게 이상한 것이라고 여겨지지 않고[95] 아닷에 따라, 이혼 재판에 있어서 양육권 문제가 발생할 경우 같은 어머니를 둔 자식들을 '아딕 벌아딕 수수adik beradik susu', 즉, 한 젖을 먹고 자란 형제자매라고 여겨 생부의 양육권보다는 생모의 양육권에 힘을 실어주는 경향이 있었다. 그런데 이슬람적 전통은 어머니가 같고 아버지가 다른 형제자매들 사이보다는 아버지가 같고 어머니가 다른 형제자매들 사이가 더 가깝다고 간주한다. 게다가 아버지가 같고 어머니가 다른 경우의 형제자매들은 '꺼뚜루난keturunan', 즉, 아버지의 자식들로 불리지만 어머니가 같고 아버지가 다른 경우의 형제자매들은 '사우다라 안징saudara anjing', 즉 개와 같은 사이라 불리기도 한다.[96] 어린 소녀는 결혼할 때까지 성 경험이 없어야 하고, 소녀를 포함한 젊은 혼전 여성을 가리키는 말이 '열리지 않은 꽃'이라는 것을 보면 젊은 남성의 혼전 성적 무경험보다 여성의 성적 무경험을 강조하고 있음을 알 수 있다.

캐롤 래더만은 이슬람적 전통을 고수해야 한다는 목소리가 상대적으로 더 영향력이 강한 지역인 말레이시아의 뜨릉가누 지역에서 출산과 양육 관련한 연구를 진행한 바 있다. 래더만에 따르면, 뜨릉가누에서는 임신 칠 개월 정도가 되면 태아가 임신부의 배 어느 쪽에 자리잡은지를 통해 태아의 성별을 감별할 수 있다고 믿는다. 이때 태아가 오른쪽 자궁에 있으면 남자아이이고 이 아이는 순결과 이성을 부여받아 태어난다고 여겨진다. 반면, 왼쪽 자궁에 있으면 여자아이이고 이 아이는 '더럽고', '동물과 같은' 일에 연관되어 태어난다고 인식된다. 산모가 쉽게 출산을 하지 못하고 산통을 심하게 겪으면 해당 산모가 여성스럽지 않은 행동거지를 해왔기 때문이라 비난을 받는다. 예를 들어, 남편의 뜻에 복종하지 않았거나 남편을 이기려고 해왔거나 생각 속에서만이라도 남편이 아닌 다른 사람을 마음에 품은 적이 있기 때문이라 여기는 것이다. 한 번이라도 본인에게 주어진 성 역할을 벗어나려고 한 적이 있는 여성이라 간주되면 출산 시에 작은 의식이 치러지는데, 이는 해당 여성의 남편이 '우주의 조화와 질서를 재정립하고 잘못한 아내를 자신이 있어야 할 자리로 돌려보내기 위한' 것이다. 이 의식에서 산파는 산모의 남편에게 얼굴을 위로 향한 채 누워 있는 산모의 몸 위를 세 번 넘도록 시키는데 이는 어느 쪽 성이 위에 있어야 하는지를 재확인시키기 위한 행동이다. 만약 산모가 남편이 아닌 남자를 마음속에 품었거나 실제로 접촉을 했다는 의심이 있을 때 산모는 남편의 생식기를 담갔던 물을 마셔야 한다. 이 같은 의식을 통해 아내에 대한 남편의 지배력이 재구축되고 여성성과 역할에 대한 산모의 복종도 재강화되게 된다.

출생 시 읊는 주문 또한 젠더 관념이 강제되고 재강화되는 또 하나의 예를 보여준다. 다음에서처럼 뜨릉가누 지역에서 전래되어 온 탄생 주문인 잠피jampi를 무당인 보모bomoh가 출산시 산모와 아이의 안전을 빌고 산모의 생각을 산통으로부터 보다 성스러운 것으로 돌리기 위해 읊게 된다.

첫째는 행위의 바다요, 둘째는 경험의 바다요, 셋째는 생각의 바다요, 넷째는 이성의 바다요, 다섯째는 성교의 바다요, 여섯째는 피로의 바다요, 일곱째는 인내의 바다요, 여덟째는 거품의 바다라. 거품은 바람에 실려가 파도와 암초에 의해 옮겨진다. 거품이 내려앉은 곳은 어딘가? 거품은 욕망의 둑에 내려앉는데 그곳은 라자 발리, 욕망의 시냇물 왕국에 있는 황금땅[97]에서 어린 카솨리나 나무가 자라는 곳이네. 그러면 가브리엘 천사가 내려와 거품을 들어 올려 모하마드의 빛으로 가네. (중략) 그러면 가브리엘이 세상에서 가장 강한 페르시안 강철을 가져와 거품을 둘로 나누고, 다시 넷으로 가르고, 다시 다섯으로 조각낸다네. 그 안에서 한 쌍이 드러나네. 남편은 최초의 하지 haji[98]라 불리고 아내는 꽃을 입은 백설숙녀라 불리네. 너는 진정 최초의 생명의 씨앗, 욕망의 바람의 근원. 그러면 가브리엘이 그것을 사십일 동안 손에 들고 다니지. (중략) 가브리엘이 네 아버지의 뇌 속에 사십일 동안을 밀어 넣어두지. 너는 네 아버지의 자궁으로 사십일을 떨어지지. 그런 후 네 어머니의 자궁 안으로 일곱달 하고 다시 십일 동안을 떨어지지. 첫째 달에 너는 점이라 불리지. 둘째 달에는 시작의 빛이라 불리지. 셋째 달에는 영혼의 빛이라 불리지. 넷째 달에는 표정의 빛이라 불리지. 다섯째 달에는 자궁의 빛이라 불리지. 여섯째 달에는 느림보 압둘라Abdullah라 불리지. 일곱째 달에는 오른쪽으로, 혹은 왼쪽으로 굽지. 오른쪽으로 굽으면 너는 아들이고 왼쪽으로 굽으면 너는 딸이지. 여덟째 달에는 탄생의 빛이라 불리네. 아홉째 달에는 네 모습과 크기를 볼 수가 있네. 열째달, 이제 네가 나오네. (중략) 너는 네 어머니의 몸을 아네.[99]

래더만은 잠피가 여자와 남자의 근본적인 특성에 대한 '분명한 은유적 선언'이라고 주장했다. 잠피에 따르면, 태아는 아버지의 생식기를 통해 어머니의 자궁, 인간의 '동물적 특성'으로 대변되는 그곳으로 가기 전에 먼저 아버지의 뇌에서 잉태되어 '아버지의 이성과 감정'을 경험한다. 여성은 '욕망의 둑, 욕망의 시내로 이뤄진 왕국의 황금땅'을 가진, 생래적으로 이성적인 인간이기보다는 욕망의 인간이다.

헤더 스트레인지Strange[100]는 같은 지역인 뜨릉가누에서의 추꼬 꺼빨라cukor kepala, 즉 갓난아이의 배냇머리를 미는 의식에 대해 다음과 같이 묘사했다. 추꼬 꺼빨라는 새로 태어난 아이가 사십사 일이 지나 삼 개월이 되는 날 사이에 거행된다. 의식은 일곱 명의 남자가 아기의 어머니가 보는 앞에서 아기의 머리 뭉텅이를 가위로 한 번 자르는 것으로 시작된다. 아이의 어머니인 여성은 머리 자르는 의식에 직접적으로 참여하지 않으며 이 의식을 보러 온 손님들을 대접하는 음식을 만들어 제공하는 일만을 한다. 손님들이 다 가고 나면 어머니가 아기의 남은 머리카락을 모두 미는 경우도 있는데 그 까닭은 배냇머리는 어머니의 자궁 안에서 자란 머리카락이므로 깨끗하지 못하고 그 특성상 절대 깨끗해 질 수 없기 때문이다. 갓난아이의 머리를 미는 것은 따라서 한때 어머니의 몸 안에서 오염되었던 아기를 정화시키는 것으로 여겨진다.

전前이슬람적 가치체계와 관습이 잔존하는 가운데 이슬람적 전통이 강력하게 밀려들어온 말레이시아 사회에서는 아닷과 같은 상호성의 전통과 이슬람과 같은 가부장적 문화 사이에 긴장이 존

여성의 몸을 통제해온 종교

재해 왔다. 그리고 여성의 몸에 대한 부정적 관념과 이를 근거로 여성이 이성보다 자연에 가까운 존재라는 인식은 여성이 생래적으로 남성보다 열등한 존재라는 주장의 근거로 활용되어 여성의 이해관계에 반하는 행동들을 정당화하는 데 이용된다.

오그라디에 따르면 《코란》은 '월경 중인 여성은 오염되어 있고 따라서 월경이 끝날 때까지 남편에게서 분리되어야'[101] 하며 월경 중인 여성은 '오염된 상태에서 정화되기 위하여 씻어야만 한다'고 적고 있다. 또한 하디트에는 월경 중인 여성은 라마단 동안 '금식, 매일 기도, 종교 행사 참여, 모스 입장, 또는 《코란》을 만지는 행위 등이 허용되지 않는다'고 적혀 있다. 오그라디는 이 말이 곧 월경이 오염을 시킨다는 뜻이고 이는 월경혈이 인간이 만들어져 나오게 된 바로 그 물질이라는 이슬람이 제공하는 창조설에 정면으로 위배되는 것이라고 말한다.

말레이시아 무슬림 여성들을 포함해 무슬림 여성들은 일반적으로 월경에 관한 이와 같은 종교적 가르침을 지켜야 한다고 배운다. 어린 무슬림 소녀는 초경을 하자마자 이슬람에서 지켜야 하는 월경 금기들을 배운다. 이것에 대해 가르치는 이들은 주로 가족이거나 종교 교사들이다.

초경을 한 후, 바로 알게 된 것은, 누가 말해줘서 알게 되었는데, 내가 이런저런 것을 하지 말아야 한다는 것이었어요. 그래서 종교 교사에게 가서 물어봤죠. 선생님도 그렇다고 대답을 하더군요. 어떤 종교 글들은 월경 중에는 읽지 말아야 한다고 말이죠.

《코란》은 정말 월경 중에는 읽어서는 안 된다고 했어요. 그렇지만 그냥 사소한 기도문이라면 상관없다고 했죠. 나는 뭐, 오히려 잘 됐다고 생각했죠. 그걸 들은 것은 몇 년 전 어느 종교 강론에 참석했을 때였어요. 거기서 이슬람에서는 오줌을 누는 것은 사소한 일이지만 똥을 누는 것은 큰일이라고 했지요. 그리고 월경은 똥과 같은 수준의 것이라고 했어요.　　　　　―18세, 고등학생

저는 국제이슬람대학교에서 공부했는데요. 거기에서는 종교와 관련해서 무수히 많은 여러 가지 해야 하는 것들에 대해서 가르치죠. 우리가 믿고 있는 것들 뒤에 있는 합리적인 이유에 대해서 가르쳐요. 왜 그렇게 되었는지 등에 대해 말이죠. 어떤 것들은 할 수 없죠. 그 기간 동안에는 깨끗하지 않기 때문이에요. 그래서 기도를 할 수가 없죠.　　　　　―25세, 연구보조원, 미혼

　물론 종교적 금기와 실천에 대한 다른 시각들도 있다. 두바이의 이슬람 학자인 아부 아미나 빌랄 필립스Abu Ameenah Bilal Philips는 《월경과 출산 후 출혈에 대한 이슬람에서의 규제Islamic rules on menstruation and post-natal bleeding》에서 이슬람에서의 월경 문화에 대해 설명하고 있다. 필립스는 저명한 이슬람법 학자인 샤이크 무하마드 이븐 사알리 아알 우타이민Shaykh Muhammad ibn Saalih Aal Uthaymeen이 여성이 흘리는 피에 대해 설명한 내용에 하디트 모음집인 그 자신의 작업 내용을 추가해서 다음과 같이 말한다.

　　　　　여성의 몸을 통제해온 종교

'수나Sunnah'[102]와 프로펫 모하마드의 아내와 그의 동료들이 내려준 법적 설명에 여성이 피를 흘릴 때는 어떻게 해야 하는지 명확하게 규정되어 있는 기본적인 규칙들이 있다. (중략) 이에 따라 월경 중인 여성이 기도, 모스 출입,《코란》을 만지거나 읽는 행위, 그리고 금식기간 동안의 금식에 관하여 다음과 같이 설명되어 있다. 기도에는 두 가지가 있는데 솔랏Solat 기도 즉, 형식을 갖춘 공식적인 기도와 그렇지 않은 에이드Eid 기도가 있다. 무슬림 여성들은 월경 중에는 솔랏 기도를 해서는 안 된다. 그렇지만 월경 중 여성이 도아do'a, 즉, 애원 기도를 하는 데에는 아무런 제약이 없다. 프로펫 모하마드의 부인, 마이무나Maymoonah가 월경 중에는 기도를 하지 않고 모스에서 프로펫 모하마드 옆 양탄자 위에 앉아 있었던 것을 따르는 것이다. 에이드 기도도 솔랏 기도를 할 수 있는 경우에만 참여해야 한다. 기도 장소가 사방이 벽으로 둘러쳐져 있는 곳이라면 월경 중인 여성은 안으로 들어와 기도하는 여성들 뒤에 앉거나 서있어도 된다.[103]

무슬림 여성들 사이에서는 대체로 월경 중인 여성은 '불결한 상태'에 있기 때문에 기도가 '허용되지 않는다'고 이해되고 있다. 흥미로운 것은 무슬림인 쉰다섯의 전업주부 여성도, 그와 십년의 세대 차이가 나는 마흔넷의 전업주부 여성도 그렇게 배워서 그렇게 알고는 있지만 그 사실이 그렇게 특별하게 느껴지지는 않는다고 말한다. 오히려 기도라는 의무에서 잠시나마 풀려나 쉴 수 있는 기회로 여겨왔고 따라서 자신들에게 그 금기는 좋은 것이라고 생각한다고 말했다. 이들에게 월경 중인 여성이 기도에 참여하지 않는 것은 참여를 허용 받지 못하는 것이 아니라 참여할 필요가 없는 것으로 인식되는 것이다. 모든 여성들이 생리통으로 고생하는 것은 아니지만, 월경 과출혈이나 생리통이 심한 여성들에게는 매일 기도와 같은 종교적 의무로부터 잠시나마 놓여나는 것이 사실상 소중한 휴식 기회가 되는 셈이기도 한 것이다.

저널리스트인 한 무슬림 여성은 기도와 관련된 이러한 제약에 대해 또 다른 생각을 갖고 있다. 어떤 기도 동작은 월경 중인 여성들이 하기가 쉽지 않다는 것이다. 필립스도 이와 유사한 설명을 내놓고 있다. 그에 따르면, 모하마드 생전에는 많은 여성들이 월경 중이나 월경 후나 한 벌의 옷을 계속 입었다. 무슬림들은 기도할 때 바닥에 무릎을 꿇고 앉아 이마와 손을 바닥에 대었다가 일어나는 것을 여러 번 반복하게 된다. 따라서 기도 중에 자연스럽게 엉덩이가 추켜올려진다. 이것을 반복하는 와중에 자칫 생리 천에 잘 흡수되지 않은 월경혈이 비쳐 나올 수도 있고 다른 이들이 그것을 볼 수도 있는데 이렇게 되면 해당 여성에게는 매우 부끄러운 일일 수도 있다는 것이다. 이러한 이슬람식 기도 방식을 알게 되면 왜 월경 중인 여성이 기도와 같은 행위를 하는 것이 독려되지 않았는지를 어렵지 않게 이해할 수도 있다. 그러니까 월경 중인 여성이 불결해서가 아니라 그와 같은 상황에서는 그런 방식의 기도 행위 자체가 쉽지 않은 것이라는 말이다. 모하마드의 또 다른 아내였던 움살라마의 이야기는 월경혈이 모하마드 당대에는 더럽거나 오염인

여성의 몸을 통제해온 종교

으로 여겨지지 않았음을 보여준다. 필립스는 다음과 같이 움 살라마의 말을 옮기고 있다.

> 내가 모 담요를 덮고 프로펫과 누워있을 때 월경이 시작되었다. 그래서 나는 담요 밖으로 나와 월경용 옷[104]을 입었다. 프로펫이 내게 묻기를 "월경이 시작되었소?", "네" 답했다. 그는 내게 담요 안으로 다시 들어오라고 불렀고 나는 다시 그와 같은 담요를 덮고 잠을 잤다.

이런 기록은 월경혈이 이슬람에서 오염인으로 여겨지지 않았다는 주장을 가능하게 한다. 필립스는 다음과 같은 설명을 덧붙이고 있다.

> 월경 중인 여성이 물건을 만지거나 접촉을 하게 되면 그 물건이나 사람이 오염되는 그와 같은 식으로 월경 중인 여성이 오염되었다는 것이 아니다. (중략) 모하마드 스스로가 월경 중인 여성과의 접촉을 전적으로 허용했고 그것을 그를 따르는 이들에게 몸소 보여주었다. (중략) 심지어 그를 따르는 이들에게 무엇이 허용될 수 있는지를 실제로 보여주기 위해, 그와 같은 행위에 대해 가질 수도 있는 의심을 없애주기 위해 월경 중인 아내들을 만져주거나 함께 잠을 자고는 했다. 마이무나가 말하기를, "그는 월경 중인 아내들을 만져주거나 껴안고는 했습니다. 아내들은 허벅지나 무릎까지 옷을 걷어 입고 있거나 했습니다." 아

이샤(또 다른 아내)[105]는 "알라의 메신저와 나는 월경혈이 심하게 나올 때에도 한 겹의 옷만 걸친 채 함께 밤을 보내고는 했습니다. 내 월경혈이 그의 몸이나 옷에 묻으면 그는 그 얼룩 부분만 씻어내고 그 옷을 그대로 입은 채 기도를 했습니다" 했다. (중략) 여성이 기도할 때에 월경혈이 옷에 묻으면 그저 그 부분만 씻어내면 되었고, 설사 얼룩이 남는다고 하여도 기도하기에 충분히 깨끗하지 않은 것은 아니었다. 아스마 빈티 아비 바크르Asmaa'bint Abee Bakr는 한 여성이 알라의 메신저에게 질문한 것을 그와 연관시키고 있다. "알라의 메신저여! 피가 옷에 떨어지면 어떻게 하면 됩니까?" 그가 답하기를, "월경혈이 옷에 떨어지면 그 부분을 잡아 비벼서 물에 빤 후 그 옷을 그대로 입고 기도를 하면 된다" 했다.

많은 말레이시아 무슬림 여성들은 월경 중에는 《코란》을 만지거나 읽어서는 안 된다고 배운다. 필립스는 이 점에서 '월경 중인 여성은 《코란》을 만져도 되고 읽어도 된다'고 주장하고 있어 다른 입장을 제시하고 있다. 라마단 기간의 금식에 대해서도 말레이시아 무슬림 여성들은 금식 의식에 참여하는 것이 허용되지 않는다고 말했다. 그 이유도 역시 월경 중에는 자신들이 안 깨끗하기 때문이다. 그러나 금식 참여 여부에 대해 필립스는 이견이 있는데 월경 중인 여성은 금식 의무에서 예외된 것이지 금식이 허용되지 않는 것이 아니라는 것이다. 여기서 '예외된' 이라는 말은 중요하다. 왜냐하면 '허용되지 않는다'는 것과 '예외된다'는 것은 엄연히 다른 의미를 갖기 때문이다. 허용되지 않는다는 것은 '제약'을 의미하고 예외된다는 것은 '특혜' 혹은 '특권'을 함의한다.

메카 순례인 하지는 월경 중인 여성이라도 할 수 있다고 말해진다. 그러나 메카 방문 때에도 공식적인 기도나 카바Ka'bah를 일곱 번 도는 의식은 예외로 두고 있다. 주목할 것은 성지를 들어가는 일 자체는 월경과 무관하게 할 수 있지만 월경으로 이미 피로해졌을 몸을 더 피로하게 만들 수 있는 의식에는 참여하지 않아도 되도록 예외조항으로 만들어 놓고 있는 점이다. 이 또한 월경 중 여성들에게 주어지는 일종의 '특혜'라고 볼 수 있을 것이다.

월경 중 성교를 금하는 것에 대한 생각들도 다양하다. 앞에서도 살펴보았듯이, 월경 중 성교를 금하는 이유는 월경 중에는 질이 자극이나 박테리아에 평소보다 더 취약한 상태일 수 있기 때문에 월경 중인 여성의 건강을 위해 금하는 것이라는 해석이 있다. 그렇지만 이 해석보다는 월경 오염이 강조되는 경우가 흔하다.

무슬림들 사이에는 월경 중인 여성은 남자가 자신의 몸 부위에서 특히 '배꼽과 무릎 사이'를 접촉하게 하면 안 된다는 믿음이 있다. 그 까닭은 월경 중인 여성은 오염되어 있기 때문이라는 것이다. 이와 같은 믿음은 다시 월경을 오염인으로 여기는 관념을 강화한다.

스트레인지에 따르면, 여성의 이러한 오염성은 이후 월경을 하던 하지 않던 여성의 모든 몸으로 확대된다. 남자가 기도 전에 여자와 신체 접촉을 할 경우, 그 여자가 월경 중이든 아니든 상관없이 그 남자는 반드시 얼굴과 손을 씻어야만 기도할 수 있는 자격이 주어진다. 왜냐하면 그 남자는 여자에 의해 오염되었다고 간주되기 때문이다. 물론 여성이 월경을 하고 있거나 여성 자체가 오염인이기 때문이 아니라 그 남자가 여자와의 신체 접촉으로 인해 성적으로 흥분되었을 수도 있기 때문에 기도 전에 이를 잠재우기 위해서라는 설명도 있다. 기도 중에는 성적인 것과 관련되는 어떤 것도 금기시되기 때문이다. 그런 탓에 정화 의식을 거친 후에 또 다시 신체 접촉이 있었다면 다시 정화의식을 거쳐야 한다. 이를 볼 때, 여성의 몸이 오염인으로 인식되는 것이 아니라 성적으로 흥분된 상태에서 기도하는 것이 금지되어 있다고 보는 것이 더 설득력 있다. 이 금기는 남자뿐만 아니라 여자에게도 해당된다. 그럼에도 여성이 남성과의 신체 접촉에 의해 오염될 수 있다는 믿음은 그 반대의 경우보다 잘 강조되지 않는다. 대개는 오염인으로서의 여성이 강조될 뿐이다. 이는 여성들이 모스크에 들어가는 경우가 드물기 때문이기도 할 것이다.

이슬람교 안에서 월경 오염에 대한 인식은 사실상 만연해 있고 그 인식은 월경 중인 여성에게 가해지는 종교적 금기에 의해 항시적으로 강화된다. 그와 같은 시각에 동의하지 않는 여성들이 있고 금기에 대해 종교적 설명이 아닌 방식의 대안적이고 합리적인 설명이 제시되기도 하지만, 이런 것은 대체로 무시되거나 부정되는 경향이 있다. 그 상황에 대하여 오트만은 남성 지배적 사회에서는 남성중심적 해석만을 채택하려하기 때문이라고 지적한다. 남성 지배가 규범인 사회에서는 젠더 중립적인 해석은 대체로 배척당하거나 널리 유통되지 않는다는 것이다. 오트만이 주장하듯이 종교적 가치와 문화적 가치는 하나를 나머지 하나로부터 구분하기가 불가능한 경우가 많고 젠더에 관한 문화적 관념들은 남성들이 지배적인 종교적 강제를 통해 재강화된다.

불교, 도교, 기독교, 이슬람교, 유대교, 힌두교 등 종교들은 모두 월경에 대한 특정한 관념을 가지고 있다. 그 관념은 대체로 월경을 오염인으로 보고 월경 중인 여성은 불결하며 다른 것들과 사람들을 오염되도록 만든다는 내용으로 구성되어 있다. 그리고 그것을 근거로 월경 금기를 지속시켜 왔다. 버클리와 고틀립이 주장하듯이, 월경 제약과 금지는 대체로 그것을 종교적 이유로 실천하고자 하는 이들에 의해 정당화되어 왔다. 월경에 대한 종교적 인식은 그 종교를 따르는 개개인들이 갖는 월경에 대한 인식 규정에 큰 영향을 끼친다. 한 사회 내에서라 할지라도 어떤 종교를 따르는가에 따라 개개인들이 월경에 대해 갖는 인식은 다를 수 있다. 원슬로우에 따르면, 스리랑카의 불교도들은 월경이 우주적 순수와 사회에 위협이 된다고 보지만 가톨릭교도들은 여성이 외부로부터의 위협에 취약하다는 것을 보여주는 것이라 여긴다.

여성들은 각 종교에서 기도 활동, 성직자 활동 등 여러 가지 측면에서 차별을 당해 왔지만 전통적으로 남성들보다 두드러지게 그 종교에 물심양면으로 기여했다. 더 많은 교육을 받고 경제적으로도 더 독립적인 생활을 하고 있는 현대 여성들은 이제 자신들이 따르는 종교 안에서 보다 평등한 대안적 여성관과 여성의 몸에 대한 긍정적인 시각, 특히 월경에 대한 대안적 시각을 요구하는 목소리를 키우고 있다. 그럼에도 아직까지 종교는 남성의 권위에 의해 지배받고 있는 영역이다. 따라서 대안적 시각을 요구하는 여성들의 목소리는 무시되거나 심지어 보수적 종교집단들에 의해 비난을 받기도 한다. 상황이 이러하지만, 월경 등과 같은 여성과 관련된 사안들에 대한 종교 내의 주류적 시각에 대해 질문하기를 멈추지 않는 여성들은 결국은 종교 안팎에서 자신들에게 보다 설득력 있는 대안적인 시각들을 발견해 왔고 또 여전히 그러한 움직임을 멈추지 않고 있다.

여성의 몸을 통제해온 종교

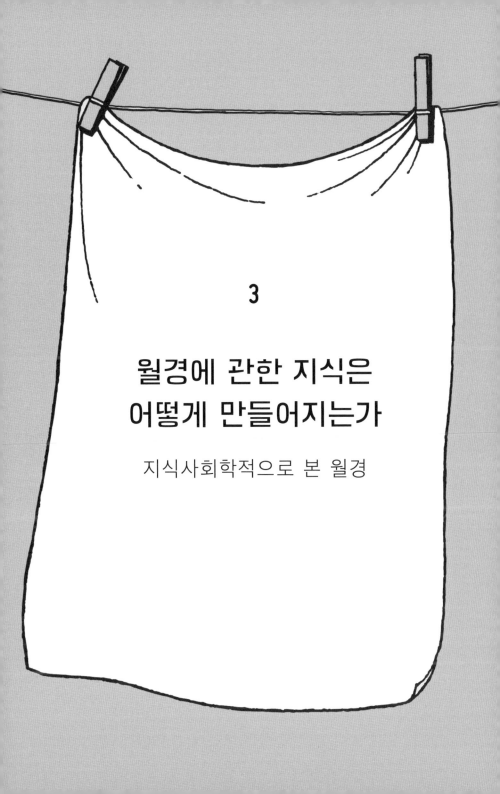

3

월경에 관한 지식은
어떻게 만들어지는가

지식사회학적으로 본 월경

남자가 생리를 한다면? 그것은 틀림없이 부럽고도 자랑할 만한, 남성적인 일이 될 것이다. 남자들은 자기가 얼마나 오래, 그리고 많이 월경하는지 자랑삼아 떠들어댈 것이다. 의회는 국립월경불순연구기금을 조성하고 의사들은 심장마비보다 생리통에 대해 더 많이 연구할 것이며, 생리대는 연방정부가 무료로 나눠줄 것이다.[106]

월경에 대해 우리는 무엇을, 어떻게 알고 있을까? 월경이 설명되고 묘사되고 논의되고 교육되는 방식이 월경에 대한 인식과 의미, 그리고 지식에 영향을 줄 수 있을까? 월경에 대한 선입관과 혐오감을 드러내는 특정한 태도는 월경에 대한 정보와 지식을 오도하는 것일까? 월경에 관해서 어떠한 그리고 무슨 정보가 현재 우리가 접근 가능한 것들이며 그러한 정보는 어떻게 월경하는 사람들에게 알려지거나 전달될까?

월경에 대해 알기까지

많은 여성들은 초경이 시작될 때까지 월경에 대해 아는 바가 없었다고 말한다. 초경에 대한 즉각적인 반응이 부정적이었던 경우가 많고 가장 흔하게 느끼게 되는 감정은 두려움, 놀람, 걱정 등 부정적 감정이다. 초경 첫날, 여성들이 겪게 되는 상황을 종합해 보면 이런 각본이 쓰일 것이다.[107]

어느 날 열 살 남짓의 한 소녀[108]는 낯선 체험, 질에서 피가 나는 경험을 한다. 다행히 아침이고 또 잠자리였다. 소녀는 갑작스럽게 낯선 것을 느낀다. 부드러운 통증 같기도 하고 허리가 불편한 것 같기도 하고 배가 아픈 것 같기도 하다. 여느 때와 달리 피곤하기도 하다. 왜 이러지? 소녀는 궁금하다. 잠자리에서 일어나 평소와 같이 화장실로 간 소녀는 평소 같지 않은 일이 일어나고 있음을 알게 된다. 속옷에 무엇인가 핏자국 같기도 얼룩 같기도 한 것이 있다. 어젯밤에 제대로 씻지 않아서 그런가? 간밤에 벌레한테 물렸나? 어디가 아픈가? 이게 뭐지? 알쏭달쏭한 채 궁금증을 해결하지 못하고 소녀는 속옷을 갈아입는다. 그러나 이내 곧 다시 화장실로 달려가고 속옷에 또 핏자국 같기도 하고 얼룩 같기도 한 것이 묻은 것을 발견한다. 이게 뭐야? 이거 진짜 피인가? 내가 지금 피를 흘리고 있는 거야? 내가 뭐 잘못한 일이 있나? 무슨 일이지? 걱정은 점점 심해지지만 소녀는 아무한테도 이 일에 대해 말하고 싶지 않다. 이 일에 대해 대체 누구에게 어떻게 말을 할지 생각조차 되지 않는다. 무엇인가가 느껴지고 소녀는 또 화장실을 찾는다. 벌써 세 번째 이러고 있다. 이제 소녀는 당혹감에 어쩔 바를 몰라 한다. 이게 대체 무슨 일이지? 혹시… 이게 언젠가 엄마가 말한 그건가? 이게 언젠가 친구들이 말했던 그건가? 이게 그 생리라는 건가? 마침내? 벌써? 세상에, 이제 난 어떻게 해야 하지?

어떤 여성들은 초경하기 전에 월경에 대해 들어본 적이 있지만 어떤 이들은 한 번도 들어 본 적이 없다. 오정희의 소설 《중국인 거리》에서 월경은 '파도처럼 밀려오고, 원하지도 않았는데 느닷없이 찾아와서 긴 시간을 두고 계속 이어지는' 것으로 그려지고, 영화 〈캐리〉는 '초경을 겪은 소녀가 자신의 몸에 대해 경험하는 공포와 수치감을 돼지피를 뒤집어쓰는 것으로 형상화'하기도 한다.[109] 많은 경우 여성들은 초경을 제대로 준비하지 못하고 초경을 할 때까지 월경에 대해 아는 바가 거의 없다. 이들은 만약 월경의 실상을 일찍, 그리고 제대로 배웠더라면 준비된 상태에서 초경을 할 수 있었을 것이라고 입을 모은다.

학교에서 월경에 대한 교육이 전혀 이뤄지지 않는 것은 아니다. 한국뿐만 아니라 여러 나라에서 성교육 시간을 할애해 월경 교육을 실시하는 경우가 있다. 그럼에도 어떤 내용이, 어떤 관점에서 전달되고 이야기되는지는 여전히 중요하게 지켜봐야 할 대목이다. 다음은 월경에 대한 두 가지 서로 다른 시각의 칼럼들이다. 먼저 1984년 한 일간신문에 실린 서울의 한 여대 교수의 칼럼이다.

옛날에는 중학교 상급학년쯤 되어서 치렀던 초경을 요즘은 중학교 1, 2학년과 초등학교 5, 6학년 여아들이 겪는 일이 많아졌다. (중략) 이유야 여러 가지가 있겠지만 우선 생활수준이 향상되어서 영양이 좋아졌기 때문에 발육이 촉진된 것이다. (중략) 요즘은 안방에 앉아서 부모는 아들딸들과 TV를 통해서 여성의 생리대광고나 피임광고를 보고 듣고 있으면서도 별로 서로 불편하게 생각하지 않게 되었으니 세월이 많이 변했다고 하겠다. 여성에 있어서 **초경**은 충격적 변화다. 그것은 어떻게 보면 **여성이 비로소 여성다워지는 신호**이며 **임신을 할 수 있다는 신호**이기 때문에 혁명적인 변화인 셈이다. 지금까지 고이 잠자고 있던 '어린애'에게 어느 날 갑자기 '어른'이 찾아온 것이다. (중략) 임신을 할 수 있다는 것은 매우 중요한 변화인 것이다. 이것은 **신의 생명창조의 섭리**가 정확하게 프로그래밍 되어서 나타난다는 것을 의미하기도 하는 것이니 단순한 성숙의 증거로만 받아들일 게 아니라 여아에게는 여아대로 이 초경의 경험을 통해서 **생명의 존귀와 순결을 가르치고** 남아는 남아대로 성교육을 통해서 생명탄생의 신비와 자연(또는 신)의 섭리를 엄숙하게 받아들이도록 가르치는 것이 중요하다고 생각한다.

초경은 단순히 생리현상으로서만 처리할 것이 아니라 **생명을 탄생시킬 수 있는 능력을 가진 사람으로서의 자각**을 일깨워주고 생명의 소중함을 가르쳐주고 또 배워야 하겠다고 생각한다. 요즘처럼 인간의 생명이 헐값으로 처리되는 타락한 사회에서 **생명의 존귀함을 깨닫고** 살아간다는 것은 한 **여성의 일생을 순탄하게 만들어**

월경에 관한 지식은 어떻게 만들어지는가

줄 것이다. 난소에서 한 달에 한 번씩 난자가 생산되고 그것이 **결혼생활**을 통해서 정자와 만나게 되면 **생명체**가 되고 그 생명체는 신이 그 아버지와 어머니에게 **주시는 선물**이고 선물은 사람이 함부로 훼손할 수 없다는 것을 소녀들에게 일깨워주는 것은 매우 의미 있는 교육이 될 것이다. **오늘날처럼 생명이 여성에 의해서 하찮은 것이 되었던 시기는 없었던 것 같다. 무절제한 낙태, 기아 영아 유기가 많았던 시기가 없었으니 말이다.**[110]

이 칼럼의 필자는 월경을 '여성다움', '임신', '생명', '순결', '결혼', '신' 등과 연결시켜 인식하고 있으며 월경에 대한 교육을 미리 해야 하는 이유를 '무절제한 낙태'와 '영아 유기' 문제와 연결시키고 있다. 다음은 1992년 12월에 또 다른 일간지에 실린 다른 필자의 칼럼이다.

초등학교 고학년이나 중학교 1, 2학년인 자녀가 생리나 몽정을 시작할 때 어떻게 설명해야 좋을지 몰라 당황하는 부모들이 많다. 이럴 때 부모가 당황하면 쑥스러운 일로 받아들이기 쉬우므로 사춘기 신체변화와 생리현상에 대해 자연스럽게 설명하는 것이 바람직하다고 전문가들은 조언한다. (중략) 어느 날 갑자기 딸이 생리를 시작하고, 아들이 밤에 몽정현상이 나타난다고 털어 놓으면 **실질적이 도움**이 될 조언을 해주는 것이 필요하다. 서울 기독교청년회 청소년상담실 이명화 간사는 "요즘 대부분의 초등학교에서 고학년을 대상으로 **성교육 강좌**를 마련해 아이들이 간단한 성교육 지식을 갖고 있는데, 부모들이 오히려 어떻게 대처해야 할지 걱정하는 편"이라면서 "생리 또는 몽정현상이 시작됐을 때 구체적으로 어떻게 대처해야 할지 준비대책 등을 가르쳐주는 게 도움이 된다"고 말한다. 딸에게는 생리가 한 달에 한 번씩 일어나는 일이며, 배나 허리가 아픈 것은 누구에게나 일어날 수 있는 생리통이라는 사실과 함께 **패드처리 요령, 몸의 위생적인 관리방법** 따위를 알려준다. 또 생리 중에는 되도록 윗옷을 긴 것으로 입어 **엉덩이 부분이 가려지도록** 하고, 학교에서 갑자기 생리가 시작될 것에 대비해 평소에 패드 1-2개 정도를 가방 속에 넣어 가지고 다니도록 한다. 몽정현상이 나타나는 아들에게는 "네가 건강해서 그런 것"이라고 심리적으로 안심시키고, 속옷을 자주 갈아입도록 조언한다. 딸에게는 생리팬티와 생리대, 아들에게는 팬티를 준비물로 마련해주고 또 평소에 갖고 싶어 하던 소품을 생리나 몽정을 시작한 기념으로 사줘 관심과 애정을 갖고 있음을 나타내는 것도 좋다고 강조한다. 중2, 국교5년 두 딸을 둔 주부 양해경 씨는 "평소에 성교육을 스스럼없이 한 탓인지 지난 10월에 생리를 시작한 둘째가 **자연스러운 일로 받아들여 참 좋다**"면서 "생리 또는 몽정을 시작한 자녀에게 '이젠 **어른이 된 거니까** 행동도 어린이와 달리 **의젓하게 해야 숙녀** 또는 신사가 될 수 있다'고 들려주는 게 좋을 것 같다"는 의견을 내놓았다.[111]

1984년에 주요 일간지에 실린 한 대학교수의 칼럼 내용과 불과 십여 년이 지나지 않은 1992년 일간지 칼럼에 나오는 한 주부의 월경에 대한 인식은 제법 차이가 난다. 초경을 시작한 초등학생에게 '결혼', '임신', '순결' 등을 가르쳐야 한다고 보았던 시각에서 많이 달라져 있는 것이다. 사회는 과거에 비해서 월경을 일상적으로 이야기할 수 있는 분위기로 바뀌고 있는 것처럼 보인다. 그럼에도 2014년에 이십 대 여대생들을 대상으로 실시한 소규모 설문조사를 보면 그렇지도 않다. 상당수의 여성들이 여전히 월경에 대한 교육을 받지 못한 채 초경을 겪었고 설사 교육을 받는다 하더라도 그 내용은 주로 임신, 생리대 사용법 등을 언급하는 정도에 그치고 있었다.

사춘기 동안 일어나는 변화는 소녀에게 심리적 영향력을 행사한다. 초경을 제대로 준비하지 못한 채 경험한 소녀들은 준비된 상태에서 경험하는 소녀들보다 초경을 부정적으로 경험한다는 보고가 있다. 이러한 경험은 이후 지속적인 영향을 행사하는데 심한 생리통, 월경에 대한 부정적인 태도, 강한 자의식 등으로 나타난다. 사춘기 소녀들은 월경하는 동안 일어나는 여러 변화들을 반추하고 그것을 정체성과 통합하게 되는데 이때 몸의 변화와 역할, 지위 등에 대한 타인의 반응을 반영하게 된다.[112] 성별 규범과 가치에 의해 통치되는 여성의 삶에서 초경은 사실상 매우 중요한 시기이다.

다행히 소녀가 가족들로부터 초경에 대한 조언을 미리 들었다고 해도 그 정보는 대체로 부정적이거나 충분하지 않을 가능성이 크다. 소녀가 듣게 될 말들은 대체로 이럴 것이다. '속옷에 피가 좀 묻어나올 거야', '이제 다 큰 거야', '여자들은 다 하는 거야', '여자는 남자와 다른 거야', '이제 너도 애를 낳을 수 있게 된 거야', '이제 시집가도 되겠네', '이제 네 행동은 네가 책임질 나이가 된 거야', '이제 넌 이런저런 거는 하면 안 돼', '남자애들과 가까이 지내지 마라' 등이다.

저메인 그리어Greer[113]는 어린 소녀에게 월경에 대해 이야기할 때 그 사람이 누구든 대체로 월경에 관한 충격적이거나 불쾌한 측면을 강조하는 경향이 있음을 지적했다. 겨우 십이세가 된 소녀에게 어머니가 월경을 시작했으니 이제 결혼할 수 있다고 말한다면 소녀는 충격과 공포를 느낄 것이다. 실제로 한 여성은 그렇게 말하는 어머니에게 자신은 결혼하고 싶지 않으며 결혼하기 아직 어리다고 답했다고 한다.

성별화된 특성과 역할에 스스로를 끼워 맞추기 불편한 소녀에게 월경은 불쾌하고 환영받지 못하는 행사가 될 수 있다. 어린 소녀가 여성이 될 마음의 준비가 되지 않았거나 여성이 되고 싶지 않은데 초경이 시작되고 '여성이 되라'는 사회적 요구에 직면할 때, 자신의 삶이 월경으로 인해 간섭받는 것처럼 느껴질 때, 월경과 생식의 연관성이 너무나 강력하게 사회적으로 또 문화적으로 구축되어 있을 때, 이성에 대한 사랑이 생식의 연관성으로 인해 필수적인 규범이 될 때, 여성들이 남성중심적인 사회에서 (이)성애적인 존재가 되는 것은 예상치 못한 일들이 자신에게 일어날 수 있다는 것을 배울 때, 초경과 월경은 환영받지 못하는 행사가 될 수 있다.

월경은 소녀와 소년의 차이를 보여주는 표식이고, 소녀는 소년에게 허용된 많은 것들이 자신에게는 허용되기 어렵거나 아예 허

그림 1 샌냅팩San-Nap-Pak   그림 2 유한킴벌리가 1995년 출시한 '화이트'

용되지 않는다는 이야기를 듣게 된다. 실제로 초경이 시작됨과 동시에 이것저것 많은 제약이 가해진다. 말레이시아 문화에서 소녀는 초경과 동시에 피 흘리는 아이라는 뜻의 아낙다라anak dara 혹은 처녀라는 뜻의 다라순티dara sunti가 된다. 더 이상 아이가 아니라는 점이 강조되고, 보다 여성스럽게 행동하고 숙녀답게 행동하라는 주의를 반복적으로 듣게 된다. 삼십오 년 동안 교편에 선 한 교사에 따르면, 여학생들이 초경을 하면서 성격이 눈에 띄게 바뀌는데 초경 이후 소녀들은 눈에 띄게 조용해지고 내성적이고 수동적이 되며 소위 '숙녀 같은' 특징을 보이기 시작한다. 초경은 성별 규범이 각 개인 소녀들에게 덧씌워져 내면화되고 체화되기 시작하는 표식이자 시작점이고 그 사회의 성별 규범이 집중적으로 강제되는 시기인 것이다.

정보가 충분하지 않기 때문에 소녀는 여전히 자신에게 일어나는 일이 무엇이며 그것이 무엇을 뜻하는지 궁금하다. 그러나 대부분 이런 것에 대해 묻지 않는다. 이런 사안은 대놓고 이야기할 것이 아니라고 배웠고, 낯선 이들이나 남자들이 있는 곳에서는 말하지 말아야 한다고 배웠기 때문이다. 생리대 광고 또한 대체로 이런 점을 강조한다. 생리대 광고는 저마다 월경 중인 사실을 아무도 모를 것이라고, 월경혈이 생리대 아닌 다른 곳에 묻을 일이 없다고, 월경혈 냄새가 나지 않게 할 수 있다고 강조해 왔다. 심지어 생리대 광고를 하면서 한 번도 '월경'이라는 말을 쓰지 않는다.[114] 생리대 포장지 색깔이 밝아지고 눈에 띄도록 변했고 광고에 등장하는 여성이 활동적이고 자신감 있어 보여도 월경 중인 여성은 월경 중이라는 사실을 티내서는 안 된다고 광고 메시지는 강조한다. 처음 일회용 생리대가 판매되고 광고된 후부터 지금까지 이 사실은 크게 변하지 않았다. '보이지 않고 알아채지 못하게 완벽하게 월경을 감추라'고 끊임없이 속삭이는 가운데 소녀는 대체로 다음과 같은 경험을 하게 된다.

소녀가 접하는 정보의 근원은 대부분 또래 친구들이다. 또래집단은 월경에 대해 알 수 있는 가장 흔한 정보원이다. 소녀는 자기보다 먼저 초경을 경험한 친구를 찾아간다. 그들은 각자의 체험과 지식을 최대한 공유한다. 소녀와 소녀의 여자 친구들은 종종 임신에 대해 이야기한다. 임신과 결혼, 생리통, 질에서 피가 어떻게 나오는가에 대해서. 소녀는 월경과 성에 대해 친구들과 터놓고 이야기하는 게 마음 편하고 안전하다고 느낀다. 그렇지만 친구들 사이에서 오고가는 정보들은 정확하지 않거나 틀린 경우도 많다. 그러다보면 월경에 관해 충분히 알고 설명할 만한 이가 없다는 것을 깨닫게 된다. 심리적인 부분에 대해서는 말할 것도 없다. 소녀와 친구들은 여전히 무엇인가가 분명하지 않다. 이 상태로 소녀는 초등학교를 졸업하고 중학교를 다니게 되며 생물 수업에서 또는 성교육 수업에서 월경 이야기를 들을 수 있을 것이라 기대한다. 교과서를 훑어보았고 재생산에 대한 장이 있다는 것을 발견했다. 조용히 그러나 꽤 기대에 차서 소녀는 선생님이 그에 대해 설명하는 것을 기다리는데 웬일인지 그 이야기를 교실에서 한다는 것이 조금 부끄럽다. 선생님은 삼십 대 후반의 여성이다. 선생님은 생물을 가르치지만 그저 식물 이야기만 하고 있다. 인간커녕 동물에 대한 이야기도 꺼내지 않는다. 여학생들은 침묵한다. 선생님은 한 학생에게 교과서를 소리 내어 읽도록 시킨다. 선생님은 월경에 대해 가르치지 않을 것이다. 아예 그 주제를 건너뛴다. 소녀는 선생님이 왜 그 주제에 대해 설명하지 않는지 궁금하다. 선생님도 부끄러운 것일까? 선생님도 창피한 것일까? 이전에 배웠던 것을 상기해 본다. 월경은 소녀가 아무 때나 맘 편하게 질문할 수 있는 주제가 아니다. 심지어 선생님조차 그것에 대해 주저 없이 가르칠 수 없는 주제이다. 소녀는 생물 선생님이 만약 남자였다면 상황은 달랐을 것이라고, 주저하지 않고 자세히 월경에 대해 가르쳐 주었을 것이라고 생각한다. 소녀는 삼년 동안 약 서른여섯 번 월경을 해왔지만 궁금했던 것들에 대해 여전히 답을 얻지 못한 채 수업시간은 끝났다. 소녀는 이제 이 상태를 그냥 받아들이고 더 이상 궁금해 하지 않기로 한다. 월경 중에 몸가짐을 어떻게 할지 배웠으니 감정적인 문제나 심리적인 필요는 시간이 가면 저절로 사라지게 될 것이라 생각하면서.

여성 교사는 교사이면서 동시에 여성인 까닭에 그 사회에서 월경에 관해 통용되는 문화적 처리 방식을 소녀보다 먼저 겪는다. 그 사회에서 여성으로서 살아왔기 때문에 교사 자신도 월경이라는 주제를 다루는 일을 불편해 하지 않을 수가 없다. 남녀공학에서 남녀합반 수업을 하는 경우 심지어 남학생들에게서 놀림을 받기도 한다. 초경 즈음의 소녀가 월경에 대해 불편한 태도를 보이지 않고 그 주제를 능수능란하게 가르치는 교사를 만나는 일은 흔하지 않다. 열여섯의 한 말레이시아 여고생이 자신의 생물 선생님을 자랑스럽게 생각하는 까닭은 여기에 있다. 이 여학생은 운이 좋아 생물학적 관점에서 월경을 포함해 인간에 대해 자세하게 배울 수 있었다고 말한다. 그리고 많은 학생들은 자신처럼 그렇게 운이 좋은 편이 아니라고 말했다.

선생님들은 사실 월경에 대해 그렇게 많이 말하지 않아요. 그냥 여자아이들에게는 '정상적으로 있는 거야'라고 말하죠. 우리 생물 선생님은 항상 뭔가 재밌는 것에 대해 이야기해 주셨어요. 우린 수업 때마다 즐거웠죠. 맨날 숙제도 내줬어요. 우리가 답을 내면 그런 것들에 대해 이야기하는 거죠. 임신에 대해서도 이야기해 주셨어요. 개도 월경을 한다고 이야기해 주셨죠. 저는 개도 월경하는 줄은 그전에는 몰랐거든요. 아기를 낳는 과정에 대해서도 가르쳐 주셨죠. 제 생각에 우리 생물 선생님은 다른 선생님들과 매우 다른 분이었어요. 이미 결혼을 하셔서 그런지도 모르죠. 작년에는 다른 생물 선생님이 있었는데 결혼하지 않은 분이셨죠. 그 선생님은 월경에 대해 언급해야 할 때마다 깊이 들어가지 않았어요. 일반적인 이야기만 하는 거죠.
　　　　　　　　　　　　　　　　　　　　　—16세, 고등학생

　어떤 여성들은 결혼한 남자 교사들이 여자 교사에 비해 월경이라는 주제를 훨씬 편하고 자세하게 다루는 것 같다고 말한다. 생물학적 재생산 문제와 월경에 대해 훨씬 자세하게 가르쳐주고 질문도 훨씬 편하고 쉽게 받아준다는 것이다. 이로써 소녀들이 성별 차이를 인식하는 것은 한층 강화될 수밖에 없다. 남성은 또 한 번 적극적이고 확신에 찬 권위적 존재로 비춰지는 반면에 여성은 그 반대의 경우로 다가왔을 것이기 때문이다.

　학교에서 월경에 대해 실제로 무엇을 배우는가를 물으면 대체로 '임신을 한다는 것', '그냥 기본적인 것', '별로 자세하지 않게', '그냥 책 읽듯이', 혹은 '그냥 살짝 맛만 보고 지나갔다'는 대답이 돌아오기 십상이다. 심지어 아무것도 배운 게 없다는 대답도 들을 수 있다. 그 이유 중 하나를 이들은 '교사가 월경에 대해 제대로 혹은 자세하게 가르치는 것을 피하기 때문'이라고 말한다. 설사 월경에 대해 가르치는 교사를 '운 좋게' 만난다 하더라도 '충분하지 않았다'고 말한다.

수업 시간에 그걸 언급하지 않았어요. 섹스, XX, XY 그런 것들은 모두 가르쳐주었죠. 그러나 그 기간(월경)에 대해서는 이야기해주지 않았어요. 그냥 일반적인 것만 다루는 거죠. 여자아이는 그 기간을 갖고 남자는 어쩌고저쩌고하는 그런 거 말이죠. 성적 관계와 그 기간에 대한 것도 가르쳐주었어요. 살짝 언급만 했죠. 어느 날 살짝 다루기만 하고 그걸로 끝이었어요. 월경에 대해서도 가르쳐줬죠. 열네 살 때였어요. 생리통은 제 어머니가 이미 말해 주신 적이 있기 때문에 알고 있었어요. 그러나 섹스, 몸과의 관계, 그런 거는 아무것도 몰랐죠. 그런 거를 잠깐 다뤘을 때 전 그냥 시험문제로 나올 개념 배우듯이 했을 뿐이에요.

—30세, 사회복지사, 미혼

저메인 그리어는 외부로 드러나기 때문에 직접 볼 수도 만질 수도 느낄 수도 있는 생식기보다 직접 보기 어려운 자궁과 난소에 대해 더 많이 배우는 현실을 지적한 바 있다. 자기 몸에 대해 배울 때 눈으로 확인할 수 있는 몸의 외부는 회피되기 일쑤다.

임신과 월경에 대한 무지, 월경을 정확히 파악하지 못한 어린 여성의 무지는 원치 않는 임신으로 귀결될 수 있다. 소녀는 소년과 가까이 지내지 말라는 충고를 듣게 되지만 왜 그러지 말아야 하는지, 가깝게 지내면 어떤 일이 일어날 수 있을지에 대해 들어보지 못하는 경우가 많다. 그러나 원치 않는 임신이 되었을 때, 결국 비난받는 쪽은 임신 사실을 숨길 수 없는 여자다. 비난과 다른 어려움을 오롯이 감당하게 되는 것도 여자다. 임신이란 결코 혼자 할

월경에 관한 지식은 어떻게 만들어지는가

수 있는 일이 아니며 당연히 그 일에 개입한 다른 한쪽이 있음에
도 불구하고 말이다.

이런 까닭으로 인해 소위 성교육의 필요성이 한국에서도 1970
년대에 이미 여러 차례 제기되어 왔다. 그러나 1996년에도 여전히
제대로 된 성교육의 필요성이 문제 제기된 만큼 실제 정책으로 결
실 맺기까지 오랜 시간이 걸렸다. 이렇게 정착된 제도교육 또한 생
리대 제조업체에서 파견한 강사에게 의존할 만큼 여전히 공교육
과정에서 완전히 자리 잡지 못한 것으로 보인다.

수업시간에 월경이 다뤄지는 경우라 할지라도 월경과 월경을
둘러싼 사회문화적 상황이 여성의 심리에 끼치는 영향에 대해 다
뤄지는 경우는 드물다. 앞서 언급했듯이, 초경을 경험하는 것이 어
린 여성의 심리적 발달에 결정적 역할을 한다는 점을 고려할 때 소
녀들의 심리적 요구를 반영한 제도적 지원이 필요하다. 이때 어떠
한 관점에서 심리적 요구를 반영할 것인가는 무엇보다 중요하다.
젠더 감수성이 부재하고 성차별적이거나 성별 고정관념을 강화하
는 관점은 상황을 악화시킬 것이다. 많은 여성들은 불충분한 정보
나 심리적 요구에 대한 지원 부재 속에서 십 대의 월경을 겪어낸
다. 월경에 대한 명확한 정보를 얻으려는 소녀가 여전히 있다면 각
본은 다음과 같이 진행될 것이다.

소녀는 생리대 제조업체가 제공하는 대중강연을 들으러 간다.
동년배 여학생들이 학교 강당에 불려와 모이는데 남녀공학이
라 하더라도 남학생은 제외되고 여학생들만 참여하게 된다. 그

것은 흡사 여학생들로만 이뤄진 비밀모임이다. 한 여성이 선생님과 함께 나와 ○○생리대 회사에서 나왔다고 자신을 소개한다. 정자, 난자, 수정, PMS, 임신 등과 같은 용어들이 여자의 입에서 나온다. 소녀는 자신이 마치 언제든 폭발할 수 있는 시한폭탄인 것 같다고 느낀다. 이 폭탄이야말로 소녀가 평생 특별한 관심을 기울이고 챙겨야 하는 것이고 평생 벗어날 수 없게 된 것이라고 느낀다. 어쨌든 월경혈이라고 불리는 '그것'에 대해 좀 더 자세히 들을 수 있게 된 것은 좋다고 생각한다. 소녀는 아무도 들을 수도 없이 작게 혼잣말을 하고 있는데도 '질'이라는 말을 읊조리자 문득 부끄러워진다. 주변의 많은 이들이 더럽다고 말하는 것에 대해 생각하기만 해도 그저 부끄러운 마음이 든다. 그럼에도 소녀는 더 알고 싶다. 소녀는 자신이 알고 싶어 하는 것이 정확히 무엇인지 알 수 없는데도 그것에 대해 더 알고 싶다. 그러나 생리대 회사에서 나온 흰 가운을 입은 여자는 자기 회사에서 만드는 생리대가 얼마나 좋은지에 대해 홍보를 시작하고 있다. 여자는 소녀들에게 어떻게 월경을 하고 있지 않은 것처럼 생리대를 표 나지 않게 감출 수 있는지 이야기한다.

생리대 회사들은 주기적으로 학교를 방문해 자사 생리대 제품 샘플을 무료로 배포하는데 이때 월경 관련 정보를 담은 작은 책자를 함께 배포하는 경우도 있다. 이윤 추구가 목적인 기업에서 진행하는 행사이기 때문에 이런 강연과 무료 배포 또한 상업적 목적을 가진 활동이다. 한국에서도 '위스퍼' 제조사인 P&G가 초등학교 5,6학년 대상 순회성교육을 하거나[115] P&G와 유한킴벌리 등이 PC통신이나 인터넷 사이트를 개설하면서[116] 생리대 제조사들은 월경에 관한 정보제공과 함께 자사제품을 홍보해 왔으며 '예지미인' 제조사인 웰크론헬스케어와 같이 성교육 사이트를 개설하고 초·중·고등학교에 성교육 강사를 파견해 성교육과 생리대 배포를 해오기도 했다.[117] 상업적 목적이 뚜렷한 행사임에도 많은 여성들이 그 기회야말로 월경에 관한 자세한 정보에 접근할 수 있는 유일하고 유익한 때라고 말하는 것은 흥미롭다.

생리대 제조사 주최 강연 외에 신문, 잡지, 인터넷에서 때때로 월경에 대한 정보를 접할 수 있다. 그러나 해당 매체가 제공하는 정보의 정확성이 문제일 수 있고 취해진 관점[118]도 소녀가 찾던 것이 아닐 수 있다. 각본은 이렇게 이어질 것이다.

몇 년 후, 소녀는 잡지에서 어떤 여성이 기고한 월경 경험담을 발견한다. 첫 월경을 할 때 얼마나 두려웠고 고통스러웠는지, 그 이야기들을 읽으며 소녀는 세상은 매달 공포와 고통 속에서 피를 흘리는 '비참한' 여성들로 가득하다고 느낀다.

텔레비전 프로그램과 광고, 잡지, 신문 등은 현대 사회에서 매우 영향력 있는 정보원이다. 이십 대 후반의 한 여성은 요사이 텔레비전 방송[119]에서 월경이 주제로 다뤄지기 때문에 쉽게 필요한 정보를 취할 수 있다고 말한다. 그럼에도 대중매체를 통해 다뤄지는 월경에 관한 내용은 대체로 '통증에 초점'을 두고 있다는 말도 잊지 않았다.

　월경에 대한 정보는 월경을 시작한 여성들이 월경을 이해하는 데에는 부분적인 것에 불과하거나 충분하지 않은 경우가 많다. 두려움, 제약, 금기 등을 중심으로 한 정보가 많아 첫 월경 즈음한 소녀들이 월경과 여성의 몸에 대해 긍정적인 시각을 갖기보다는 그 반대의 효과를 만들어 내는 경우가 허다하다. 심지어 소녀들은 여성의 몸은 남성의 몸보다 열등하다고 생각하기도 하는데, 여성의 몸은 수많은 부정적인 의미를 가진 규칙적인 출혈로 인해 거추장스럽다고 느끼기 때문이다.

　한편, 월경에 대해 더 잘 알기 위해 여성들이 시작한 활동도 있다. 어떤 여성들은 월경혈을 직접 관찰하고 있다고 말했다. 그 달의 월경 색깔, 냄새 등을 관찰하고 월경 덩어리를 만져본다. 그 직접관찰은 종종 서른의 한 대학강사가 제안하듯 흥미로운 가설로 이어진다. 그 가설은 월경혈의 냄새는 그달의 월경이 시작되기 전에 어떤 음식을 먹었는가에 달려 있다는 것이다. 이 가설에 따르면 달걀이나 육고기를 먹었다면 월경혈에서 불쾌한 냄새가 날 수 있고 월경혈의 색깔 또한 검붉어진다. 이 여성은 이 가설을 어머니로부터 전해 들었는데 처음에는 그것을 믿지 않았다고 한다. 그러나 월경 전에 먹은 음식과 월경 중 냄새를 얼마동안 직접 관찰해본 결과 어머니가 말해준 것이 맞다는 결론에 도달했다. 이 여성은 월경혈을 '더러운' 것이라고 여길 것이 아니라 자신이 무엇을 먹고 있는지를 돌아봐야 한다고 주장했다.

　월경을 긍정적인 관점에서 볼 수 있게 하는 정보와 지식을 접한 여성들은 월경을 다른 관점에서 보는 경향을 보인다. 이십팔세의 고등학교 교사인 여성은 처음에는 월경이 달갑지 않았다고 한다. 오빠와 남동생같이 부모님이 사랑하는 아들이 너무 되고 싶었고 월경은 그런 바람에 찬물을 끼얹는 일로 느껴졌기 때문이었다. 월경을 처음 시작했을 때, 오빠와 남동생은 월경을 안 할 것이라는 것을 알고 있었기 때문에 월경은 자신이 오빠나 남동생과 다르다는 사실을 재확인시켜주는 사건이었다. "내가 오빠나 남동생과 같을 수 없다는 것은 곧 부모님이 결코 오빠나 남동생을 대하듯 나를 대하지 않을 것이라는 것을 뜻했어요." 이 여성은 자신이 월경을 함에도 자신의 오빠나 남동생과 같아질 수 있다는 것을 증명하고 싶어 온갖 노력을 했다고 했다. 그러나 월경에 대한 이 여성의 태도는 이후 조금씩 변화했다. 그런 일이 일어난 것은 어느 만화책을 만나고 나서였다고 한다.

두 친구에 관한 이야기였어요. 한 여자애가 처음 월경한 이야기가 있었죠. 어떤 사람이 그 여자애한테 무슨 일이 일어나는지를 설명해줬어요. 그 만화를 보고 있자니 기분이 좋았죠. 월경할 때가 되어도 무서워할 게 아무것도 없었어요. 그 만화책이 많은 걸 가르쳐줬죠. 젊은이들에게 이것저것을 종합적으로 이야기해 주었어요. 여자애들만 보는 건 아니고 남자애들도 보는 거였어요. 생리대를 담아두는 아주 멋진 가방도 보여주었어요. 나도 언젠가는 저런 가방을 하나 갖고 싶다고 생각했죠. 만화책의 마지막 페이지를 아직 기억해요. 엄마가 딸의

캠핑 준비를 해주는 장면이었죠. 엄마가 아주 멋진 꾸러미를, 아주 예쁜 걸 준비해서 딸에게 주는 거였어요. 그 가방은 투명했던 걸로 기억해요. 그 순간 초경을 하는 게 결코 불안할 일도 수치스러워할 일도 아니라고 느꼈죠. 무슨 일이 일어나고 왜 그런 일이 일어나는지 분명히 알게 되었어요. 그 후 저의 태도도 많이 변했죠. 월경은 귀찮은 것이었고 안할 수 있기를 바랐어요. 그러나 지금은 달라요. 그걸 맞닥뜨려야 하고 피하려 하지 말아야 한다고 생각하는 거죠. 나 자신이 여자니까요. 또 다른 한 가지는 아기를 가질 가능성에 대해 생각하기 시작했어요. 그건 여자에게 매우 특별한 거죠. 아기를 가지기 때문에 장기 구조를 그렇게 가지는 것이 중요하죠. 그 기간(월경)을 반드시 가져야 하구요. 그건 하나의 세트죠. 이제는 월경을 긍정적으로 보고 있어요. 화가 나지도 않고요. 더럽다고 느끼지도 않아요.　　　　　　　　　　　　　　　　　　—28세, 고등학교 교사, 미혼

　이 여성이 읽게 된 한 권의 만화책은 월경에 대한 인식을 새롭게 형성시키는 데 큰 영향을 주었다. 상세한 설명과 생리대를 넣어 다니는 '투명' 가방은 월경에 대한 느낌과 생각을 바꿔놓았다. 월경을 개방적인 태도와 관점에서 다룬 만화책은 수십 년이 지난 뒤에도 기억 속에 명료하게 남을 만큼 이 여성에게 큰 인상을 남겼다. 이후 월경의 의미를 재구성하려는 여정은 계속되었다. 이후 사회운동가가 된 전직 변호사가 월경에 대해 쓴 글을 신문에서 읽는다.

매우 뜻 깊은 기사가 있었죠. 우리는 그것(월경)이 자연스러운 것이라고 알고 있죠. 그렇다면 왜 그걸 피하거나 감추려 할까요? 우리 엄마 같은 사람이 감추는 거, 그건 단지 구식이거나 보수적인 사람이라서 일어나는 일은 아니에요. 전문직 여성에게도 똑같죠. 한 변호사가 그것에 대해 말하는 글을 읽었죠. 그 변호사가 하루는 가방 안에서 무언가를 꺼내는데 생리대가 딸려 나와서 바닥에 떨어지게 된 거예요. 그녀는 재빨리 그걸 숨기려고 가방 안에 넣었죠. 그리고 생각했데요. 나는 변호사고 여성운동을 하는 사람인데, 여성을 위해 정의를 이야기하는 사람인데, 아직도 생리대를 숨기려고 하는 거지? 그 글이 생각하게 했어요. 어떤 것을 계속 더럽다고 여기면, 비정상적인 거라고 본다면, 평등이란 영원히 가질 수가 없을 거라는 생각이요. 자신의 몸에 긍정적 가치를 부여하지 않는데 그게 어떻게 되겠어요. 여자들이 그리고 남자들이 월경을 어떻게 바라봐야 할 것인가에 대해 쓴 신문기사를 보는 게 흔치는 않죠. 어떤 경우에는 필자가 이유를 대고 있는 것 같아요. 사과하는 것과 같은 식이죠. 그런 글에서 규정하는 이해란 여성들은 그 기간에 불안정해지고 감정적이 되고 통제 불가능해지니까 이해하라는 거예요. 남자가 그런 여자들을 이해하고 돌봐야 한다는 거죠. 이런 식으로 말하는 걸 나는 좋아하지 않아요. ―28세, 고등학교 교사, 미혼

길을 찾을 수가 없다고 느꼈어요. 그건(월경) 혐오스럽게 들렸죠. 과학시간에 재생산 기능에 대해 배우고, 어떻게 난자가 발

달하는지 배우고 그렇게 나쁘게 느껴지지 않았어요. 혐오스러운 느낌도 줄어들었죠. 생물 수업과 책과 잡지를 통해서도 지식을 얻고 그 기간(월경)을 처음 해 보고 난 후부터는 그렇게 나쁘게 느껴지지 않게 되었죠. 나는 계속 기도했고 놀고 어떤 것도 내게 영향을 미치지 않는 것처럼, 평상시처럼 모든 걸 다 했어요. 스스로 그게 나쁜 게 아니라는 것을 깨닫게 된 거죠. 부끄러운 느낌도 점점 없어졌어요. 난 내가 여자로 태어난 게 기뻐요.　　　　　　　　　　—30세, 대학강사, 한 자녀의 어머니, 기혼

　　월경에 관한 지식과 정보는 여성들에게 적절하지 않게 전달되는 경우가 많다. 특히 말레이시아에서 만난 여성들은 대부분 월경에 대해 제대로 알지 못한 상태에서 초경을 경험했다고 말한다. 가족이나 자매로부터 무언가를 들은 경우라 하더라도 월경에 대해 충분히 이해하기 부족했다는 경우가 태반이고 긍정적인 생각을 갖게 하는 데 도움이 되지 않는 경우가 많았다고 말했다. 가족들 중 누군가가 초경을 앞둔 소녀에게 월경에 대하여 생물학적 관점에서, 합리적이고 과학적인 관점에서 이야기해주는 경우는 드물다. 주로 들을 수 있는 말은 아이를 낳을 수 있는 나이가 되었다는 것 정도이다. 초경에 이른 소녀가 겪게 될 심리적인 혹은 신체적인 변화에 대해 준비할 수 있는 조언이 제공되는 경우는 거의 없다. 학교에서도 마찬가지다.
　　학교, 대중매체와 같은 비종교적인 영역은 월경에 대한 정보 제공자로서 중요한 역할을 한다. 신앙과 전통에 근거하기보다는 사

실에 근거한 과학적이고 객관적인 정보를 전달하려는 경향이 있기 때문이다. 그러나 '과학적' 정보라 하더라도 객관적이고 젠더의 중립을 지키지 않거나 심지어 남성중심적일 수 있는데 이는 과학이나 의료 영역 자체가 매우 남성중심적이기 때문이다. 그 영역에서 제공되는 정보조차 월경에 대한 성차별적 시각을 재강화하는 요소가 될 수 있다.

일반적으로 월경이라는 주제를 다룰 때 만연해 있는 것은 침묵이다. 창피함 혹은 수치스러움이 월경이라는 행위에 깊이 새겨져 있기 때문이다. 월경이 궁극적으로 인간 재생산에 연관된 것이라고 보는 관점은 월경과 성행위 사이의 논리적인 연결성을 암암리에 드러내는 것이다. 때문에 월경에 대한 침묵은 성행위에 대한 관념과 밀접히 연관되어 있다. 월경혈이 흘러나오는 신체 부위는 침묵을 조장하는 또 하나의 요소다. 많은 젊은 여성들이 질에 대해 다소 충격적인 감정을 표현하는 것을 어렵지 않게 발견할 수 있다. 질은 더러운 곳이고 따라서 그곳을 통해 흘러나오는 피도 더러울 수밖에 없다는 것이다. 이러한 시각은 여성의 몸과 섹슈얼리티에 대한 생각도 긍정적으로 갖기 어렵게 만든다. 월경은 그로 인한 '질병'이나 통증이 아니라면 드러내 이야기하지 말아야 하는 것으로 여겨진다.

월경에 대한 지식은 그 사람이 어떤 정보를 얼마나 접하느냐에 달려있다. 월경이라는 주제를 공개적으로 언급할 수 없는 상황은 월경에 관한 정보의 양과 질에 영향을 주며 정보접근성에도 영향을 준다. 정보가 충분히 제공되지 않는 곳에서 불완전한 정보에 기반을 둔 지식은 불충분한 것일 수밖에 없다. 그런 가운데 생산되고 유통되는 지식은 여전히 월경에 대한 인식을 결정짓는 데 매우 중요한 영향을 끼친다. 월경에 대한 부족한 지식과 부정적인 인식은 세대를 이어가면서 이런 상황을 반복하는 악순환을 만들어 낸다.

월경은 다만 생식을 위한 것인가?

월경에 대한 정보는 사회문화적 태도로 인해 공공연하고 자유롭게 접근하기 어렵다. 접근상의 어려움은 전통이라는 이름으로 행해지기도 한다. 이는 말레이시아의 경우처럼 전통적 혹은 종교적 관습이 강하게 지켜지고 있는 사회에서만 그런 것은 아니다. 접근 가능한 월경에 대한 정보라 하더라도 남성중심적인 경우가 많고, 그것이 과학적인 것이라 간주될 때조차 그럴 수 있다. 여성의 몸을 규제하고 통제해 온 종교의 전통적 기능은 생물학이나 의학이 부분적으로 혹은 전적으로 대체하고 있다. 종교의 기능을 대물림한 새로운 권위자들이 과학의 이름으로 생산하고 유통시키는 과학적 지식에도 여성의 몸에 대한 남성중심적인 시각이 침윤된 경우가 드물지 않다.

에밀리 마틴Martin[120]은 월경에 대한 사회적 담론은 주로 '월경혈'에 대한 것이었던 반면, 현대에 와서는 '월경 과정'에 초점을 맞춰 월경을 문제적으로 보거나 질환으로 보는 경향을 보이고 있다고 지적한 바 있다. 마틴은 의료적 맥락에서 보는 월경 이미지가 평범한 생물학적 기능이 아니라 병리학적으로 그려져 왔음을 비판한다. 그와 같은 이미지들을 뒷받침하는 요소는 월경을 오로지 임신, 출산 등의 인간 재생산과 연결시키는 관점이라고 지적한다. 마틴은 월경의 목적이 임신이 아니라 질을 관통하는 혈류 자체, 즉 주기적으로 피가 흘러나오는 것 자체, 여성의 몸을 건강한 상태로 유지하기 위한 출혈 자체라고 볼 수 있으며 그럼에도 이런 관점은 철저히 간과되어 왔다고 보았다. 대부분의 사회에서 월경의 궁극적인 존재 이유는 임신이라고 인식된다. 마틴은 월경과 임신의 관계를 절대적으로 보는 관점 때문에 '여성의 주기'는 오로지 '생산 사업'으로 여겨지고 이로써 월경이 불가피하게 일종의 생산의 실패로 여겨지며, 폐경은 생산 능력의 종결로 여겨질 수밖에 없다고 지적한다.

월경혈 자체를 의미 있는 생산물로 보는 대안적 시각은 설득력 있는 것으로 보인다. 삼십삼세의 회계사 여성은 건강 관련 강좌에서 월경이 몸의 독소를 제거하는 해독 기능을 가졌다는 말을 들은 적이 있다고 한다. 이 여성은 그때부터 월경에 대해 자신이 가졌던 부정적 태도를 말끔히 버리고 달마다 일어나는 그 행사를 감사하게 여기기 시작했다. 월경의 해독기능 가설의 진위를 따지기 이전에 주목할 점은 그와 같은 대안적 관점이 월경을 긍정적으로 바라보게 하며 여성들에게는 매우 큰 설득력을 갖는다는 것이다. 사실상 많은 여성들이 특별히 임신을 시도하는 상황이 아니라면 월경을 임신의 실패로 보기보다는 일반적인 건강 상태를 알려주는 지표로 보고 있다.

그리어도 지적했듯이, 여성들이 월경에 대해 배우게 되는 것은 눈으로 볼 수 있는 생식기나 질과 같이 월경과 직접적으로 관계하는 신체 부위가 아니라 눈으로 직접 보기 어려운 자궁, 평생에 겨우 몇 번 혹은 한 번도 겪지 않을 수 있는 임신에 대한 이야기를 통해서라는 것은 납득하기 어렵다. 그렇다면 누가, 왜 특정한 방식으로 월경에 대해 가르치려고 하는 것일까.

월경전증후군 또는 월경전긴장이 질병인가?

월경이 임신의 실패로 여겨지는 한편, 월경전증후군PMS 또는 월경전긴장Pre-mesntrual tension, PMT이라는 용어가 발명되어 월경을 질병 혹은 병리적인 것, 피하고 싶은 것, 불편한 것으로 봐야할 근거로 중요한 역할을 하기 시작했다(〈그림 3〉 참고).

그림 3 한 제약회사 약품 홍보 페이스북 페이지 및 홈페이지 내용

월경에 관한 지식은 어떻게 만들어지는가

〈페미니스트 건강센터Feminist Health Centre〉 웹사이트에 올라온 월경전증후군에 대한 정보에 따르면, 월경전증후군이란 '여성들이 월경 기간 전이나 월경 기간 중 특정 호르몬의 급증으로 인해 겪게 되는 증상들 혹은 감각들'을 일컫는다. 이 사이트에서는 월경전증후군과 생리통을 '영양 결핍 증상'이라고 제시하고 있는데 인간 몸 속의 호르몬은 음식 섭취와 영양 상태에 민감하게 반응하기 때문이다. 이와 대조적으로 삼십여 년이 넘도록 '제약회사들은 여성들의 평범하고 자연적인 주기를 **질병**으로 다루는 시장을 만들어 왔다.'[121] 소피 로스Laws는 월경전증후군은 정치적 목적으로 발명된 것이라고 지적한다.

> 최근 몇 년동안 남성들은 월경전긴장을 여성들을 남성들이 원하는 곳에 묶어두기 위한 무기로 사용해 왔다. 화를 내거나 스트레스를 받고 있다고 말하는 여성에게 동정의 눈으로 혹은 공격적으로 '그날이냐?'라는 질문이 자주 퍼부어진다. (중략) 월경전긴장은 의료 모델의 한 부분이지 여성들로부터 나온 생각이 아니다. (중략) 월경전긴장은 여성이 어떻게 느끼는가를 완전히 무가치한 것으로 만드는 데에 활용된다. (중략) 물론 월경전긴장은 월경을 하는 여성들에 한하는 것이다. 나이든 여성들이 화를 내면 그것은 폐경 때문이라고 말하고, 임신한 여성이 화를 내면 그것은 임신해서라고 말하고, 사춘기 여성들이 화를 내면 그것은 사춘기라서 그렇다고 말하고, 월경을 하지 않거나 월경기간이 불규칙한 여성들이 화를 내면 호르몬 특성 때문에

그렇다고 말해지는 것이다. 이런 설명체계는 매우 완벽하여 어떤 단계에서든 설명이 가능하도록 되어 있다. (중략) 월경전긴장은 하나의 정치적 구성물이다. 어떤 여성이 월경전긴장이 있다고 말하면 그 여성이 겪는 고통과 화는 고려할 가치가 없는 것이 된다. 우리가 기분이 나쁜 탓을 우리 몸에 돌리도록 독려하는 것은 여성에 대한 탄압이다. 월경전긴장은 여성이 나쁘다거나 신뢰할만하지 못하다거나 열등하다는 것을 설명하는 용어가 된 것이다. 월경전긴장은 의료적 발명품이고 새롭고 긍정적으로 우리의 몸을 보려고 할 때는 결코 쓸모가 없을 것이다.[122]

로스가 논쟁하듯이 여성의 건강에 주어진 새로운 관심은 여성들을 안심시키기보다 걱정에 휩싸이도록 만든다. 나아가 월경 중 느끼게 되는 불편함에 대한 이야기들이 흔하게 언급되고 강조되는 가운데 월경 중 느끼게 되는 긍정적인 것들, 예를 들어, '안도감, 풀어낸 기분, 도취감, 새롭게 시작하는 기분, 활력, 자연과 연결된 느낌, 창조적 에너지, 활기, 높아진 성욕, 강해진 오르가즘'[123] 등과 같은 것들에는 거의 관심이 주어지지 않는다.

이러는 동안 월경은 의료 전문가들과 제약회사에게 맡겨졌다. 여성들 스스로가 월경에 대한 지식을 만들고 유통시키는 데 참여할 수 있는 여지는 더 줄어들었다. 이는 여성들이 월경의 당사자라는 것을 생각하면 아이러니가 아닐 수 없다.

폐경은 실패 중 실패인가?

폐경menopause이라는 말은 여성들이 만들어낸 것이 아니다. 그것은 배란이 멈춘 것은 이른 죽음이자 비극이라고 생각한 남성들이 발명한 것이다.[124] 기술적으로 볼 때, 폐경은 한 여성이 생애동안 하게 될 마지막 월경이며, 폐경기는 폐경을 앞두고 그리고 폐경 이후에 일어나는 일들을 가리키는 것이다. 일반적으로 폐경이 이 모든 과정을 아우르는 말로 쓰인다.

월경에 대한 의료적 시각에 대한 비판에서 마틴은 그와 같은 시각이 월경을 오로지 임신을 목적으로 한 것으로 제한시킨 결과라고 보았다. 이는 월경이 완성되는 완경을 폐경이라고 명명함으로써 병리적 상태로 인식하게끔 만든다는 비판으로 확장된다. 마틴은 완경[125]을 실패로 보거나 병리적 상태로 보는 관점은 완경에 대한 부정적인 사회적 태도를 만들어 낸다고 지적한다. 실질적으로 일상생활에서 '폐경'이라는 말은 여성이 예상치 못한 갈등 상황을 만들 때, 그 상황을 우스꽝스럽게 만들기 위해 이용된다. 마틴은 많은 의사들이 노년의 '갱년기 질병'이 여성보다 남성에게서 심하게 나타난다는 사실에도 불구하고 19세기에 만들어진 의료학적 설명에 따라 폐경에 더 많은 관심을 두고 그것을 위기로 보면서 폐경기 여성이 질병에 취약하다고 보는 관점을 따르려고 한다고 비판했다.

그리어는 완경이 사는 동안 일어나는 자연적인 일이 아니라 의료적 개입이 필요한 사안으로 다뤄지는 문제를 지적했다. 폐경이 의료적 관심사가 될 때 폐경 증상은 사실상 있는 혹은 있을 수 있는 것보다 훨씬 더 심각한 사안으로 다뤄지는 경향이 있다. 그리어가 주장했듯이, 더 심각한 문제는 폐경 전의 의료 개입, 특히 불임화와 자궁적출로 인해 그리고 '욕망의 대상이 될 수 있도록' 여성들에게 아름다움을 강요하는 사회적 압력에서 비롯된다. 그리어는 폐경을 사소한 것으로 만드는 것과 의료 개입의 문제로 만드는 것 중 어느 것도 폐경을 적절하게 그리고 긍정적으로 볼 수 있게 하지 못한다고 지적한다. 그리고 폐경을 사소한 문제로 보지 않으면서 동시에 의료적 개입을 방치하지 않는 대안적인 시각이 필요하다고 주장했다. 마틴은 월경 주기를 위계적 체계 안에서 보는 시각과 월경의 목적이 단 하나라고 보는 생각을 없애는 것이 폐경에 대해 우리가 생각하는 방식을 확장시킬 수 있다고 제안했다.

과학에서의 젠더화된 은유들

마틴은 의료학에서 월경과 사정을 다룰 때, 어떻게 여성의 몸과 남성의 몸이 서로 다른 뉘앙스로 설명되는지를 지적한다. 여성의 몸에 대해 종교가 갖는 부정적인 관점이 과학에서도 유사하게 드러나고 있다는 것을 알 수 있다.

의학 교재들은 월경을 자궁막의 괴사 혹은 사망 결과로 인해 생긴 자궁 벽 부스러기로 묘사한다. 의학 교재는 월경을 무질서한 형태의 붕괴로 묘사하고 있다. 남성의 생식 관련 신체부위는 무척 다르게 평가된다. 월경을 생산 실패로 보는 한 교재는 정자의 성숙을 묘사할 때는 산문시를 차용하고 있다. "정자세포에서 성숙한 정자로 엄청나게 대단한 세포변형을 이끄는 체계는 명확히 알려져 있지 않다. (중략) 아마도 정자 형성과정에서 보이는 가장 놀라운 특징은 그 압도적인 규모다. 평범한 인간 남성은 매일 수백만 개의 정자를 제조하는 것으로 보인다." 교재들 중 어떤 것도 여성의 몸에서 일어나는 과정에 대해서 이 같은 열정을 표현한 것은 없다. 정자를 만드는 '엄청나게 대단한' 과정은 의료학적 관점에서 봤을 때 정확하게 월경이 하지 않는 것과 연관되어 있다. 즉 가치 있는 것이라고 여겨지는 것을 생산하는 일이다.[126]

여성의 신체와 남성의 신체에 대해 보이는 이 같은 태도 차이는 월경에 그치지 않는다. 배란과 사정에 관한 측면으로 더 깊이 들어가 있다.

난자는 크고 수동적인 것으로 보인다. 난자는 움직이지 않고 이동도 하지 않으며 수동적으로 옮겨지고, 휩쓸리고 혹은 심지어 나팔관을 따라 떠다닌다. 이와는 완전히 대조적으로, 정자는 작고, 흘러가며, 비교할 수 없이 활동적이다. 정자는 유전자를 난자에 전달하고 난자의 발달 프로그램을 작동시킨다. 정자는 속도를 가지고 있다고 자주 이야기된다. 꼬리는 강하고 효율적으로 힘을 받는다. 사정의 힘과 함께 정자는 쉬고 있는 질 깊숙이 정액을 추진시켜 넣을 수 있다. 이를 위해 정자는 에너지, 원료가 필요하고 채찍같은 움직임과 강한 요동으로 난자 표면을 헤쳐 뚫고 침투할 수 있는 것이다. (중략) 생물학적 사실들이 항상 문화적 맥락에서 구성되는 것은 아니지만 이 경우에는 그렇다고 할 수 있다. 이 설명에서 동원된 은유적 내용의 정도와 난자와 정자의 차이가 강조되는 정도, 그리고 남성적 행동과 여성적 행동에 대한 문화적 고정관념과 난자와 정자의 특징에 대한 설명이 갖는 동일함 등 모든 점이 이러한 결론으로 이끌고 있다.[127]

난자와 정자에 대한 고정관념에 대처하기 위해 수정된 설명이 등장했다. 이는 난자를 수동적인 것으로 묘사하는 대신 난자에 적극적인 역할을 주었다. 그렇지만 여전히 난자를 여성에 대한 또 다른 고정관념을 동원해 묘사하고 있다. 난자는 공격적이고 위험한 것, 남자를 유혹해 종국에는 희생양으로 삼는 팜므파탈의 이미지를 입고 있다. 난자는 마치 거미줄에 앉아있는 거미와 같이 끈끈한 투명층을 이용해 "정자를 '붙잡아 묶어두는' 여성 공격자"로 묘사되고 있는 것이다.

많은 여성들은 월경에 대한 지식의 중요성을 강조한다. 월경에 대한 지식이 초경을 더 잘 대비하도록 도와주고 자아존중감과 긴밀히 관계되어 있는 월경에 대한 긍정적 이미지를 발달시킬 수 있도록 해준다고 생각하기 때문이다. 그럼에도 월경에 대한 정보는 광범위하게 접근 가능하지가 않은데 월경에 대한 부정적인 사회문화적 태도가 만연해 있기 때문이다. 월경에 대한 정보와 지식은 여성들에게 부적절하게 주어지고, 정보의 정확성과 그 정보에 녹아 있는 관점 또한 주의를 기울여 살펴봐야 할 만큼 편파적이다. 물론 학교나 대중매체와 같은 공공 기구들은 월경에 관해 사실에 근거한 과학적이고 객관적인 정보를 제공하려고 노력하는 경향이 있다. 그렇더라도 접근방식과 관점이 젠더 중립적인지, 남성중심적인지에 따라 그릇된 방식과 내용이 전달될 수 있기에 여전히 주의를 멈추지 말아야 하고 필요하다면 즉각적으로 그 내용과 관점이 교정되어야 한다.

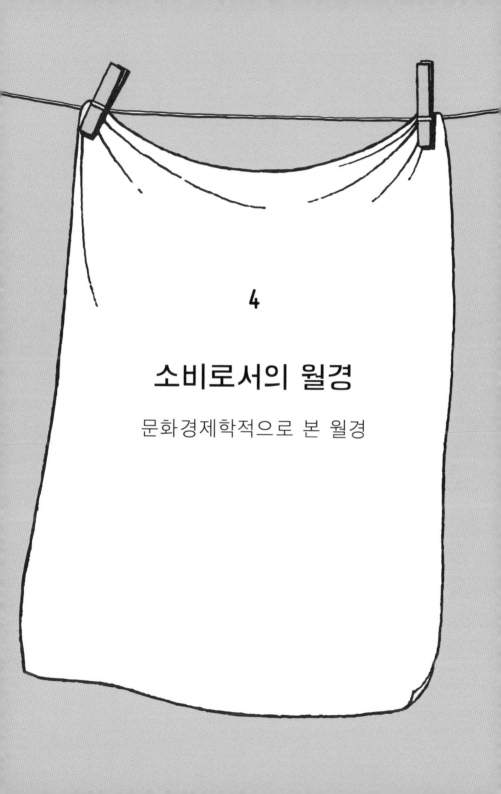

4

소비로서의 월경

문화경제학적으로 본 월경

한 일간지에 따르면 한국사회는 1991년 조사에서 보면 이미 십 대부터 오십 대까지 월경 인구의 87.4퍼센트가 일회용 생리대를 사용하고 있었고 이중 십 대의 일회용 생리대 사용률은 백 퍼센트였다.[128] 월경 인구는 일생의 팔분의 일을 생리대와 함께 보내고 일생동안 약 일만이천여 개의 생리대를 소비하며 한국의 월경 인구는 이를 위해 평생 약638만4000원 정도를 지출한다.[129]

1921년 최초의 상업적 일회용 생리대가 시중에 판매되면서 일회용 생리대는 곧 전 세계로 퍼져나갔다. 시판 초기에는 약국, 슈퍼마켓, 편의점에서 공개적으로 생리대를 사고파는 것이 흔한 일이 아니었다. 지금은 자동판매기와 24시간 편의점 등을 포함해 다양한 곳에서 생리대 구입이 가능하다.

생리대

생리대를 구입하는 일은 여전히 많은 여성들에게 창피한 일이거나 적어도 마음 편하게 하지는 못하는 일로 여겨지는 것 같다. 한국에서는 예전에 약국 등 생리대를 파는 곳에서 생리대를 신문지에 싸서 다시 불투명한 검은 비닐봉투에 담아주고는 했다. 이런 경험은 갓 월경을 시작하게 된 십 대 초반부터 많이들 겪는 일이었다. 십삼세에 처음 생리대를 사봤다고 말하는 말레이시아 여성은 가게 종업원이 이중으로 포장해 준 생리대를 집에 도착하자마자 방안 깊숙한 곳에 숨겨두었다고 한다. 자신이 사용할 생리대를 직접 사러 갔을 때 느꼈던 왠지 모를 창피함, 생리대를 최대한 안 보이는 곳에 보관하던 기억은 많은 여성들이 공감하는 일이다.

요즘에는 예전처럼 생리대를 감춰 보관하거나 생리대를 살 때 겹겹이 포장해 가져오는 경우는 드물다. 생리대는 일상의 영역이 된 마트와 슈퍼마켓, 편의점에서 항시 진열되어 있고 구입할 때에

그림 4 국내 마트에
진열되어 있는 생리대들

그림 5 말레이시아 슈퍼마켓에
진열되어 있는 생리대들

소비로서의 월경

도 여타의 물건처럼 계산대에서 계산하기 때문이다. 그렇지만 생리대만을 따로 구입하게 될 때는 생리대만 덩그러니 놓여 있는 계산대 위를 완전히 편한 마음으로 바라보며 기다리지 못하는 사람들이 여전히 있고 특히, 남자들에게 생리대를 보이는 것이 여전히 불편한 사람들이 있을 것이다.

생리대를 사용할 때 많은 여성들이 가장 우려하는 것은 월경혈이 새어나올지도 모른다는 것이다. 많은 문화권에서 월경혈이 드러나는 것은 여성들에게 매우 창피하고 수치심이 느껴지는 일로 여겨진다. 그런 경우가 발생하면 단정하지 못하고 여성답지 못하다고 비난받기 쉽다. 다음은 삼십팔세 미혼 여성의 경험담이다.

한 번 새어나와서 엄청 창피를 당한 적이 있었어요. 한 번은 캠핑을 갔는데, 반나절동안 그 동네를 걸어 다녔죠. 여기에 피가 묻은 것도 모르고 말이죠. 생리대를 가져갔지만 충분하지 않았고 야외에서 캠핑 중이던 때였어요. 일행 중에서 나만 여자였죠. 그래서 누구 하나 말할 사람이 없었어요. (취재 중이었는데) 같이 있던 사람들은 모두 마초같은 어부들이었어요. 마음이 편치가 않았죠. 나한테 하는 걸 보면 주변 사람들에게 세심하게 마음을 쓰는 사람들이 절대 아니었던 거죠. 그러니 생리통이 있다고 말해 본들 그때 내 상황을 누구 하나 이해해 줄 사람이 없었어요. 세상에, 생리대도 떨어졌고 이제 어쩌면 좋지 싶어서 정말 당황했죠. 아마 반나절을 그러고 걸어 다닌 것 같은데… 아무도 말을 안 해준 거죠.   —38세, 저널리스트, 미혼 새어나온 월경혈 때문에 겪었던 낭패감, 월경하는 사람들은 살면서 적어도 한두 번씩은 경험했을 것이다. 이런 까닭에 최초의 생리대 광고부터 근래 광고에 이르기까지, 광고 유형이 조금씩은 변했더라도 결코 변하지 않는 내용이 '보호'와 '깨끗함'이다. 스타일이나 편안한 착용감, 얇은 두께는 부차적인 문제로 여겨진다. 일상적으로 끊임없이 접하게 되는 생리대 광고를 통해 끊임없이 반복되는 '보호'와 '깨끗함'이라는 이미지는 여성들로 하여금 월경 중에는 자신들이 한시적이나마 더럽고 불결한 상태에 있다는 생각을 떨치지 못하게 만든다. 월경혈은 남에게 보이지 말아야 하는 것이라는 생각을 굳히도록 만든다.

이런 까닭에 말레이시아의 어떤 여성들은 사용한 생리대를 버리기 전에 세탁하는 경우도 있다. 첫 월경을 시작하면서 어머니, 할머니 혹은 선생님과 같은 주변의 성인 여성들이 그렇게 하라고 가르치고 그렇게 하지 않으면 귀신이 그 피를 먹는다고 겁 주기도 한다. 왜 사용한 생리대를 빨아야 하는지 합리적인 설명이 제공되지 않는다. 실제로 일상적으로 그렇게 하고 있다고 말하는 여성들도 왜 그렇게 해야 하는지 설득력 있는 이유를 말하지 못했다. 일회용 생리대가 나오기 전에는 면으로 만든 생리 천을 사용했고 사용 후에는 잘 빨아 말려서 재사용했기 때문에 습관적으로 그런 것은 아닌지 추측할 수도 있다. 그러나 월경혈이 더럽다는 인식이 광범위하게 존재하기 때문에 사용한 생리대를 빨아서 버리는 것이 여성들에게는 자연스러운 일로 받아들여지는 것 같았다.

소비로서의 월경

중·고등학교 때 들었던 이야기를 기억해요. 학교에 작은 쓰레기 소각장이 있었는데 생리대 쓰레기로 넘쳐나고 있었죠. 그런 이야기가 돌았어요. 우리 학교가 원래 일본군들이 사람들을 죽였던 곳인데 그래서 긴 머리를 한 귀신이 밤마다 생리대에서 피를 빨아먹고 다닌다고, 그러니까 꼭 빨아서 버려야 한다고 하는 이야기가 돌았어요.　　　　　　　—38세, 저널리스트, 미혼

다 쓴 생리대는 꼭 빨아서 버려요. 더러우니까. 학교 다닐 때 귀신 이야기 정말 많이 했죠. 흰옷을 입은 어린 여자애가 생리대에서 피를 빨아먹는 걸 봤다는 사람들 이야기요. 아무렇게나 생리대를 버리는 여학생들이 못 그렇게 하려고 선생님들이 지어낸 이야기겠지만요.　　　　　　　—25세, 대학생, 미혼

　사용한 생리대는 더럽고, 냄새나고, 벌레가 꼬이고, 사람들도 싫어하니까 꼭 빨아서 버려야 한다고 생각하는 여성들이 있다. 이 여성들은 생리대에서 피 빨아먹는 귀신 이야기가 위생습관을 들이기 위해 만들어진 토속적인 지혜라고 생각한다.

　어떤 경우에는 학교 선생님들이 여학생들에게 사용한 생리대를 집으로 가져가서 빨아서 버리라고 가르친다. 그 조언은 말레이시아의 경우 종교 학교에서 자주 듣게 된다. 이때 제시되는 이유는 위생이다. 사용한 생리대가 그냥 버리기 더러운 것이라면 그것을 굳이 가방에 넣어 집까지 들고 가는 것은 더럽고 비위생적이라고 생각하지 않는 것인지 궁금하다. 귀신 이야기로 두려움을 주입시

켜 특정 행위를 강제하는 일이 학교에서 일어나는 것도 다소 납득하기가 어렵다.

사용한 생리대를 굳이 집까지 가져와 세탁하지만 집안에는 버리지 말아야 한다고 생각하는 이들도 있다. 한 여성은 첫 월경을 시작하자마자 어머니가 가르친 일 중 하나가 집안에 있는 쓰레기통에 사용한 생리대를 버리면 절대 안 된다는 것이었는데 그렇게 하면 집안 남자들의 재물 복이 달아나기 때문이다. 이 여성은 성인이 되어 독립 후 혼자 살게 되었어도 지금까지 한 번도 집안에 있는 쓰레기통에 생리대를 버린 적은 없다.

이 모든 관행은 월경혈이 공공연하게 보이면 안 된다는 생각에서 비롯된다고 볼 수 있다. 월경혈이 새어나지 않도록 하는 것은 생리대를 고르고 사용하고 버릴 때 가장 중요한 고려사항이다. 만약 월경혈이 공공연히 보여서는 안 된다는 규범을 어기는 여성이 있다면 비난을 받게 된다. 이것은 동서양을 막론한다. 2015년 5월, '인스타그램'이라는 온라인 사진 전시 어플리케이션을 통해 미국의 한 젊은 여성 예술가인 루피 카우르Kaur가 월경혈이 묻은 사진을 여러 장 올렸다가 인스타그램에 의해 삭제 조치당하는 일이 일어났다(〈그림 6〉 참조). 카우르는 인스타그램의 조치가 월경에 대한 부정적이고

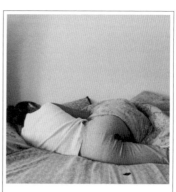

그림 6 "Period", Rupi Kaur, 2015년 3월

여성혐오적인 인식에 따른 부당한 처사라고 항의했고 인스타그램 측은 단순한 실수였다며 카우르가 다시 올린 사진은 삭제하지 않을 것이라고 통보해 왔다. 이 문제에 대해 상당수의 여성들은 문화 곳곳에 만연해 온 여성의 몸과 월경에 대한 여성혐오적인 태도가 빚어낸 일이라며 인스타그램을 비판했다.[130]

일상적으로 일어나는 크고 작은 사건들은 여성들로 하여금 공적인 비난을 듣기 전에 스스로가 월경혈을 다른 이에게 보이는 것을 창피하고 불쾌한 일로 느끼게 하기 때문에 사실상 이런 일은 거의 일어나지 않는다. 의도적으로 월경혈을 내보이는 그런 일이 거의 일어나지 않기 때문에 카우르의 사진이 문화정치적 의미를 가질 수밖에 없고 이에 대한 인스타그램의 대응 또한 다분히 정치성을 띠는 것이라 보지 않을 수 없다.

생리대의 역사

일회용 생리대가 나오기 전에 한국에서는 광목과 같은 천이나 닥나무를 주원료로 만든 한지 혹은 삼베를 삶아 부드럽게 만든 생리대를 사용하거나 소창을 사각형으로 잘라 접어서 사용했다(그림 7).[131] 이것을 지칭하는 용어는 '개짐', '서답' 등이었다.

일회용 생리대가 처음 출시된 것은 1919년이라고 알려져 있다. 그러나 하트만이라는 회사가 1890년대부터 한동안 미국과 영국 등지에서 '하트만의 숙녀용 위생 타월Hartmann's Hygienic Towelettes for

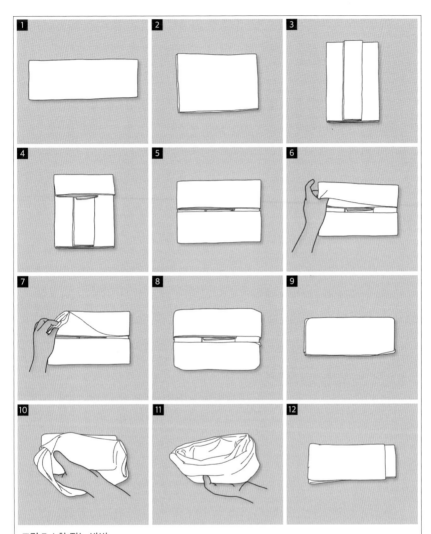

그림 7 소창 접는 방법

①우선 120센티미터 길이의 소창을 반으로 접는다. ②접혀 막힌 쪽이 오른쪽으로 가도록 해 서로 마주보는 천을 안쪽으로 들어가게 한 후 육등분 된 부분이 가운데 오도록 접는다. ③윗부분의 사분의 일을 아래를 향해 접는다. ④아래쪽도 똑같이 접는다. ⑤-⑦네 군데의 모서리를 양머리 말 때처럼 뒤집어준다. ⑧위로 올려서 반으로 접어준다. ⑨-⑩한 겹으로 얇게 나온 쪽을 잡고 뒤집는다. ⑪동그랗게 이어진 띠모양이 만들어진다. 이것의 양 끝에 고무줄을 끼운다. ⑫사용 직전의 모양

그림 8 하트만사의 1890년대 독일 광고 　그림 9 하트만사의 1900년대 영국 광고

Ladies'이라는 제품을 판매했고, 미국에서는 1896년에 존슨앤존슨사
가 '리스터스 타월Lister's Towels'을 만들어 1920년대 중반까지 판매했
으며, 루이스사가 제조 판매한 일회용 생리대 '큐라즈Curads' 광고가
〈보그Vogue〉에 1920년대까지 실렸다고 한다.[132] 그러므로 일회용 생
리대의 역사가 킴벌리-클라크사의 '코텍스'로 시작되었다는 말은
정확한 것이 아니다.

　일회용 생리대를 전 세계에 유통시키는 데 성공한 회사는 킴
벌리-클라크사다. 킴벌리-클라크사는 1차 세계대전 동안 미군
에 의료용 우드펄프wood pulp를 제공했던 회사였다. 1919년, 이 회사
는 기존의 일회용 생리대와는 다른 흡수제를 사용하여 '셀루코튼
Cellucotton'이라는 생리대를 만들었고 2년 후인 1921년, 지금까지 전
세계에서 판매되고 있는 브랜드인 '코텍스Kotex'를 출시한다(〈그림

10〉 참조). 1921년 킴벌리-클라크사가 미국의 한 잡지에 실은 최초의 일회용 생리대 광고에 다음과 같은 자세한 소개가 나온다.

그림 10 1921년 '코텍스' 생리대 최초 광고

　　여성용품이 상점에 나왔다. 새롭고 검증된 제품. 코텍스는 로맨틱한 배경을 가지고 전 세계에 서비스를 시작했다. 여성용품이지만 셀루코튼에서 출발했는데 셀루코튼은 프랑스에서 부상당한 우리 남성들과 동맹국 병사들이 사용하도록 과학적으로 완벽하게 만들어진 놀라운 위생흡수대였다. 평화가 회복되자 프랑스의 간호사들로부터 이 엄청난 기능을 가진 흡수대를 새로운 용도로 사용할 수 있다는 의견을 담은 편지가 날아왔다. 1919년 초 우리는 셀루코튼을 붕대로 감싸 봉한 '셀루코튼' 위생대를 최초로 만들었고 여러 도시에서 판매했다. 수요가 나날이 늘어났고 그로부터 2년 동안 새로운 제품연구와 사람 손이 닿지 않는 위생적인 제조 및 포장 기계화에 매진했고 새로운 제품을 완성시켰다. 바로 '면과 같은 질감'이라는 뜻으로 이름 지은 코텍스 KOTEX이다. 코텍스는 이제 모든 여성들이 사용할 수 있도록 준비를 마쳤다. 코텍스 붕대는 22인치 길이로 옷핀을 꽂을 수 있도록 충분한 여유 면이 마련되어 있다. 삼십육 겹의 양질의 셀루코튼으로 채워져 있는 이 제품은 3.5인치 폭에 길이는 9인치이다. 코텍스는 멋지고 흡수력이 좋으며 부드러움이 오래 지속된다. 코텍스는 가격이 저렴하고 버리기도 쉽다. 비싸지 않고 편리하며 위생적이고 **안전**하다.

19세기 말 일회용 생리대가 처음 나왔을 때 소비자들의 반응은 냉담했다. 그동안 남는 헝겊으로 직접 만들어 써왔기 때문에 굳이 비싼 돈을 주고 쓰지 않아도 되었기 때문이다. 킴벌리-클라크의 코텍스가 나왔던 1920년대에도 여전히 사람들은 집에서 생리대를 만들어 사용했고 일회용품을 사서 쓰는 경우라 하더라도 직접 천을 덧대거나 잘라 고쳐 썼다고 한다.[133]

한국에서는 1960년대 중반 일회용 생리대가 등장했다. 1966년 3월 28일자 한 일간지 광고를 보면 무궁화위생화장지공업사에서 나온 '크린패드'라는 이름의 생리대가 등장한다. 국내 많은 언론사들은 유한킴벌리가 코텍스를 내놓은 1971년을 일회용 생리대가 처음 나온 해라고 쓰지만 이는 정확하지 않다.

'크린패드' 광고를 보면 요즘은 광범위하게 쓰이지 않는 멘스, 월경대와 같은 용어들을 발견할 수 있다. 착용법도 허리에 고정대를 차고 고정 집게로 생리대의 양끝을 고정하는 방식이었다. 생리대를 만드는 데 쓰인 재료도 파지를 뭉쳐서 만든 것이었고 이런 식으로 만들어진 생리대는 '재래식 생리대'로 지칭된 것으로 보인다.[134] 그럼에도 얼마 지나지 않아 나온 백퍼센트 펄프를 원료로

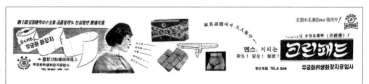
그림 11 무궁화위생화장지공업사의 '크린패드' 광고

한 생리대보다 4원30전이 비싼 10원, 즉 두 배에 달하는 가격이었던 것을 보면 생리대가 상업적으로 시판되었을 때에는 수요나 공급 모두에서 원활한 상황이 아니었고 누구나 사서 쓸 수 없을 만큼 고가였음을 알 수 있다.

크린패드 다음에 등장한 생리대 중 하나가 서울제지가 시판한 '아네모네 내프킨'이다. 아네모네 내프킨 광고는 크린패드 신문광고가 나온지 4년 여 만인 1970년에 한 일간지에 등장한다(《그림 12》). 아네모네 내프킨 광고를 보면 특수 방수, 백퍼센트 펄프 원료, 완전자동제품, 위생, 촉감 등의 용어가 등장하는데 이전 시기와는 제조과정이 확연히 달라졌고 당시 주목했던 요소들은 지금까지도 국내 여러 생리대 제조사들이 반복해서 따르는 것들임을 알 수 있다. 아네모네 내프킨의 당시 가격은 개당 5원 70전이었는데 앞에서도 언급했듯이 개당 10원이었던 기존의 재래식 생리대보다 가격도 낮아진 것이었다. 그러나 1970년 당시 개당 5원70전-10원으로 판매되었던 생리대는 같은 해 시내버스 요금이 10원, 라면 한 개가 20원, 택시 기본요금이 60원, 사십 킬로그램 쌀 한가마니가 2,880원[135]이었음을 감안할 때 물가 대비 상당히 고가였음을 알 수 있다. 소득이 높지 않은 여성들은 구입하기가 힘들었을 것이다. 1971

그림 12 서울제지의 '아네모네 내프킨' 광고

년에 킴벌리-클라크는 한국의 유한양행과 합작하여 만든 유한킴벌리사를 통해 한국에서도 코텍스 브랜드를 출시하게 된다.

임금노동, 학업 등 집 밖에서 활동하는 여성들이 늘어나면서 활동에 불편한 기존의 생리대 대신 일회용 생리대를 사용하게 된 인구가 서서히 늘어나자, 사용한 생리대를 어떻게 처리할지 한동안 문제가 되었던 것으로 보인다. 이에 대한 해결책 중 하나로 제시되며 광고되었던 것이 바로 '청결백'이었다. 여성 휴지통이라 광고된 청결백은 '뚜껑이 달린 비닐봉지'로 사용한 생리대와 같이 외부에 묻기 쉬운 오물을 싸서 버리는 용도로 사용하라고 제안되었다.

1975년은 접착식 생리대가 대거 출시되기 시작한 해이기도 했다. 유한킴벌리사의 '코텍스 뉴후리덤'에 이어 1976년에는 크린패드를 내놓았던 무궁화위생화장지공업사의 후신으로 보이는 무궁화제지가 '아씨'라는 이름의 접착형 생리대를 내놓는다. 또한, 영진약품에서도 '소피아 푸리'라는 이름의 접착형 생리대를 내놓았다. 시판 초기에는 접착력에 신경을 썼던 탓인지 속옷을 상하게 했다는 접착형 생리대는 이후 진전된 형태로 시장에 출시된다.

그림 13 무궁화제지의 '아씨' 광고

일회용 생리대가 준 이점 중 하나가 활동성이라는 데에 주목하게 되면서 1978년 한국 최초로 태평양화학에서 '아모레 탐폰'이라는 이름의 탐폰이, 동아제약에서 '템포'라는 이름의 탐폰이 출시된다. 아모레 탐폰의 당시 한 광고를 보면 일회용 생리대가 '부피가커 간수하기 어렵고 마음 놓고 활동할 수도 없으며, 몸에 붙는 하의는 입을 수가 없고, 조금만 시간이 지나도 악취가 나서 불쾌감을 느껴야 하는' 문제가 있으므로 이 모든 문제를 '이미 미국과 유럽에서는 대다수가 패드 대신' 사용하고 있는 탐폰이 해결할 수있다고 주장한다.

탐폰 출시 2년 후인 1980년, 탐폰 사용으로 인한 중독쇼크에관한 기사가 외신 기사 인용을 통해 나오면서 탐폰 사용에 대한 우려가 가시화되기에 이른다.[136] 그러나 당시 한국사회에서 탐폰 사용이 꺼려지게 된 데에는 중독쇼크 가능성만이 아니라 여성의 성에 대한 사회의 인식도 큰 영향을 미쳤을 것으로 보인다. 탐폰 중독쇼크 관련 기사를 실었던 동아일보는 1988년 대웅제약에서 출시한

소비로서의 월경

그림 14 영진약품의 '소피아 푸리' 광고

탐폰 브랜드인 '탐펙스' 광고를 싣게 된다. 그리고 2년 후 탐폰 사용의 안전성 문제가 다시 한 번, 이번에는 다른 신문을 통해 제기된다.[137]

1980년에는 냄새를 없애는 방취 기능을 강조하는 생리대가 출시된다. 그동안 생리대 품질이 상당히 개선되었고 따라서 활동성이나 흡수력, 방수력 외의 문제가 추가로 생리대 제조사들의 관심권에 들어온 결과물이었다. 유한킴벌리는 이후 산모전용 생리대, 수면전용 생리대 등 전문화된 제품을 출시한다.

유한킴벌리는 다양한 제품들을 꾸준히 내놓았다. 1983년 끝이 타원형으로 된 타원형 생리대를 내놓기도 했던 유한킴벌리는 1985년에는 월경을 하지 않는 기간에도 사용하는 '팬티라이너'를 내놓기에 이른다. 같은 해 동신제지가 '후레쉬'를 내놓고, 한국참이 '차밍'을, 1987년에 대한팔프가 '라라센스'를 들고 나오면서 생리대 제품은 엄청나게 다양해 졌다. 1989년 P&G사가 접착식 생리대 다음으로 획기적인 변화로 평가받는 '날개' 달린 생리대 '위스퍼'를 출시한다. P&G가 출시한 위스퍼는 생리대 양 옆에 고정 기능을 가

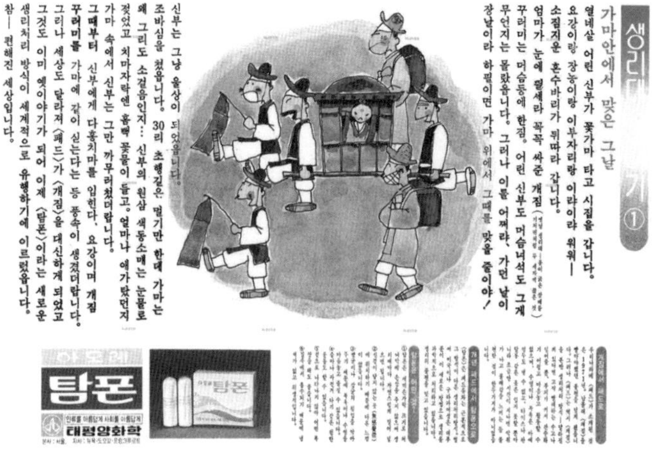

생리대 이야기 ①
가마안에서 맞은 그날
열네살 어린 신부가 꽃가마 타고 시집을 갑니다.
요강이랑 장농이랑 이부자리랑 이라이랴 워워—
소집지운 혼수바리가 뒤따라 갑니다.
엄마가 눈에 뵐세라 꼭꼭 싸준 개짐
꾸러미는 머슴등에 한짐. 어린 신부도 머슴녀석도 그게
무언지는 몰랐읍니다. 그러나 이를 어쩌랴, 가면 날이
장날이라 하필이면 가마 위에서 그때를 맞을 줄이야!
신부는 그냥 울상이 되었읍니다.
조바심을 쳤읍니다. 30리 초행길은 멀기만 한데 가마는
왜 그리도 소걸음인지… 신부의 원삼 색동소매는 눈물로
젖었고 치마자락엔 흥빡 꽃물이 들고. 얼마나 애가탔던지
가마 속에서 신부는 그만 까무러쳤더랍니다.
그때부터 신부에게 다홍치마를 입힌다. 요강이며 개짐
꾸러미를 가마에 같이 싣는다는 등 풍속이 생겼더랍니다.
그러나 세상도 달라져 〈패드〉가 〈개짐〉을 대신하게 되었고
그것도 이미 옛이야기가 되어 이제 〈탐폰〉이라는 새로운
생리처리 방식이 세계적으로 유행하기에 이르렀읍니다.
참— 편해진 세상입니다.
아모레
탐폰
태평양화학

그림 15 태평양화학의 '탐폰' 광고

삽입용 生理帶

「탬폰」은 有害

使用者 高熱·구토에 痲痺症勢도나타나

每年 환자증가… 細菌正體 아직못밝혀

美國 防疫센터發表

미국방역센터(CDC)는 10일「탬폰」을 사용함으로써 일어나는 것으로 보이는 중독쇼크증상환자가 올해 들어 4백8명이나 발견되었으며 그중 40명이 사망했다고 발표했다.

여성의 질(膣) 내에 삽입하는 생리용품「탬폰」을 사용한 사람중에 고열과 구토 현안강하 발진과 때에따라서는 마비같은 일련의 증상이 나타난다는 것이다.

미국 식품의약국(FDA)은 이날 올해들어 급증하는 질병에대한 대책을 논의하는 회의를 열었는데 CDC의「캐트린 센즈」박사가 이같은 보고를 한것이다. 그자신 여성인「센즈」박사는 위의 숫자는 뚜렷한 증세의 경우만을 센 것이고 약한 증세나 이와 비슷한 증세까지를 합하면 훨씬 많은 수가 될것이라고 말했다.

이러한 증상들은 어떤 세균에 감염됨으로써 일어나는 것으로 보이는데 CDC는 아직 그 세균의 정체를 확인하지 못했으며 세균과「탬폰」이 어떤 관계를 갖고 있는지도 밝혀지지 않았다. 다만 이 증세는 최근 몇 년 사이에 발견되기 시작했으며 79년에 그 수가 배 안간 늘어나며 올해는 더욱 큰 증가세를 보이고 있다. 그리고「탬폰」을 사용하지않으면 증세가 멎혀진다는 사실이 확인되었다.

FDA는 이미 대표적인「탬폰」제작사들에게 보다 심한 증세를 일으킨 제품의 시판을 중지하도록 했으며 광고에 있을지도 모르는 위험을 경고하는 문구를 넣도록 종용해왔다. FDA는 이번에 다른5개의「탬폰」제조사에 대해서도 경고문구를 넣도록했으며 의사들에게 이증세를 설명하는 글을 우송했다.

한편 여성들은「탬폰」을 사용하지말것이며 고열과 구토 피부박격이 나타나면 즉시 의사를 찾으라고 FDA의 이사「비버자프라」씨는 경고했다. 〈UPI-本社特約〉

그림 16 탐폰 사용으로 인한 중독 쇼크 기사

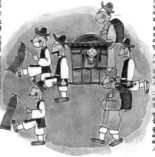

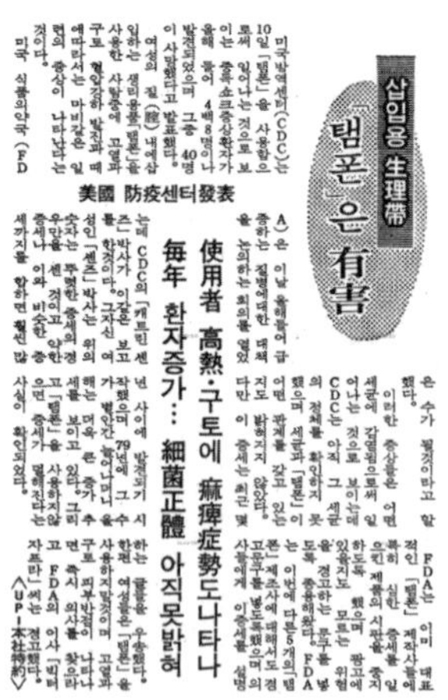

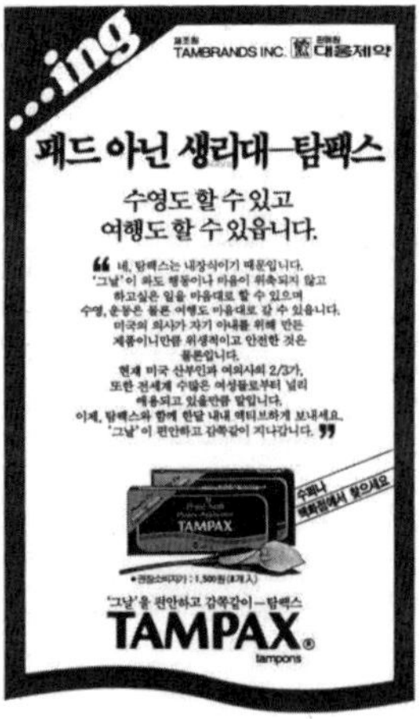

...ing
TAMBRANDS INC. 대웅제약
패드 아닌 생리대—탐팩스
수영도 할 수 있고
여행도 할 수 있읍니다.
네, 탐팩스는 내장식이기 때문입니다.
'그날'이 와도 행동이나 마음이 위축되지 않고
하고싶은 일을 마음대로 할 수 있으며
수영, 운동은 물론 여행도 마음대로 갈 수 있읍니다.
미국의 의사가 자기 아내를 위해 만든
제품이니만큼 위생적이고 안전한 것은
물론입니다.
현재 미국 산부인과 여의사의 2/3가,
또한 전세계 수많은 여성들로부터 널리
애용되고 있을만큼 말입니다.
이제, 탐팩스와 함께 한달 내내 액티브하게 보내세요.
'그날'이 편안하고 감쪽같이 지나갑니다.
수퍼나 백화점에서 찾으세요
TAMPAX
'그날'을 편안하고 감쪽같이—탐팩스
TAMPAX
tampons

그림 17 대웅제약의 '탐팩스' 광고

진 날개를 달아 팬티의 아래쪽으로 단단히 부착해서 생리대가 밀리지 않도록 만들었다.

다양한 생리대가 월경인구의 선택을 받기 위해 각축을 벌이는 가운데 1994년, 쌍용제지가 생리대 제품을 처음 시판하며 내놓은 이름은 '울트라 화인'이었는데 '울트라'라는 말이 보여주듯 얇아진 반면 흡수력은 강해졌고 표면은 부드러워지고 값은 비싸졌다.

1990년대 이후, 유한킴벌리와 P&G 양사가 각축을 벌이는 가운데 다른 제조사들에서도 다양한 제품을 출시해 왔는데 필름커버와 똑딱 테이프를 장착한 '코텍스 화이트'(유한킴벌리), 천연감촉 커버를 강조하고 나온 '매직스 울트라 슬림'(대한펄프), 수면 시를 위해 뒷부분을 부채모양으로 만든 '위스퍼 듀오'(P&G), 남자들에게 여자친구에게 선물로 사주라며 포장을 신경 쓴 '매직스 프린세스'(대한펄프), 편리한 포장을 강조한 '위스퍼 크린 & 드라이'와 '위스퍼 그린'(P&G), 순면 같은 느낌을 강조한 '좋은 느낌'(유한킴벌리), 한방 성분을 넣었다는 '예지미인'(퓨어린), 십 대 전용으로 나온 '오키도키'와 사십 대 전용으로 나온 '깨끗한5일'(대한펄프), 대만에서 수입해온 'UFT'(만사통상), 보송보송한 커버를 강조한 '위스퍼 소프트 라이트'(P&G), 백퍼센트 천연펄프 소재, 백퍼센트 유기농순면 커버, 백퍼센트 자연분해가 되는 비화학 친환경생리대라는 '나트라케어'(일동제약), 볼록패드를 강조한 '바디피트'(LG유니참), 숯과 황토성분을 넣었다는 '매직스 한비'(대한펄프), 한방생리대를 표방한 '허밍스'(CAP사이언스), 곡선디자인과 중앙흡수력을 강조한 '위스퍼 세이프티존'(P&G), 홍삼가루를 넣었다는 '바디피트 귀애랑 천연홍

삼'(LG생활건강), 임신 전후 순면 생리대를 강조한 '건강한 엄마'(자연생각), 백퍼센트 순면커버를 강조한 '순수한면'(깨끗한나라), 유기농생리대를 주장한 '본'(제이투엘에프에이), 검정 옷에서 비치지 않는다는 '위스퍼 블랙패드', 점도 높은 월경혈에 적합하다는 '쏘피 한결'(엘지유니참), 속옷처럼 입고 자는 '화이트 꿀잠패드'(유한킴벌리), 다른 제품보다 길이가 더 길다는 '시크릿데이 미스 샬롯'(중원) 등 다종다양한 제품이 출시되었고 상당수는 출시 2-3년 만에 자취를 감추기도 했다.

한편, 일회용 생리대가 가진 여러 가지 문제점들, 예를 들어 흡수재로 쓰이는 화학물질이 건강에 해롭다거나 화학물질과 월경혈이 만나 역한 냄새를 만들어 낸다거나 값이 비싸다거나 일회용품 쓰레기가 환경문제가 된다거나 하는 등에 문제의식을 가진 이들을 위해 '대안생리대'가 등장하기도 했다. 대안생리대로는 똑딱이단추를 달아 속을 넣었다 뺐다 하며 사용하도록 만든 면 생리대, 탐폰처럼 삽입했다가 꺼내서 세탁해 재사용하는 해면, 역시 질 입구에 삽입해 월경혈을 받아 버리고 세척 후 재사용하는 라텍스로 만든 '키퍼'와 의료용 실리콘으로 만든 '문컵' 등이 나와 있다.

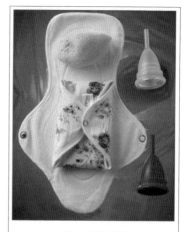

그림 18 대안생리대

생리대 광고

생리대 시장은 월경 인구의 수만큼이나 크고 안정적이기 때문에 제지, 생활용품, 제약 등 다양한 관련 기업들에서 시시탐탐 시장진출을 노린다. 단순 품목이지만 생리대 시장에 진출해 있는 무수한 기업과 그들이 출시한 생리대의 가짓수는 헤아리기 힘들만큼 많다. 자사제품 홍보를 위한 각 기업들의 광고 경쟁도 치열하다.

과거 생리대 광고는 제품이 출시되었다고 바로 광고를 할 수 있는 것이 아니었다. 여성의 은밀한 신체 부위에서 일어나는 '더러운' 혹은 '오염적인' 행사에 쓰는 물건이라는 이유에서였다. 월경, 여성의 섹슈얼리티, 여성의 몸 등에 대한 부정적인 사회적 인식으로 인해 생리대 광고의 내용 또한 시대에 따라 달라져 왔다.

킴벌리-클라크가 미국에서 1919년에 셀루코튼을, 1921년에 코텍스를 내놓은 후 최초로 광고를 할 수 있었던 때는 그로부터 14년 지난 후인 1933년이었다. 〈살림 잘하기Good Housekeeping〉 잡지에 광고를 싣기 위해서 킴벌리-클라크는 오랫동안 잡지사를 설득해야 했다. 라디오와 텔레비전 광고를 할 수 있게 된 것은 그로부터 53년이 지난 1972년, 미국 내 라디오와 텔레비전에서의 여성 위생용품 광고 금지가 해제되었을 때였다.[138]

한국에서 생리대 광고가 언제 등장했는지 정확한 날짜를 찾기는 어렵지만 검색 가능한 자료들을 토대로 추정해 볼 때 1960년대 후반으로 보인다. 〈경향신문〉 1966년 3월 28일자 광고에 크린패드 광고가 실린 것이다. 1971년 유한킴벌리는 코텍스를 한국에 출시하자마자 광고를 할 수 있었는데 1970년대 한국사회의 특수한 분위기 때문에 가능한 일이었다. 한창 근대화, 현대화, 발전 등에 목을 매기 시작하던 때였고 일회용 생리대 '산업'과 '소비문화'는 이런 분위기와 조화롭게 인식되었을 것이기 때문이다. 수전 스트레서가《낭비와 욕망》에서 지적하고 있듯이 일회용 생리대는 현대적인 태도와 습관을 상징했고 버리는 행위가 나쁜 것이 아닐 뿐 아니라 삶의 질에 기여하는 일이라는 사고방식이 널리 받아들여지기 시작했다. 습관과 전통은 바뀌는 것이고 이를 통해 삶의 조건은 향상된다는 것이었다. 당시 코텍스의 경쟁상대는 여성들이 직접 집에서 만들어 쓰던 천 생리대였고 킴벌리-클라크는 그런 문화를 구시대적이고 전근대적이며 없어져야 할 문화처럼 만들었다. 이런 취지와 주장은 유한킴벌리가 한국에 코텍스를 들여왔을 때에도 동일했을 것이다. 코텍스보다 일 년 일찍, 크린패드보다 사 년 늦은 1970년에 출시된 아네모네 내프킨 광고 내용을 보면 당시 한국 분위기를 잘 알 수 있다.

특수 방수 갖춘 생리대 아네모네 내프킨. **현대여성**들이 간편히 쓸 수 있는 새로운 생리대가 나왔다. **구미 각국**은 물론 **일본**에서도 지금 널리 보급되고 있는 이 생리대는 재래의 파지를 뭉쳐 만들어 오던 것과는 달리 1백퍼센트 펄프를 원료로 특수방수까지 코팅된 **완전자동제품**으로 **위생적**이고 촉감이 부드럽고 사용하기 **간편**하다는 이점이 있다는 것. '아네모네 내프킨'(메이커 서울제지) 가격은 개당 5원 70전으로 재래식 생리대(개당 10원)

보다 싼 편이며 방금 보사부가 제정 중에 있는 생리대 규격에 맞춘 **규격품**이라고. 형은 표준형(핑크)과 두터운 다중형(그린)이 있으며 사용자는 그날의 상태나 체질에 따라 골라올 수 있고 평균 사용시간은 5-6시간.[139]

1971년에 유한킴벌리는 코텍스를 내놓으며 '누가 여성을 해방시켜 주는가?'라는 광고문구와 함께 바지를 입고 다리를 활짝 벌린 채 자유롭게 움직이는 젊은 여성의 이미지와 당시 현대적 생활문화의 상징으로 부상하고 있던 아파트로 보이는 건물을 배경으로 긴 머리의 젊은 여자가 허벅지까지 맨다리를 드러낸 짧은 반바지를 입고 역시 다리를 벌린 채 자전거를 타고 있는 이미지를 선택했다. 그리고 당시 미니스커트를 한국에 소개해 큰 반향을 불러일

그림 19 1970년대 코텍스 광고들

으켰던 개성파 가수 윤복희를 코텍스를 잇는 새로운 브랜드 '후리덤' 광고 모델로 기용하기도 했다.

유한킴벌리가 이러한 광고 전략을 택했던 배경에는 급진적인 문화운동의 자장 안에 있던 미국 내에서 킴벌리-클라크가 진행했을 코텍스 광고의 영향도 있었겠지만 1970년대 한국사회 분위기도 중요한 배경이었다. 〈그림 20〉에서 보듯이 1960년대 말과 1970년대 초, 한국사회는 성 담론과 여성의 성, 청소년의 성에 대한 논쟁이 영화, 책, 정책 등 여러 분야에서 뜨겁게 일어나고 있었다. 당시

그림 20 동아일보 1966년 12월 1일자에 실린 책 광고 및
1970년에 실린 여러 광고들

소비로서의 월경

북미를 중심으로 일어난 여성해방운동과 성해방 담론 또한 이러한 움직임에 영향을 미쳤을 것이다. 이런 분위기에서 생리대와 '여성해방'이라는 문구와 함께 광고의 포문을 연 유한킴벌리의 선택은 여성 소비자들을 주 고객으로 만나야 하는 생리대 제조사가 당시 택할 수밖에 없었던 영리한 전략이었다.

그러나 1975년 신문에 실린 생리대 광고들을 보면 이즈음 생리대에 대한 인식이 대대적으로 변하고 있었음을 짐작할 수 있다. 다음은 영진약품에서 내놓은 '소피아'라는 제품 광고 내용이다.

구라파 여성들에게 가장 인기 있는 타입의 생리대 '소피아'가 옵니다. **촉감**이 부드럽고 흡수가 더욱 **안전**하다 하여 **멋**과 **품위**를 생명처럼 소중하게 여기는 구라파女性들에게 가장 사랑받는 Fater(화터) 타입의 생리대 소피아가 옵니다. 소피아는 촉감이 부드럽습니다. 새털처럼 부드러운 소피아의 不織布(겉싸개)의 아늑한 감촉은 전혀 착용감을 느끼지 않게 하며, 짜증스러운 생리부담에서 벗어나게 합니다. 소피아는 흡수가 안전합니다. 훨씬 보강된 흡수층(Fluff층)과 3面으로 防水처리된 소피아의 완벽한 구조는 아무리 양이 많은 분이라도 당신의 **몸가짐**을 흐트러지게 하는 일이 없습니다. 소피아는 흡수가 신속합니다. 100퍼센트 순수 레이온 스프絲와 천연펄프만을 사용하여 만든 소피아는 흡수가 신속하여 언제나 건조한 느낌을 줍니다. 이제부터는 **自由**롭게 보다 좋은 생리대를 **선택**할 수 있게 되었습니다.[140]

그림 21 영진약품의 '소피아' 광고

　　〈경향신문〉에도 동일한 광고가 실리면서 1976년에도 이어지는 광고 내용은 문구가 미미하게 달라진 것을 빼고 내용이 거의 동일하다. 1970년대 초 일회용 생리대가 주는 활동성을 강조하며 여성의 자유와 해방에 방점을 찍고 광고를 했던 코텍스 광고와 달리 소피아는 '촉감, 멋, 품위, 몸가짐, 안전, 자유, 선택'을 핵심어로 사용한다. 이런 흐름은 1977년 '코텍스 뉴후리덤 맥시' 광고에서도 이어진다. 이 시기 유한킴벌리도 '맑고 순수한 여심, 하얀펄프, 에머랄드빛 사랑으로 포근히 감싸주는, 아름답게, 깨끗하게, 그리고 자유롭게' 등과 같은 말을 사용하기 시작한다. 1980년에는 패드에 특수 향 처리를 한 방취 생리대라는 '코텍스 디오도'를 출시한 유한킴벌리는 이때에도 유사한 용어들을 사용하고 있다. '우아한 모습, 주위에 밝음과 화사함을 주는, 품위 있는, 산뜻한' 등이 등장하고 있는 것이다. 이런 광고는 월경혈 냄새를 광고에서 강조하며 여성의 이미지들에 저해되는 부정적인 것으로 인식하게 만드는 효과를 낳는다. 그러나 월경혈 냄새는 사실 월경혈 자체가 아니라 생리대의 화학성분이 혈액과 만나 만들어내는 특정한 냄새 때문에 만들어지는 것이라는 설득력 있는 주장이 있다. 이 광고들은 냄새 나는 것을 여성스럽지 못한 것이라 여기는 문화 안에서 혹여 여성스럽지 않게 인식될까봐 노심초사하는 여성의 심리를 영민하게 이용한 광고였다.

흥미로운 점은 이런 분위기에서 1978년 삽입형 생리대가 태평양화학(탐폰)과 동아제약(템포)을 통해 출시되었다는 점이다. 태평양화학의 탐폰 광고(〈그림 15〉 참조)는 탐폰이 세계적으로 유행하고 있는 '새로운 생리처리 방식'이며 '승마, 자전거타기 같은 험한 운동도 할 수 있'게 해준다고 적고 있다. 그런데 동아제약 '템포' 가격이 당시 600원이었다고 하니 만만치 않았고 당시 한국에서 승마를 하거나 자전거를 탈 수 있었던 여성들이 어떤 계층에 속한 사람들이었을지 생각하면 탐폰은 월경 인구 일반이 아니라 특정계층을 대상으로 출시된 제품이었다고 봐야 한다.

다양한 일회용 생리대의 등장과 판매 경쟁과 함께 등장한 다양한 광고는 신문뿐만 아니라 텔레비전 전파를 통해 내보내졌다. 1979년 한 일간지에는 이를 불평하는 투고가 실리는데 반드시 이런 분위기 때문은 아니지만 1980년 9월 방송윤리위원회의 규제조치로 생리대 전파광고는 금지되었다.[141] 그로부터 15년이 흐른 뒤인 1995년이 되어서야 금지조치가 해제된다.[142]

그림 22 동아일보 1981년 4월 13일자

1980년대에 이런 규제 분위기만 있었던 것은 아닌 것 같다. 성 담론은 과감했고 생리대 광고에는 다시 집 밖에서 다양한 활동들을 하는 여성의 이미지들이 주저 없이 등장했다. 〈그림 22〉의 기사에 등장한 세 명의 여성들은 자신의 상황과 성에 대한 관점을 다음과 같이 드러내고 있는 것이다.

1. 이십일세의 기혼 여성이다. 현재 임신 사 개월의 몸인데 한 달 전 남편이 교통사고로 죽었다. 그런데 결혼하기 전 이 년 동안 교제했고 깊은 관계까지 맺은 옛 애인이 자기에게 돌아오길 바라고 있고 나도 그를 사랑하고 있다. 애초부터 나는 그를 더 좋아했지만 그의 경제사정이 어려워 결혼상대자로는 사별한 남편을 택했던 것이다. 지금이라도 빨리 옛 애인의 품으로 돌아가고 싶은데 시댁에선 삼대독자인 남편의 대를 이을 태아를 출산해주고 가라고 애원한다. 태아를 지워야할까 아니면 애인에게 돌아간 뒤 낳아줘도 될까.
2. 여고를 졸업하고 삼 년째 직장생활을 하는 이십이세 처녀다.

소비로서의 월경

일 년 전부터 같은 사무실에 근무하는 남자사원과 서로 알고 지내며 장래를 약속한 사이다. 얼마 전 퇴근길에 그의 하숙방에 들렀다가 깜짝 놀랐다. 같은 사무실에서 일하는 동료 미스유가 빨래를 해놓고 하숙방 청소를 하고 있는 것이 아닌가. 알고 보니 미스유는 그의 아이를 임신 중이었다. 임신 중인 동료를 위해 내가 물러서기로 결심했지만 그는 한사코 나를 놓아주지 않는다. 요즘 세상에 미혼 전에 한 여자를 임신시켰다고 그를 나쁘다곤 생각하지 않는다. 나에게 쏟는 그 사람의 사랑의 농도가 더 깊은 이상 내가 피할 필요는 없다고 생각하는데 미스유가 어떡하면 물러서줄까.

3. 대학교 삼 학년에 재학 중인 학생이다. 미팅에서 사귄 남학생과 서로 좋아지내다 우리는 서로를 약속하게까지 됐다. 그런데 그가 군에 입대한 후 평소 함께 어울려지내던 그의 친구와 가깝게 됐다. 얼마 전 그가 휴가를 나왔을 때 모든 것을 고백했지만 그는 나를 이해해줄 수 있다며 친구와의 관계를 끊으라고 한다. 과연 제대하고 돌아와서도 그의 마음이 변치 않을까. 두 사람 모두를 포기하고 새 출발을 하는 것이 더 현명할까.

이처럼 성과 여성의 몸에 대한 서로 다른 담론들이 경합하는 가운데 유한킴벌리는 영진제약의 소피아 광고가 취한 태도와 유사하게 취했던 코텍스 디오도에서의 태도를 버린 듯 1980년대 초 출시한 '코텍스 니나' 광고에서는 1970년대 초기 광고에서 보여주었던 태도로 돌아간다. 코텍스 니나 광고는 '현대여성, 젖지 않는 보

그림 23 유한킴벌리의　　　　그림 24 유한킴벌리의
'니나'광고①　　　　　　　　'니나'광고②

송보송한, 팬티가 타이트할수록 안락함을 주는, 경쾌, 상쾌' 등 보다 직접적인 표현을 사용한다. 다른 사람에게 어떻게 보이는지를 묘사하는 용어보다 생리대 사용 주체가 어떻게 느끼게 되는지를 묘사하는 용어에 보다 중점을 두는 모습을 보인 것이다. 코텍스 디오도 광고 내용도 '우아, 품위, 주위에 밝음과 화사함을 주는' 등과 같은 말이 빠지고 대신 '표면 건조와 상쾌' 등의 용어가 사용되고 있어 유한킴벌리의 전략 변화를 엿볼 수 있다.[143]

　유한킴벌리의 1982년 광고 두 개를 보면 이후 거의 모든 생리대 광고에서 등장하게 될 중요한 용어가 등장하는데 바로 '깨끗'이다. 이 용어는 처음에는 사용 중에도 겉면이 젖지 않고 보송보송하게 유지되는 특허 낸 커버를 사용한 유한킴벌리사의 생리대를 사용할 때 느끼게 될 감정을 표현하기 위해 쓰였다. 유한킴벌리의 생리대 광고에서 사용된 '깨끗'은 1985년 '후리덤 팬티라이너'를 출시되며 나온 광고에서 다시 등장한다. 이때는 팬티라이너가 '팬티

그림 25 유한킴벌리와 P&G의 광고 비교

를 깨끗하게'하는 팬티청결대임을 강조하는 데에서 쓰였다. 그리고 1995년에 유한킴벌리는 자사의 대표적 생리대 브랜드 '코텍스 화이트'를 내놓기에 이른다. 당시 유한킴벌리는 한 신문 인터뷰에서 이 제품이 '신세대감각에 맞도록 흰색의 단순하고 깨끗한 디자인'을 채택했다고 밝히기도 했다.[144]

유한킴벌리의 생리대 광고 전략이 이처럼 변화한 데에는 당시 사회적 분위기도 있겠지만 무엇보다 1989년 경쟁자사 P&G가 '위스퍼'를 들고 한국 생리대 시장에 진입한 탓도 큰 것으로 보인다. 1994년 위스퍼는 한국시장 참여 오 년 만에 유한킴벌리를 제치고 생리대 시장을 평정했다. 1995년 생리대 전파광고 금지가 해제되자 유한킴벌리와 P&G의 광고 경쟁은 더욱 불붙기 시작한다. P&G는 허수경, 한성주 등의 유명 방송인과 추상미 등의 유명 연극인과 같이 전문직 여성의 이미지를 광고 전면에 내세웠고 반면, 유한킴벌리는 평범한 여대생을 화이트 광고 전면에 등장시켜 깨끗한 이미지를 극대화시켰다. 그 결과 1990년대 들어 20퍼센트 안팎에 머물렀던 유한킴벌리의 생리대 시장 점유율은 30퍼센트 가깝게 올라갔고 반면, P&G의 점유율은 45퍼센트에서 40퍼센트 안팎으로 떨어진다.

생리대 광고가 다시 전파를 타자 1979년의 생리대 광고를 비난하는 독자 투고와 같은 일이 재현된다. 1996년 9월 17일 〈동아일보〉는 PC통신이 한창 활발히 이뤄지던 당시 PC통신 게시판에 올라온 찬반 글을 인용하여 기사를 내보냈다.

초저녁에 텔레비전을 켜서 애국가가 울릴 때까지 지켜보면 수없이 나오는 한 광고가 있다. 생리대 광고다. 어쩔 수 없이 여성의 성을 연상하게 한다. 시도 때도 없이 "바꿀 때 느낌이 달라요/예, 오늘도 000했어요/1센티 자유/엄마도 좋아하실 거예요" 하고 튀어나온다. 그러다 보니 생리대 광고 문안을 삐삐 인사말로 사용하는 '요물'까지 생겨날 정도다. 며느리와 시아버지가 함께 보는 TV에서 멀쩡한 여자탤런트가 "1센티 자유"하고 속삭이면 민망스러울 수밖에. 온가족이 저녁을 먹는데 "바꿀 때 느낌이 달라요"하고 생글거리면 어떤가. 즐겁기는커녕 밥맛마저 달아나기 십상이다. 여성잡지에나 등장하던 생리대 광고가 어느 틈에 TV에까지 진출해 소리를 높이게 됐는지. 물론 인구의 절반이 여성이고 그 절반 이상이 이용하는 게 생리대다. 불쾌감을 주지 않으면서 광고할 수 있는 효과적인 방법은 없는지. 군이 가족이 모두 보는 황금시간대를 피해서도 얼마든지 가능하지 않겠는가. 주 시청자가 주부들인 오전 시간대라면 좀 좋은가. TV는 남녀노소가 함께 시청한다. 당연히 생리대 광고는 시간대를 제한해야 한다.　　　　　　　　　　—유니텔, saller-klue

여성에게 없어서는 안 될 필수품이 생리대다. 스타킹이나 양말처럼 일상 생활용품이나 다름없다. 다양한 상품정보를 제공해 매출을 올려야 하는 광고의 입장에서는 생리대 역시 TV를 이용해야 한다. 시청자가 많고 폭도 넓은 TV에서 다양한 정보를 제공하자는 뜻이다. 자신의 신체에 잘 맞고 편하며 생리조건에 적합한 제품을 고를 수 있도록. 속옷 광고와 조금도 다를 게 없다. 오히려 이제야 정당한 소비자의 권리를 되찾은 셈이다. 쉬쉬하며 그저 귓속말이나 소문에만 의존하던 게 언제던가. 당당하게 품질을 비교하고 가격도 재보면서 구입할 수 있으니 환영할 일이다. 시장규모도 만만찮다. 전국 여성의 절반인 천만여 명이 생리대를 사서 쓴다고 가정해보라. 얼마나 어마어마한 매출액인가. 한마디로 황금시장이다. 충분히 황금시간대를 노릴만하다. 제조회사도 많고 수입품도 한몫을 한다. 경쟁시대의 당연한 마케팅 전략이다. 여성의 생리만 해도 그렇다. 뭐가 이상한가. 여성의 정상적인 신체대사라는 걸 누가 모르는가. 괜스레 '불쾌'니 '밥맛'이니 입방아나 찧고 과민 반응할 사안은 도무지 아니다. 언제까지 음지에서만 얘기해야하는가.　—유니텔, bastet, 산과나

앞에서도 살펴보았듯이 생리대 광고에 대한 불평이 신문에까

지 오른 것이 이때가 처음은 아니다. 〈동아일보〉 1979년 4월 27일 독자투고란에 실린 내용을 보면 '유니텔, saller-klue'이 올린 내용과 흡사한 의견이 있었다. 1975년 1월 22일자 기사를 보면 1973년 방송법 개정 이후 1974년 4월부터 12월까지 방륜규정에 저촉되었다고 판단되어 방송 금지된 광고들을 분석한 내용이 실려 있다. 그 내용을 보면 '여성생리대에서 방수가 완벽한'이라는 문구가 들어가 있어 '시청자에게 혐오감이나 악감정을 줄 우려가 있는 광고'로 판단되어 광고금지처분을 받은 것이 나온다. 1977년 11월 22일자 기사를 보면, TV광고에 대한 언급에서 온가족이 둘러 앉아 보는 시간대에 TV에서 생리대 광고를 하는 나라는 한국 밖에 없다는 내용이 나오는 것을 보면 당시 생리대 광고는 신문광고뿐만 아니라 텔레비전 광고에서도 일상화되어 있었고 이를 불편해 하는 여론에도 텔레비전 광고가 한동안 계속 되었음을 알 수 있다.[145]

생리대 텔레비전 광고가 시작되면서부터 있어 온 불만과 방송 규제 조치가 시행된 까닭을 들여다보면 결국 월경과 생리대를 성적인 문제, 여성의 섹슈얼리티와 연관시키고 있기 때문임을 알 수 있다. 당시 한국사회는 무엇보다도 여성을 (이)성애화시키는 데에 총력을 기울였고 이를 통해 전쟁과 생계 기반의 붕괴로 인해 해체된 가부장의 지위와 권위를 다시 세우기 위해 안간힘을 쓰고 있던 때였다.[146] 이 가운데 여성을 성적 대상, 성적 존재로 만들고 한편에서는 여성의 신체가 등장하고 언급되는 것을 성적으로 해석하고 불쾌해하는 양면적인 모습이 한국 사회의 두 얼굴이었다.

1990년대에 생리대 광고에서 일어났던 흥미로운 사건은 남성

그림 26 쌍용제지의 '울트라 화인' 광고

모델의 등장이다. 1994년 1월 쌍용제지가 '울트라 화인' 광고 모델로 배우 감우성을 전격 기용했던 것이다. '함께 하는 이 순간 편안함이 느껴진다'는 카피와 함께 젊은 남자가 등장하는 이 광고로 울트라 화인의 매출은 두 배 이상 증가하는 성공을 거두었다.[147] 물론 생리대 광고에 대한 불만 섞인 의견에서는 생리대를 광고하는 남자모델에 대한 비판은 들어 있지 않다. 남자와 생리대를 등치시키는 듯한 광고문구가 지나치게 선정적으로 비칠 수 있다는 원성이 있을 법도 했을 텐데 말이다.[148]

일회용 생리대 광고는 발달된 기술과 제조과정에 힘입어 만들어진 제품의 기능을 내세우면서도 한편에서는 당대의 남성들이 요구하는 여성상을 철저하게 따르고 반영하는 전략으로 변천해 왔다. 1997년 금융 위기의 한국사회에 정리해고 바람이 세찼을 때 해고 첫 순위에 오른 이들은 다름 아닌 여성들, 그것도 배우자와 함께 같은 기업에 고용된 여성들이었다. 이러한 현실 가운데 생리대 광고에서 1970년대 초에 강조되었던 자유, 해방, 활동성 등의 이미지나 1990년대 초에 P&G 등에서 전면에 내세웠던 전문여성의 이미지는 점차 사라지고 그 자리를 '순수', '청순', '깨끗한', '하얀' 등의 이미지가 대신하게 되었다는 것은 눈여겨볼만하다. 생리대 모델로 기용된 여성들 또한 활동적인 전문직 여성보다는 사회 경험이 많지 않은 여대생들과 같은 이십 대 초반의 여성들이었다는 점도 주목할 만하다. 이런 흐름에서 등장한 생리대 광고에서 여성은 심지어 생리대도 남자친구에게서 선물 받는 '공주princess'로 설정될 지경이다.[149]

2015년 유한킴벌리의 대표 브랜드 화이트와 P&G의 위스퍼가 여전히 건재한 가운데 생리대 사업에 뛰어든 기업들의 수는 일일이 열거하기 힘들만큼 많아졌고 브랜드 수는 더 말할 것도 없다. 그만큼 각 브랜드들이 자사제품을 홍보하는 광고 전략도 다양해졌다. 1999년 유한킴벌리가 순면 같은 느낌을 강조하며 '좋은느낌'을, 2002년 한방생리대를 표방한 퓨어린의 '예지미인'이 출시되고, 2005년 일동제약에서 백퍼센트 유기농 순면 커버와 백퍼센트 천연펄프 소재의 친환경 생리대를 표방하면서 '나트라케어'가 출시되는 등 기존에 강조되어왔던 흡수력, 샘 방지 기능은 일회용 생리대가 기본적으로 갖추어야 할 요건으로 간주되고, 그 외의 추가기능들, 특히 사용자의 건강에 얼마나 덜 해로운가를 보여주는 것이 중요한 판매 전략이 되었다.

일회용 생리대 시장

여성 총인구수를 감안할 때 일회용 생리대 시장은 수요가 절대적으로 안정적인 거대한 시장이기에 생리대 시장은 흔히 '땅따먹기

놀이'와 비슷하다는 말도 있다. 고정적인 수요가 항상 있기 때문에 업체들은 '그 안에서 땅을 넓히기 위한' 경쟁을 하게 되는 것이다.[150]

1966년 일회용 생리대가 처음 시장에 나온 후, 당시의 기업들과 제품들은 시장에서 자취를 감추었지만 일회용 생리대 시장은 엄청나게 확장했고 생리대 가격 또한 상승일로의 길을 걸어왔다. 1970년 유한양행이 미국계 회사인 킴벌리-클라크와 합작 설립한 유한킴벌리는 1971년 '코텍스'를 출시한 이래 현재 '화이트'와 '좋은 느낌' 등으로 여전히 국내 일회용 생리대 시장을 석권하고 있다.

1980년대 초반, 당시 생리대 시장은 연 150억 원에 달하는 안정된 시장이었으며 여성 인구가 증가할수록, 일회용 생리대 사용자가 늘어날수록 당연히 시장 규모도 커질 수밖에 없었다. 1980년대 초반 연 150억 원, 1980년대 후반 연 3백억 원, 1990년대 들어와서는 1995년, 연 1천7백억 원, 1999년, 연 2700억 원등으로 규모가 커진다. 그리고 2013년, 생리대는 약120여종에 달하게 되며 연 3천 5백억 대의 시장규모로 커졌다.[151]

일회용 생리대의 개당 가격은 1966년 10원에서 2015년 280-380원으로 오십여 년 동안 28-38배 증가했다. 해당 시기 물가를 대비했을 때 현재 일회용 생리대 한 개의 가격은 1966년의 가격에 비해 훨씬 낮아졌다고 할 수 있다. 그러나 일회용 생리대가 일종의 고가품이었고 필수생활용품으로서 대중화되지 않았을 때와 그렇게 되어 있는 현재에서의 가격을 물가대비 비교를 하는 것은 적절하지 않은 비교일 수 있다. 약 7,000원(18개입)의 생리대로 매달 평

〈표1〉 생리대 가격 변천사

연도	개당 가격	브랜드명	제조사명
1966	10원	크린패드	무궁화위생화장지공업사
1970	5원70전	아네모네 내프킨	서울제지
1985	40원	후레쉬	동신제지
1985	35원	차밍	한국참
1998	200원	위스퍼 듀오	P&G
1999	약253원	좋은느낌	유한킴벌리
2003	260-450원	(업체 평균가)	(업체 평균가)
2006	270원	허밍스	CAP사이언스
2010	약340	바디피트 귀애랑	LG생활건강
2011	약400원	화이트	유한킴벌리
2011	약380원	위스퍼	P&G
2015	약280원	시크릿데이 미스샬롯	중원

〈표2〉 생리대 시장 규모 변천사

연도	시장규모	참여기업
1982	연150억원	유한킴벌리, 쌍용스카트(영진제약 '소피아' 합병 후)
1987	연300억원	유한킴벌리, 쌍용제지, 모나리자, 동신제지, 한국참, 대한펄프
1994	연900억원	P&G, 유한킴벌리, 대한펄프, 쌍용제지 등
1995	연1,700억원	P&G, 유한킴벌리, 대한펄프, 쌍용제지 등
1999	연2,700억원	유한킴벌리, P&G(쌍용제지 합병 후), 대한펄프 등
2009	연3,000억원	상동
2011	연3,500억원	상동
2013	연3,483억원	상동

소비로서의 월경

균 두 봉지를 소비하여도 연 16만8천원을 필수적으로 지출하게 되며 평생 월경 기간을 감안해 계산하면 일회용 생리대 구입에 638만4천원이나 지출하는 것이고 팬티라이너, 물티슈 등 다른 위생용품 구입까지 포함하게 되면 그 비용은 두 배까지 늘어날 수 있다.

2003년까지 일회용 생리대 가격에는 부가가치세가 포함되었다. 그러나 여성민우회 등 여성단체들의 문제제기 덕분에 원재료에 붙는 부가가치세를 제외한 완제품에 붙는 부가가치세는 면제되게 되었고 이로써 2004년 4월부터 생리대 가격이 3-5퍼센트 정도 인하되기도 했다. 그러나 부가가치세 면제 이후에도 일회용 생리대 가격은 오히려 비싸졌다고 보고되고 있다. 2011년 P&G의 '위스퍼 그린' 중형은 대형마트 기준으로 2010년 가격에서 장당 76원이 올라 장당 222원, 유한킴벌리 '화이트 울트라 날개 중형'이 전년 대비 28원 증가, LG생활건강 '바디피트 볼록맞춤울트라 중형'이 26원이 오르는 등 모두 가격이 내려가기는커녕 올라가는 현상을 보여준 것이다. 이로써 한국의 일회용 생리대 가격은 미국, 캐나다, 영국, 프랑스, 이탈리아, 독일, 일본, 중국, 싱가폴, 대만 등지에서보다 6퍼센트나 비싼 것으로 나타났다고 한다. 부가세 면제 효과를 누릴 수 있게 되기는커녕 더 비싸진 생리대를 구입해야만 하는 상황이 된 것이다.[152]

2013년 들어 부쩍 가격 평가에 민감한 소비자들이 늘어나고 온라인을 통해 할인된 가격으로 일회용 생리대를 구입하는 소비자들도 늘고 있다. 이러한 흐름은 월경 여부를 선택할 수 없는 많은 여성들이 유한킴벌리와 P&G 등의 다국적 자본이 대거 투입되

어 있는 기업의 배를 불리는 데에만 동원되는 것이 아니라 자신의
권리를 찾고 월경을 통해 이윤을 얻어가는 제조사들이 사회적 책
임을 다할 수 있도록 압력을 가하는 계기가 될 수 있을 것이다.

대안생리대

19세기 말, 일회용 생리대가 처음 나왔을 때 월경인들의 반응은 냉
담했다. 남는 헝겊으로 직접 만들어 쓸 수 있는 것을 굳이 비싼 돈
을 주고 사서 한 번만 쓰고 버리는 것이 납득되지 않았기 때문이
다. 킴벌리-클라크가 코텍스 광고를 처음 시작했던 1920년대에도
사람들은 여전히 집에서 생리대를 만들어 사용했다. 일회용품을
사서 쓰는 경우가 있더라도 한 번만 쓰고 버리는 것이 아니라 직접
천을 덧대거나 잘라서 고쳐 썼다.

　이런 환경을 바꾸기 위해서 일회용 생리대 제조사들은 광고와
마케팅에 총력을 기울였다. 일회용 생리대를 가방에 넣어 출근하
는 현대적인 여성의 모습과 세균이 득실대는 헝겊 손수건 이미지
를 광고에 실어 내보냈다. 이 광고를 통해 일회용 생리대 제조사들
이 전하고 싶었던 메시지는 분명하다. 집에서 천으로 직접 만들어
쓰는 생리대는 비위생적이고 촌스러운 반면 일회용품은 위생적이
고 현대적이며 따라서 우월하다는 것이었다.[153] 1960년대 말 한국
사회에 처음 일회용 생리대가 등장했을 때에도 상황은 유사했다.
생리대 광고의 역사를 통해 보았듯이 위생과 편의성, 현대적 이미

지 등은 일회용 생리대 제조사라면 공통되게 중점적으로 강조한 부분이었다.

그러나 일회용 생리대가 강조하는 '초강력 흡수성'의 뒷면에 어떤 사실이 숨겨져 있는지, 일회용 생리대를 사용한다는 것이 어떤 부가적 영향을 불러오는 것을 의미하는지에 대해 일회용 생리대 제조사는 침묵으로 일관했다. 1995년 한국 P&G의 위스퍼 광고는 생리대에 파란색 액체를 부어 자사 생리대가 가진 엄청난 흡수력을 강조하고자 했다. 거의 모든 일회용 생리대 제조사들은 자사가 생산하는 생리대가 가진 흡수성을 강조한다.

일회용 생리대 제조사들이 생리대의 흡수율을 높이기 위해 생리대에 넣는 물질은 고분자 흡수체라고 알려져 있다. 이 물질은 아크릴산 중합체나 폴리비닐 알코올, 폴리아크릴산나트륨 따위를 혼합해 만든 각종 화학물질의 복합체다. 이 화학물질은 자기 부피의 수백 배에서 천배에 이르는 액체를 흡수하기 때문에 생리대뿐 아니라 각종 공업용 제품에도 사용된다. 문제는 이 물질을 많이 포함할수록 흡수력은 크지만 독성 물질을 더 많이 포함할 수 있다는 것이다. 생리대를 착용하는 시간이 길어질수록 생리대 안 화학물질이 피부 주위로 빠져나오는 양이 많아져 이 화학물질과 피부가 접촉할 가능성이 높아진다. 또한 화학물질이 질 내부로 들어갈 가능성도 있다. 이 화학성분이 질 속으로 들어가면 질 건조증이 생기기도 쉽고 생리혈과 접촉하면 역한 냄새를 만들어 내며 심지어 점막파열이 일어날 수 있다. 그런데 생리대 제조업체들은 이 성분의 비율을 영업 기밀이라고 주장하며 밝히지 않고 있고 그 때문에 일회용 생리대의 안전성을 검증하기는 어려운 상황이다. 그렇지만 이 화학물질을 사용하는 생리대에는 포장지에 고분자 흡수 시트 혹은 고흡수성 수지라고 표시되어 있는 경우가 많아 생리대 구입 때 반드시 참조를 하는 게 좋다.[154]

생리대를 깨끗한 것으로 보이기 위하여 하얗게 만드는 데 사용되는 형광증백제도 문제가 있다. 형광증백제를 넣지 않으면 생리대가 약간 누런색을 띤다고 한다. 때문에 형광증백제를 사용해야지만 광고에서 보여주고 싶은 이미지처럼 생리대가 새하얗게 되는 것이다. 고분자 흡수체와 마찬가지로 형광증백제 또한 생리대 착용시간이 길어질수록 피부에 묻는 양도 많아진다. 월경 기간 때마다 피부가 따갑고 쉽게 짓무른다면 사용하고 있는 일회용 생리대에 포함되어 있는 형광증백제를 의심해 봐야 한다. 한국여성민우회가 2000년 7백16명의 여성을 대상으로 조사한 결과에 따르면 10명 중 6명이 생리대 사용으로 인한 피부질환과 가려움증을 경험한다. 일회용 생리대에 포함되어 있는 냄새 제거제나 면제품이 아닌 표면을 생식기에 밀착되게 입는 것도 역시 해롭다.

질 내부로 삽입하는 탐폰은 더 많은 문제점들이 있다. 미국 질병통제센터는 1968년부터 1980년까지 탐폰에 의한 독성쇼크증후군 발생이 미국 내에서만도 8백13건이나 되었고, 서른여덟 명이나 목숨을 잃었다고 보고한 바 있다. 독성쇼크증후군은 몸속에 있는 포도상구균이 방출하는 독소로 말미암아 발생하는 급성 질환을 가리킨다. 삽입된 탐폰이 이 균의 증식을 돕는 역할을 하여 쇼크를 일으키는 것이다. 독성쇼크증후군의 초기 증상은 감기와 비슷하며 고열, 근육통, 설사, 발진, 점막 출혈, 어지럼증 등이 나타난다고 보고되고 있다. 이런 문제로 인해 2008년, 한국 식약청도 탐폰 일회 착용 시간이 최대 여덟 시간이 넘어서면 독성쇼크가 올 수도 있다며 주의 당부를 발표하기도 했다.

그런데 일회용 생리대의 상당수가 생리통과 자궁건조증, 피부병 등을 유발하는 물질을 포함하고 있다는 사실은 공공연하게 거론되지 않는다. 월경혈 냄새를 고약하게 만드는 원인도 월경혈 자체에 있기 보다는 생리대에 들어 있는 화학성분으로 인한 것이라는 사실도 공론화되지 않는다. 탐폰의 경우처럼 생명을 앗아가기도 하는 위험한 독성 물질이 착용 시 질 내부에서 만들어져 상당수의 여성들이 피해를 입어왔다는 사실도 특별한 기회가 되지 않으면 수면 위에 올라오지 않는다. 다른 일회용품들과 마찬가지로 사용한 일회용 생리대가 처치 곤란한 쓰레기로 차곡차곡 지구상에 쌓여가고 있다는 사실 또한 대부분의 여성들조차 일상생활에서 실감하지 못한 채 살아간다.

생리대 제조업체들이 이런 문제를 방기해 오는 동안 일회용 생리대가 가지고 있는 여러 가지 문제에 대해 월경인들이 자체적인 각성과 노력으로 대안 문화를 만들어 왔다. 이런 가운데 천으로 만든 면 생리대, 고무나무에서 추출한 원료로 만들어진 키퍼Keeper, 실리콘으로 만든 문컵, 식물성 원료로 만들어진 해면Sea Sponges 등 화학물질을 첨가하지 않은 대안생리대들이 재발견되어 주목받아 왔다. 한국에서는 2000년부터 이러한 대안생리대 논의가 시작되었다고 볼 수 있다. 다음은 면 생리대 복원 운동에 참여한 한 여성이

1999년에 한 일간지 신문에 기고한 글의 일부이다.

얼마 전 어머니는 광목천을 끊어오셨다. 일회용 생리대가 자극
적일 때가 있다는 내 말에, 집에서만이라도 면 생리대를 사용
해 보라는 거였다. 면 생리대는 부드럽고 깨끗하기도 하지만 정
말 좋은 점이 더 있다. (중략) 아침 일찍 일어나면 생리대를 하
얗게 빨면서 내 몸이 이것을 더럽히는 것이 아니라 그릇처럼
사용한다고 생각했다. 내 피를 받아 내가 물속으로 돌려보냈다
고. 그것은 일회용 생리대를 쓸 때는 한 번도 가져보지 못한 느
낌, 내가 당연히 가져야 했을 내 몸에 대한 자존감이었다.[155]

대안생리대가 활동을 많이 하는 이들에게는 다소 불편한 점이
없지 않기 때문에 활동하는 데 지장을 주지 않는 대안생리대가 나
와야 한다는 목소리도 있다. 그러나 그와 함께 일회용 생리대가 월
경과 월경하는 몸과의 관계를 어떤 식으로 인식하게 만드는지, 월
경하는 몸들이 살아가는 지구라는 환경과는 어떤 관계를 만들며
살아가게 하는지에 대해서도 많은 고민과 의식전환이 필요해 보
인다. 앞서 보았던 이소리 씨의 글에서처럼 한 번 쓰고 더럽혀졌다
고 생각해 멀찌감치 버려버리는 일회용 생리대와 달리 면 생리대
와 같은 대안생리대는 고분자 흡수체, 형광 증백제, 표백과정에서
발생하는 다이옥신 등 건강에 해로운 화학물질들과 결별하는 것
을 의미하기도 하지만 동시에 사용한 생리대를 세탁해서 다시 사
용하는 과정 자체가 월경혈과 월경, 그리고 월경하는 몸에 대해 근

본적으로 다른 시각을 갖게 해줄 수 있을 수도 있다. 그리고 월경과 월경하는 몸에 대한 시각이야말로 오랫동안 월경하는 사람들의 운신의 폭을 제한하고 통제해 온 장본인인 것이다.

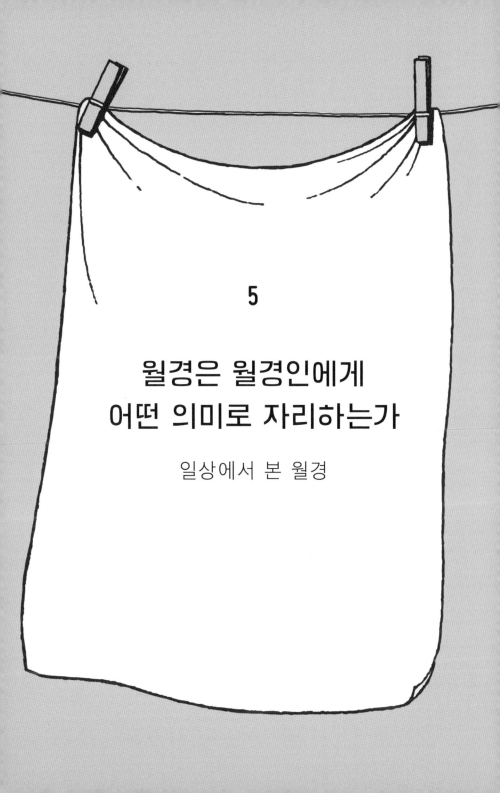

5

월경은 월경인에게
어떤 의미로 자리하는가

일상에서 본 월경

월경에 대한 개개인들의 인식과 이에 바탕을 둔 일상에서 월경을 대하는 태도와 방식은 단일하지 않으며 복잡하고 복합적이다. 앞에서 살펴보았듯이 시대마다 문화마다 월경을 보는 특정한 시각에 대한 개개인의 인식이 다를 수 있기 때문이다. 이러한 복잡한 인식의 지형을 비교 가능하게 살펴보기 위해서는 몇 가지 질문이 필요하다. 예를 들어, 월경이 자신에게 어떤 의미인지, 월경혈을 어떻게 보는지, 월경에 대해 현재 가지고 있는 생각과 태도가 부정적이든 긍정적이든 그것이 형성되는 데에 주요한 영향을 끼친 것들이 있다면 무엇인지, 그리고 폐경 (혹은 완경)을 어떻게 보는지 등의 질문들이 저자가 월경인들에게 질문한 장치들이다.

나에게 월경이란?

나에게 그것은 무엇보다 통증이다. 배와 허리가 아픈 것은 말할 것도 없고, 변비와 설사가 번갈아 진행되고 심할 때는 근육통, 호흡곤란, 신경쇠약 증상도 나타난다. 나는 달거리를 하나의 의식처럼 치른다. 정신없이 아픈 동안에는 잠깐 누워서 이런저런 생각을 한다. 그 자체가 하나의 커다란 상처처럼 느껴지는 내 몸에 대한 생각, 육체적 고통을 다스리는 법에 대한 생각, 다른 모든 아픈 사람들에 대한 생각, 통증이 나를 압도할 것 같을 때 그것을 견뎌내면 자아가 강화되는 느낌을 받는다. 가끔은 너무 아픈 무아지경 속에서 함께 아픈 여자들을 다 만나는 것 같기도 하다. (중략) 어떤 친구는 신경이 예민해져서 사람들과 괜히 다툰다고 했다. 그렇지만 날카로워진 감수성으로 평소에 보지 못하는 것을 본다고도 했다. 다른 친구는 보통 때에 의식하지 못하는 자기의 몸을 그때만큼은 주의 깊게 돌아본다고 했다. 생리혈과 함께 노폐물이 빠져나가 기분이 상쾌해진다는 친구도 있었는데, 그래서 이 친구는 생리 기간이 끝나면 새롭게 시작할 수 있는 에너지가 충전되는 것 같다고 했다.[156]

월경을 어떻게 보냐는 질문을 받으면 많은 이들은 대체로 '그냥 보통 다 하는 것'이라고 대답한다. 그러나 이 단순해 보이는 답변에는 복잡한 의미가 숨어 있다. 그리고 그 중 일부는 여성 몸에 대한 성 차별화된 시각일 수도 있고 심지어 혐오적 태도일 수도 있다. "자신에게 월경은 무엇이라고 보나요?"와 같은 질문이 이십 대 여대생들에게 주어졌을 때 주어진 대답들을 종합해보면 다음과 같은 대답이 나온다.[157]

월경은 은밀한 부위 혹은 질에서 매달 나오는 더러운 피로 된 분비물이며 난자가 수정되지 않았을 때 일어나는 생리현상이다. 월경은 성숙, 임신, 다산, 정상, 젊음, 건강 그리고 완전한 여성성(의 등장이자 지속됨)의 상징이다.

월경에 대한 이들의 공통된 인식은 위와 같은 대답 안에 잘 반영되어 있다. 여기에는 '은밀함, 질, 더러운 피, 분비물, 수정되지 않은, 생리현상, 성숙, 임신, 다산, 정상, 젊음, 건강, 그리고 완전한 여성성(의 등장이자 지속됨)' 등과 같이 주목할 만한 용어들이 등장한다. 물론 '새어나올까 봐, 통증이 심해서, 중요한 일을 그르치게 만들까 봐, 사실 귀찮고 짜증나고 불편한 일'이라는 대답도 있다. 그렇지만 이런 대답을 하는 이들조차 월경은 건강과 임신(가능) 여부를 알려주는 척도이기 때문에 중요하다고 답하고 있어서 위의 대답과 궁극적으로 거리가 멀지 않다.

그건 여자와 남자가 신체적으로 다르고 각각의 역할이 다르다는 것을 보여주는 표식이죠. 여자는 신체적으로 남자보다는 조금 더 제약을 받는다는 것을 받아들여야만 해요. 여자가 남자보다 열등하다는 것이 아니라 그저 다르다는 것을 말하는 거

예요. —25세, 연구보조원, 미혼

그건(초경은) 어떤 의미에서 큰 일이 아니었어요. 내 인생을 바꿔놓지 않았죠. 그걸 매달 하게 될 것이라는 걸 알고 있었어요. 그러나 와, 이제 나는 여자다 하고 느끼지는 않았죠. 나는 여자 형제들만 있고 그 기간이 시작되는 건 자연스러운 것이었어요. 동시에 나무를 타고 뛰어다니는 것 또한 자연스러운 것이었죠. 그 기간을 갖는 것은 그저 지나가야하는 것들 중 하나인 거죠. 그게 나를 별다른 사람으로 만드는 것은 아니었어요. 피를 없애기 위해 몸에서 일어나는 자연적인 과정이고 여자에게는 그게 그런 식으로 일어나는 것인 거죠. 단지 임신과 관련된 것만은 아닌 거죠. —38세, 저널리스트, 미혼

모든 여자가 겪어야만 하는 거죠. 선택의 여지가 없어요. 누가 당신한테 주는 그런 게 아녜요. 신이 주신 거죠. 따라서 받아들여야만 해요. —44세, 영업사원, 세 아이의 어머니, 이혼

월경은 삶 전체에 영향을 주죠. 분명한 건 임신할 수 있다는 거, 잉태할 수 있으므로 이제는 여자의 자격을 갖게 되었다는 거죠. 섹스에도 관련되어 있죠. 월경 자체는 건강 상태를 알려주는 매우 좋은 지침이기도 해요. 초경을 했을 때 나는 무척 기뻤죠. 마침내 내 순서가 되었다고 생각했죠. 나는 이제 성숙했다고 생각했어요. 숙녀에게 매우 은밀하고 친밀하며 중요한 것

인 거죠. 그런 생각을 가지고 자랐어요. 어렸을 때부터 그건 남
자와 여자의 주된 차이였죠. 여자는 임신을 하고 남자는 하지
못하니까요.
─45세, 개인사업, 미혼

고등학생인 한 여성은 월경이 성인기에 이르고 있다는 표식이
며 그런 면에서 아주 큰 의미를 갖는다고 말한다. 이 여성에게 성
인기에 이른다는 것은 종교(이 여성의 경우는 이슬람)적 관점에서 큰
의미를 갖는다. 이슬람에서는 어린 소녀가 초경이 시작됨과 동시
에 한 사람의 온전한 도덕적 개인이 되고 이로써 자신의 삶에서 하
게 되는 모든 행동에 스스로 책임을 져야하며 신과 종교에 대한
의무를 다해야 한다고 가르치기 때문이다. 부모도 더 이상 그녀가
저지른 죄나 종교적 의무를 다하지 못한 것에 대해 대신 책임져 줄
수 없게 되는 것이다.

명랑하고 활동적인 성격의 십일세의 한 소녀는 어머니, 이모,
언니들 등 여성들만 있는 한부모 가정의 막내다. 소녀의 어머니는
작은 규모의 개인사업을 하고 세 명의 언니들은 학업 중이거나 외
국에서 직장을 다니고 있다. 이런 환경에서 살고 있는 이 소녀에게
는 여자로 사는 것에 관련된 모든 것은 어느 것도 예외적인 것이거
나 부가적인 것이 아니라 일종의 규범이다. 월경도 마찬가지이다.
이 소녀에게 월경은 매우 중요한 단계로 인식되고 있는데 소녀에게
초경을 하는 것은 자신의 어머니나 언니들과 같은 어른이 되는 것
이기 때문이다. 이 소녀는 월경할 날을, 그리하여 어머니와 언니들
과 같은 어른이 될 날을 기다리고 있다. 이 소녀와 마찬가지로 여

자 형제들로만 이뤄진 가정에서 성장한 삼십팔세의 한 여성이 소녀와 유사한 생각을 가지고 있는 것은 우연은 아니다.

월경은 더러운가?

여성들이 월경에 관해 일상적으로 무엇에 가장 신경을 쓰는가는 시대마다, 문화마다 다르다. 2014년에 한국에서 진행한 한 소규모 설문조사를 보면 월경하는 사람들이 월경에 대해 가장 우려하는 것은 생리통과 생리주기인 것으로 나타났지만 2003년 말레이시아에서 진행했던 설문조사를 보면 위생 문제를 가장 신경 쓰고 그 다음이 월경 양, 월경기간 등의 순으로 나타났다. 흥미로운 것은 월경이 무엇이라고 생각하는지, 어떤 것에 가장 신경을 쓰는지는 다르게 나타났지만 월경혈에 대한 인식은 유사하다는 것이다. 월경혈은 더럽다.

2003년 말레이시아 설문조사 내용(표3)과 2014년 한국 설문조사 내용(표4)은 설문조사 응답자 수가 절대적으로 적기 때문에 정확도를 논하기는 힘들지만 경향성은 충분히 살펴볼 수 있다. 그리고 설문조사 시기와 조사 참여자 수를 고려할 때 절대 비교를 하기는 어렵지만 경향 비교는 가능하다. 전체적으로 '더럽다'고 생각하는 경향이 강하다는 것을 알 수 있다. 한국 설문조사에서 '0'점에 답변을 한 참여자들이 그 이유에 대해 상세한 설명을 하지 않거나 아예 무응답을 했기 때문에 응답 자체의 신뢰성을 확신할 수

〈표3〉 월경혈이 어느 정도 더럽다고 생각하는가?　　(2003년, 말레이시아 설문조사)

정도	0	1	2	3	4	5	6	7	8	9	10	총원
인원	1	0	0	0	0	1	5	2	6	1	34	50명

〈표4〉 월경혈이 어느 정도 더럽다고 생각하는가?　　(2014년, 한국 설문조사)[158]

정도	0	1	2	3	4	5	6	7	8	9	10	총원
인원	6	0	1	3	0	6	2	2	2	0	2	27명

없는 것과 달리 '5점 이상'을 준 응답자들은 그 이유 또한 상세히 적고 있어 응답의 신뢰성이 높아 보인다. 이를 근거로 볼 때, 양국의 이십 대 여성들은 공통되게 월경혈이 '더럽다'고 느낀다고 할 수 있다.

　그렇다면 월경혈이 왜 더럽다고 생각할까? 이 질문에 대한 답변은 다양하다. 십오세의 한 여고생은 월경혈이 더럽게 느껴지는 이유가 '메타볼리즘'[159]이라는 게 있어서 '몸이 더 이상 원하지 않는' 것을 내보내는 분비물이기 때문이라고 말한다. 그리고 이십세의 한 여대생은 월경혈이 순수한 피가 아니라 '다른 것들과 섞여 있는 피'이기 때문에 더럽게 느껴지며 '덩이'가 발견되는 것을 보면 알 수 있다고 했다. 월경혈은 정상적인 피가 아니고 오염된 피라는 것이다. 이런 생각은 다른 응답자에게서도 들을 수 있었다.

　　몸 위쪽에서 나오는 피는 깨끗해요. 아래쪽을 보면, 대변이나 소변, 그런 이미 더러운 것들이잖아요. 월경혈도 원하지 않는

거, 필요하지 않아서 없애려고 순환되어 나오는 거죠. 그러니
당연히 더럽죠. (월경 중에는) 이거는 만지면 안 되고 이런저런
(종교) 의식은 참여하지 말아야 되고. 그런 제약을 처음 들었을
때 이미 우리가 깨끗하지 않다는 생각을 갖게 됐어요.

—28세, 고등학교 교사, 미혼

부모님이 말하길 인도인들은 보통 이걸(월경을) 금기로 여긴데
요. 그래서 학교에도 보내지 않죠. 집에만 있게 하죠(대체로 일
주일정도).　　　　　　　　　—40세, 민간기업 관리직, 미혼

그 피는 가끔 보면 아주 검어요. 으, 정말 더럽죠! 그냥 붉은 피
는 괜찮아요. 그렇지만 그렇게 검은 건 박테리아도 아주 많을
거예요. 냄새요? 아뇨, 절대요. 냄새는 맡아보려고 시도도 하고
싶지 않아요. 속이 뒤집힐 것 같아요.

—44세, 영업사원, 세 아이의 어머니, 이혼

2003년과 2014년에 각각 실시한 설문조사 결과를 보면 한국
응답자들은 '뭉친 혹은 덩어리진 상태, 진득한 점성 상태로 나와
서', '냄새가 나서', '불순물이 섞여 나오는 피, 나쁜 피라서', '대소변
나오는 위치에서 나오는 피라서' 등의 답변이 나왔다. 다민족, 다
문화 사회인 말레이시아 응답자들이 가장 많이 한 답변은 월경혈
이 주기적으로 몸에서 나오는 불순한 분비물이며 더 이상 몸에 필
요하지 않기 때문에 몸 안에서 빼내 없애야 하는 것이기 때문이라

는 것이다. 이 답변은 한국 응답자들의 답변 중에서도 찾아볼 수 있다. 또한 월경혈이 냄새가 나기 때문이라거나 '은밀한 부위', '더러운 부위', '질'에서부터 흘러나오기 때문이라는 대답도 있는데 이 대답도 공통된 것이다. 물론 월경혈의 색깔이나 월경 덩이 같은 모양 때문이라는 것도 역시 공통되게 나왔다. 이밖에 '피'이기 때문에 '혐오스럽고', '추해' 보이기 때문이라는 대답도 있고 '그냥 더럽다'는 대답도 있다. 말레이시아 응답자들의 답변이 한국 응답자들의 답변과 다른 것이 있다면 종교적인 이유로 월경혈을 더럽다고 보는 것이다. 예를 들어, 말레이시아 응답자들은 '여성은 월경 중에 기도가 허용되지 않기 때문'에 혹은 '이슬람에서 월경은 대변과 같은 범주의 것이고 대변은 오염시키는 것 혹은 더러운 것이라 간주되는 나지스najis'이기 때문에 더럽다는 것이다. 무슬림들은 기도 전에, 종교 의례에 참여하기 전에, 《코란》을 만지기 전에 '나지스'한 것에서 거리를 두어야 하며 이를 위해 손발을 씻는 등의 정화의식을 거친다.

월경혈이 더럽다고 생각하는 인식이 이후 바뀔 수도 있다. 예를 들어, 월경혈을 더럽게 생각했던 사람도 월경을 임신과 연관

〈표5〉 월경혈이 더럽다고 생각하는 이유

이유	주기적 배설물	냄새	더럽고/은밀한 부위 혹은 질에서 나와서	색깔	피 모양새	사람들이 더럽다고 해서	기타	무답	총원
인원	191	15	11	4	7	3	8	16	77명

(2003년, 말레이시아 설문조사와 2014년 한국 설문조사 종합)

시켜 생각하게 될 때 아무리 그것을 '몸의 아랫부분에서부터 나오는 배설물'이라고 여겨서 더럽다고 생각했었다고 해도 변하기도 하는 것이다.

> 좀 재밌죠. 한때는 그걸 더럽다고 말하고 또 다른 때는, 우리가 과학 공부를 하잖아요, 그때는 이게 되게 중요하다고 말하는 거죠, 아이가 이 피를 먹는 거니까, 안 그러면 절대 자라지 못하니까요. 그것 때문에 나는 그 피가 매우 더럽다고 생각하지는 않아요.　　　　　　　　　　　　　　　　　　—45세, 개인사업, 미혼

이처럼 임신은 월경혈에 주어지는 불결한 이미지를 씻어냄으로써 월경을 보는 시각에서 중요한 측면을 차지한다. 한 여성은 아이를 낳기 전과 후에 일어난 그같은 변화를 다음과 같이 말하고 있다.

> 깨끗하지 않은 게 아니죠. 매일 몸속에서 흐르는 피와 똑같은 게 수정 안 된 난자들을 씻어내서 나오는 것 뿐이죠. 한때 지금보다 어렸을 때 '그 기간일 때는 절에 갈 수 없다, 종교적인 걸 하면 안 된다, 월경 중에는 기도해서는 안 된다'고 들었었죠. 물론 나는 이게(월경) 무척 더러운 것임에 틀림없다고, 혐오스러운 것임에 틀림없다고, 그러니 이것저것을 하지 못하게 하는 거라고 생각했죠.　　　　　　　—30세, 대학강사, 한 아이의 어머니, 기혼

월경혈이 실제로 위생적인 면에서 더러운지 아닌지에 대한 과학적인 검증이 시도된 경우는 아직 없는 것 같다. 그럼에도 월경혈이 더럽다는 생각은 만연해 있고 월경혈에 대한 그와 같은 인식은 대체로 신체 부위, 월경혈의 모양, 냄새, 색깔 등에 기반을 두고 있거나 종교적인 시각에 기인하고 있다. 월경혈에 대한 이러한 인식들은 다시 월경 중인 여성이 기도나 예배 참여 등 종교 활동에 참여하지 못하도록 하는 종교적 제약을 뒷받침하는 증거로 동원된다.

월경혈이 더럽다는 인식과 관련하여 흥미로운 것은 왜 월경혈은 임신과 관련되었다고 생각될 때만이 더럽지 않은 것, 심지어 더러운 것과는 정반대에 있는 것처럼 극단적으로 인식이 급변하게 되는가 하는 것이다. 이것은 여성 혹은 여성의 몸이란 결국 오로지 생식과 연관되어질 때만이 유일하게 긍정적이고 가치 있는 것으로 평가될 수 있다는 결론으로 이어질 수밖에 없는 또 다른 증거인 것은 아닐까?

월경해서 창피하다?

일회용 생리대를 쓴 뒤에 나는 그것을 창피하니까 안 보이게 꼭 꼭 싸서 더러우니까 쓰레기통에 버리고 얼른 돌아서곤 했다.[160]

여성들이, 특히 남성들이 주변에 있을 때는 월경에 대해 공공연하게 말하는 것을 창피하게 느낀다. 이를 부정하기 힘들다. 왜 창피함을 느끼는 것일까? 우선 월경혈이 더럽다는 인식이 있기 때문이고 또한 월경혈이 질에서 흘러나오기 때문인 것으로 보인다. 질은 일반적으로 친밀함, 성적 행위에 관계되는 여성의 은밀한 신체 부위라고 간주된다. 말레이시아어에서는 질 혹은 여성의 생식기를 가리키는 말로 꺼말루안kemaluan, 즉 '창피한 것'이라는 말을 사용하기도 한다. 이런 까닭에 대다수의 여성들은 월경 중이라는 사실을 감추기 위해 일상적으로 엄청난 노력을 기울인다.

이 같은 태도는 어린 소녀가 첫 월경을 시작하면서 각인되기 시작한다. 소녀는 주위 어른들로부터 '월경 중이라는 걸 다른 사람들이 모르게 해야지', '제대로 앉아야 해', '밖에 나가지 마라', '행동거지를 잘 해야 한다', '남자아이들과 어울리지 마라' 등과 같은 말을 듣기 시작하면서 첫 월경을 겪게 된다. 그리고 살아가면서 평소보다 더 많은 제약들이 가해진다는 것을 알아가게 된다.

그 경험들은 여성의 심리에 월경을 감추고 그것에 대해 창피한 감정을 차곡차곡 구축시킨다. 말루malu, 즉 '창피함'은 특히, 월경혈이 옷감 밖으로 스며 나오거나 옷에 월경 얼룩이 묻는 등의 상황에서 겪게 되는 경험을 통해 강화되고 극대화된다. 한 젊은 여성은 그와 같은 일을 겪을 때의 기분을 '마치 사람들 앞에서 오줌을 누는 듯'한 창피함이라고 말했다.

대다수의 여성들은 이런 분위기에서 그리고 월경에 대한 적절한 선지식이 충분히 없는 상태로 첫 월경을 겪게 된다. 이런 상태가 월경에 대해 부끄러워하는 감정을 보편적으로 만드는 데에 일조한다고 해도 과언은 아닐 것이다. 사회복지사로 일하는 삼십세 여성의 이야기는 이런 예를 잘 보여준다. 이 여성은 십 대 소녀들을 위한 쉼터에서 일하고 있다. 이 여성은 자신의 어린 시절에 비해 요즘은 월경과 같은 사안들에 대한 사회적 분위기가 공개적이고 긍정적이라고 생각하는데 정작 소녀들은 여전히 매우 부끄러워들 한다며 놀라워했다.

> 여자애들은 가끔 무척 부끄러워해요. 저한테 생리대를 달라고 할 때도 굉장히 걱정을 하죠. "생리대 필요해?"라고 물으면 "언니, 아녜요."라고 하죠. 몇몇은 특히 더 부끄러워하는데 개 중 몇몇은 직접 말을 꺼낼 만큼은 용감해요. 어떤 애들은 또 숨어서 생리대 얻으러 대신 친구를 보내죠. 가끔은 속옷에 피를 묻혀서 빨기도 하는데 그 빨래 빨러 세탁비누 얻으러 오는 것조차 부끄러워하는 애들도 있어요. —30세, 사회복지사, 미혼

대다수의 여성들은 월경혈이 다른 사람들에게 보이거나 새지 않도록 일상생활에서 최선을 다한다. 그러나 그처럼 갖은 노력을 기울여도 그런 일은 살면서 한 번쯤은 꼭 일어나기 마련이다. 다음은 그런 경험에 대한 여성들의 다양한 경험담이다.

> 월경 얼룩은 정말 창피하죠. 가능한 빨리 씻어 없애버려야 해요. 그때 제가 5학년이었어요. 집에 갈 때는 항상 학교 승합차를 타고 갔는데요. 친구한테 부탁했죠. 기사 아저씨한테 오늘은 학교에 좀 더 남을 거라고 얘기 좀 해달라고. 그리고 재빨리

부모님에게 데리러 오라고 전화를 했어요. 기분이 너무 나빴죠. 선 채로 부모님 오실 때까지 기다렸어요. (교복에 묻을까봐) 앉을 수조차 없었어요. —28세, 영업 사원, 기혼

난 그것(창피함)이 말레이시아어로 하면 다라 꼬또darah kotor, '더러운 피'라 불리는 것과 관련이 있다고 생각해요. 그 기간이 오면 우린 금식도 안하고 기도도 안하죠. 친구하고나 이야기하지 세상 전체와 공유할 필요 없는 개인적인 사안인데 말이죠. 내 친구가 남자라 하더라도 난 기쁘게 얘기할 거예요. 그러나 내가 모르는 남자에게는 말 안 하겠죠. —38세, 저널리스트, 미혼

우린 좀 어렸죠. 그저 열세 살 아니면 열네 살, 여자 선생님들한테 그런 질문을 하기가 너무 창피했어요. 내 생각에 그게 문화인 것 같아요, 아시아 문화죠. 아시아 문화는 보다 전통적이잖아요. 그런 건 이야기하거나 논의할 게 아닌 거죠. 솔직히 그건 남자들과 이야기할 만한 사안은 아니라고 생각해요. 모든 것에는 적절한 때가 있는 거죠. 내 생각에 말레이시아 사람들은 모든 것에 대해 이야기하지 않는다는 가치관을 가지고 있죠. 어떤 것은 그냥 사적인 것으로 남겨져야 해요. 정말 깊은(절친한) 친구에게 물어보고 싶다면 그건 괜찮겠죠. 그렇지만 일반적으로 그게 공개적으로 이야기할 수 있는 사안은 아니라고 생각해요. 숙녀라면 이야기하지 말아야 할 것들이 있죠. 섹스나 월경 같은 거 말이죠. —25세, 연구보조원, 미혼

그건 소녀들, 여자들의 문제죠. 남자들은 그걸 알아서는 안 되죠. 남자들이 주위에 있다면 그건 좀 웃겨요. 첫 월경을 했을 때 어머니에게 말씀드렸죠. 어머니는 별말씀이 없었어요. 그때 우리는 (허리에 묶는) 줄이 달려있고 (잠그기 위한) 후크가 있는 그걸 쓰고 있었죠. 어머니가 말씀하셨죠. "사람들이 그 줄 보지 않게 단단히 해라. 넘쳐흘러서 옷 버리지 않게 똑바로 잘 앉아야 해." 내가 받았던 인상은 이게 매우 사적인 거고 매우 수치스러운 거구나 하는 거였어요. 어느 정도는 우리가 월경혈에 더럽다는 이름을 붙이고 있는 거죠. 사람들은 우리가 더러운 피로 자리를 얼룩지게 만드는 걸 좋아하지 않는 거죠. 더럽고, 불쾌한 거라 여기니까요. —45세, 개인사업, 미혼

드러내놓고 이야기하지는 않지만 암암리에 이런 생각들이 만연해 있기 때문에 월경은 심지어 남자 가족들에게도 말하기 불편한 문제인 경우가 많다. 한 여성은 자신이 초경을 했을 때 어머니가 싱가폴에서 일하느라 함께 살고 있지 않았기 때문에 아버지에게 이것저것을 물어볼 수밖에 없었는데 그것이 유쾌한 경험은 아니었다고 말한다.

아버지에게 어떻게 말할지 몰랐어요. 아버지한테 말하는 게 너무 불편했죠. 좀 부끄럽기도 했어요. 아버지한테 정말 말한 것도 아니었죠. 그냥 "어… 나도 그때가 됐어요"라고 말했어요. 아버지는 그 말이 무슨 뜻인지 알아차리셨고 어머니한테 전화를

거셨죠.

이처럼 여성들은 자신이 월경 중이라는 것을 남자가 알게 되는 것을 가장 불편해하는 것으로 보인다. 한 여성은 월경을 하기 시작하자 처음에는 '성장한' 스스로가 대견하게 느껴졌고 자신이 특별한 지위를 갖는다고 느꼈지만 그런 자긍심만 느낄 수는 없었다고 말한다. 다음은 여러 여성들이 전하는 남자들이 자신이 월경을 한다는 것을 알게 되었을 때 느꼈던 경험담이다.

그건 자랑스러운 순간이었는데 왜냐하면 《코란》을 읽을 필요가 없었기 때문이었죠. 우리 반에서 내가 가장 나이가 많았어요. 사촌 남자애가 우연히 그걸 알았을 때 난 부끄러웠죠. 나는 그게 어떻게 나오는 건지 알고 있었고 사촌 남자애도 혹시 그걸 알고 있을까봐 창피했어요. 지금은 친구인 남자들에게 말할 수 있어요. 괜찮아요.
―25세, 대학생, 미혼

(초경 후) 사람들이 내게 다가와 묻기 시작했죠. "세상에, 너 했니? 어땠어? 어떻게 나와?" 좀 웃겼지만 동시에 무섭고 창피하기도 했어요. 한 번은 종교 선생님이 남자애들 앞에서 물었어요. 남자애들 몇몇의 표정이 '세상에, 쟤 그거 하나봐"하는 것 같았죠. 여자애들이 있을 때는 창피하지 않았어요. 남자애들하고는, 남자애들이 생리대를 보면, 곧바로 그걸 기저귀라고 생각하죠. 기저귀를 생각하면, 생식기 부위를 생각하죠. 생식기 부

위를 생각하면, 섹스를 생각하죠. 그 모든 게 너무 창피한 거예요. 마치 발가벗고 있는 것 같은 기분이 들죠. 모든 남자애들이 마치 '그 안에 든 게 뭔지 난 알아'하는 것만 같은 거죠.

—18세, 고등학생, 미혼

친구들 중 한 명이 (월경이) 온 거예요. 그 앤 그걸 모르고 있었죠. 그래서 치마에 얼룩이 묻은 거예요. 굉장히 큰 얼룩이었죠. 그때 남자 선생님이 계셨는데 그래서 굉장히 창피했죠. 하루는 내 친구가, 남자애가, 제 옆에 앉았어요. 내 가방을 열고서는 "기저귀를 왜 가지고 다니냐?" 했죠. 내가 막 웃으면서 "이건 여자애들은 다 하는 거야. 여자애들이 쓰는 기저귀야. 너도 해볼래?" 했죠. 그렇지만 저도 금기 같다는 느낌과 부끄러움을 아직 극복하지는 못했어요. 남자애들이 월경에 대해 물어오면 부끄러워하지는 않을 것 같아요. 그렇지만 피가 삐져나와서 걔네들이 내가 월경 중인 걸 알게 되면, 그땐 부끄러워질 것 같아요.

—16세, 고등학생, 미혼

이 여성들의 이야기는 월경하는 여성들이 남자들이 있는 자리에서 월경에 대해 이야기하는 것을 불편하게 만드는 가장 큰 이유가 바로 월경이 성적인 측면과 연루되어 있기 때문이라는 것을 알수 있게 해준다. 회계사인 삼십삼세의 한 미혼 여성은 십사세에 초경을 겪었는데 그때 생식기에서 피가 나는 것을 보고 매우 무서웠었다고 한다. 당시 이 여성은 월경이 무엇인지 정확히 알지 못하고 있던 상태였다. 이 여성의 어머니는 당시 임신 중이었는데 어떤 이유에서였는지 어린 딸에게 직접 생리대를 사서 오라고 했다. 어린 소녀는 자주 어머니 심부름으로 생리대를 사러 가던 가게에 자신이 쓸 생리대를 사러 갔는데 소녀의 어머니가 임신 중인 것을 알고 있었던 가게 종업원은 소녀에게 어머니가 이미 출산을 했느냐고 물었다. 소녀는 그 생리대를 자신이 사용할 거라는 말을 종업원에게 해야 하는 것이 너무나 창피했다고 한다. 사십사세의 한 여성도 유사한 이야기를 들려준다. 초경이 왔을 때 너무나 부끄러운 나머지 어머니에게 조차 그 사실을 말하지 못했다는 것이다. 어머니에게 알리고 종교 의식에 따라 일주일 동안 학교를 쉬어야 하는 것인지도 물어봐야 하는데 차마 말을 꺼내지 못했던 이 여성은 결국 직접 이야기하는 대신 어머니가 볼 수 있도록 월경혈이 묻어 있는 자신의 속옷을 침대 위에 펼쳐두었다고 한다. 언니가 그것을 발견하고 어머니에게 알려주었다고 회고했다.

언뜻 보면 젊고 결혼하지 않은 여성일수록 나이가 많고 결혼한 여성들에 비해 월경에 대해 창피함을 느끼는 경향이 높아 보인다. 그러나 이런 심리적 태도는 월경을 오래 해 월경력이 쌓인 노인 여성이라고 해서 반드시 달라지는 것은 아니다. 칠십육세의 한 노인 여성은 월경에 대한 이야기를 시작하기 전에 자신의 딸을 시켜 집밖으로 향하는 모든 창문과 문을 닫게 하고 우리가 앉아 이야기를 하고 있던 거실 창문까지도 꼭꼭 닫게 했다. 당연히 월경에 대해 이야기하는 것을 아무도 듣지 못하게 하기 위해서였다. 칠십 대의 또 다른 한 노인 여성은 월경이라는 말을 꺼내기가 무섭게 등을 돌리고 다른 방으로 가버리기도 했다. 이 여성은 이후에도 두 번 다시는 그 이야기를 꺼내고 싶어 하지 않았다. 그럼에도 결혼한 여성들이 젊고 결혼하지 않은 여성들에 비해 월경에 대해서 더 편안하게 이야기할 수 있는 것은 무엇보다 월경이 여성의 섹슈얼리티와 매우 밀접하게 인식되고 있다는 것을 확인시켜준다. 이에 대해 인도의 월경문화를 연구한 레슬리는 다음과 같이 설명하고 있다.

> 월경은 여성의 섹슈얼리티와 함께 여성의 심리에 깊은 수치심을 만들어 남자들로부터 자신의 몸을 가리고 성적으로 적극적인 여성에 대한 남자들의 반응이라고 인식되는 성폭력에 대한 끊임없는 두려움을 가리기 위해 옷을 입도록 강제한다.[161]

육십삼세의 한 전업주부 여성의 이야기는 이런 레슬리의 설명을 뒷받침한다. 이 여성은 "나는 늙었으니까 월경에 대해 이야기하는 게 아무렇지 않지"라고 말하고 있는데 이는 이미 폐경한 나이 든 여성은 더 이상 생식력을 가지지 않고 따라서 더 이상 성적 존재가 아니라고 간주되기 때문에, 그리하여 더 이상 여자가 아니라고 여겨지며 더 이상 여자가 아니기 때문에 월경과 같은 사안에 대해서도 편하게 이야기해도 된다고 생각하는 것이다.

대부분의 주요 종교와 이들 종교와 가치관을 공유하는 담론에 따르면 여성은 선천적으로 성적인 존재로 타고난다. 또한, '좋은' 여성이 되기 위해서는 절대 성적인 존재가 되어서는 안 된다. 여성은 성적인 존재로 태어났지만 성적인 존재로 살아서는 안 된다는 모순된 관념을 많은 여성들은 어렸을 때부터 주변에서, 각종 미디어 등을 통해 자연스럽게 접하게 된다. 여성의 섹슈얼리티에 대한 이러한 모순된 태도는 월경에 대해서도 여성들 스스로조차 모호한 태도를 가질 수밖에 없도록 만들어 왔다.

여성의 섹슈얼리티에 대한 지배적인 사회적 인식과 이에 영향을 받을 수밖에 없는 여성들 자신의 여성 섹슈얼리티에 대한 인식과 태도는 월경에 대해서도 창피함을 느끼도록 만든다. 이런 상황은 교사인 이십팔세의 한 여성의 경우처럼 심지어 여자 친구들과도 월경에 대해 이야기하는 것을 불편하게 느끼도록 만들기도 한다. 이 여성은 종종 여자 친구들과 월경에 대해 이야기하지만 그것도 오직 그 친구들이 자신을 충분히 존중해 준다는 확신이 있을 때만 그렇게 한다고 했다. 심지어 그런 때조차도 자신의 '개인적인' 월경 경험에 대해 이야기하는 것은 마음 편하지 않은 일이라고 말했다.

월경에 대해 불편한 마음을 갖는 이유가 지금까지 이야기한 것이 다는 아니다. 예를 들어, 어린 소녀가 '여성이 될' 마음의 준비가 되지 않았거나 그렇게 되고 싶지 않은 상황에서 초경이 시작되고 이로써 여성이 '되라'는 사회적 요구에 직면하게 될 때, 이로써 자신의 삶이 월경으로 인해 간섭받는 것처럼 느끼게 될 때, 월경과 생식의 연관성이 너무나 강력하게 사회적으로 또 문화적으로 구축되어 있고 생식과의 연관성으로 인해 이성애가 필수적인 규범이 되어 강제된다고 느끼는데 이런 상황이 본인으로서는 견디기 어렵도록 불편할 때 등 초경으로 시작되는 월경은 처음부터 환영할 수 없는 행사가 될 수도 있는 것이다. 여자가 된다는 자체가 상상할 수 없이 부끄럽고 받아들이기 어려운 일일 수도 있기 때문이다.

월경 말고 다른 말?

대다수의 여성들은 이런 상황 안에서 매달 월경을 하고 따라서 부득이하게 월경에 대해 말해야만 할 때가 있다. 이 경우 많은 여성들은 월경이라는 말보다는 다른 완곡어를 쓰려는 경향을 보인다. 월경은 공공장소에서 공개적으로 드러내 이야기하기에는 불편한 주제이고 심지어 가족들 사이에서도 공공연히 이야기하는 경우가 흔하지 않기 때문에 더욱 그러하다.

　언어는 인간 사회에서 무엇을 인식하고 그것에 대해 다른 이와 소통할 수 있게 해주는 중요한 상징체계이다. 인간은 언어를 통해 자기 밖의 세계에 대한 개념을 만들어 내고 그것들이 자신에게 의미를 가지도록 질서를 부여한다. 이런 맥락에서 월경이 실제로 일상생활에서 어떻게 불리어지고 또 그것에 깔려있는 논리가 무엇인지를 살펴보는 것은 그 사회의 월경 문화를 이해하는 데에 중요하다. 특히 말레이시아와 같이 선주민, 말레이, 화교계, 타밀계 등 다양한 인종과 문화가 공존하고 공적이든 사적이든 일상생활에서 사용하는 언어 또한 말레이시아어, 영어, 중국어, 힌두어 등 다양한 사회에서는 월경을 부르는 말이 더 다양할 수 밖에 없다. 이 경우에는 문화와 언어, 정치의 문제까지 중첩되어 있어서 더욱 흥미로운 사안이다.

　우선 한국 사회에서 월경 대신 쓰이는 용어들에는 '그날, 생리, 달거리, 멘스, 반상회, 대자연, 마법, 매직' 등이 있다. 'ㅅㄹ'와 같이 줄임소리로 쓰이는 경우도 있고 '앙리', '끝' 등과 같이 아는 사람들 사이에서만 알 수 있을 코드code어들도 있다. 말레이시아와 같은 다언어 사회에서 가장 흔하게 사용되는 용어는 피리어드period, 즉 '기간'이라는 뜻의 영어다. 모국어가 아닌 외국어로 월경을 칭하면 그것을 자기 자신에 대한 이야기가 아니라 자신과는 무관한 것에 대해 이야기하는 듯한 일종의 미적 거리를 확보할 수 있기 때문이다. 피리어드와 같은 외국어는 직접적인 모국어로 말할 때 보다 문화적 함의를 덜 포함하고 있는 것이다. 피리어드는 원래가 '마침표' 혹은 '기간' 등 다양한 의미를 가지는 용어이기 때문에 편하게 동원할 수 있는 단어이면서도 동시에 특정한 맥락 안에서는 월경을 가리키는 데에 쓰이기 때문에 가장 선호되는 용어인 것으로 보인다. 다음과 같은 응답자의 말은 이를 잘 설명한다.

'DM이 왔어', 'M하고 있어'(라고 하죠). 좀 더 좋게 들리는 말로 바꿔 말하는 거죠. 내가 'DM이 왔어'라고 하면 사람들은 그게 뭔지 모르잖아요. DM이 뭐지? 할 거 아녜요. 그러니까 누구한테 내가 말하고 있느냐에 달려 있는 거죠. 멘스트루에이션 같은 그런 말은 싫어요. 너무 길고 너무 노골적이에요. 말레이시아어로 들으면 더 창피하고 손가락이 오그라들어요.

—18세, 고등학생

기간과 함께 각각의 언어에서 자주 사용되는 용어들도 있다. 말레이시아 무슬림 여성들은 영어로 혹은 말레이시아어로 '휴일' 혹은 '공휴일'이라는 용어를 자주 쓴다. 왜냐하면 월경 중에는 기도 등 여러 가지 종교적 행위가 금지되기 때문에 월경 기간은 매일 여러 번의 기도를 일상적으로 행해야 하는 종교적 의무에서 벗어날 수 있는 기간, 즉 휴일로 여겨지는 것이다. 타밀어를 사용하는 타밀계 말레이시아 여성들은 타밀어를 사용할 때도 '피리어드'를 선호한다. 그리고 드물기는 하지만 팜나무 농장이나 고무나무 농장이 많은 말레이시아 농촌 지역에서는 타밀어로 '브에 띠꺼 두람', 즉 '집에서 떨어져 지낸다'라는 말이 여전히 쓰이기도 한다고 한다.[162] '기간', '휴일(또는 공휴일)', '좋은 친구' 외에도 〈표 6〉에서 보듯이 말레이시아와 같은 다언어 사회에서는 월경을 가리키는 매우 다양한 완곡어들이 만들어져 사용되고 있음을 알 수 있다.

어떤 여성들은 이런 여러 말들을 말하는 대상이 누구냐에 따라 다르게 사용한다. 삼십삼세의 한 미혼 여성은 월경에 대해 어머니와 이야기 나눌 필요가 있을 때는 '왔어요'라고 말하고 친구들과 이야기할 때는 피리어드를 사용한다. 또한 이런 여러 말들이 이미 있어도 굳이 몇몇 친구들 사이에서만 아는 비밀어, 즉 코드어를 만들어 사용하는 경우도 있다. 한 고등학생은 'kakapi(까까피)'라는 용어를 사용한다고 하는데 이 말이 월경을 가리킨다는 사실은 물론 그 말을 함께 만들어 쓰는 해당 무리에 속한 이들만이 알 수 있다. 용어 사용에 있어서 흥미로운 점은 연령대가 낮을수록 월경을 직접적으로 가리키는 용어를 덜 사용하는 경향이 있다는 것이다.

〈표6〉 월경을 가리킬 때 쓰이는 범주별 용어들: 말레이시아 사례[163]

기간 중심 (공식)	멘스mense(말레이계, 타밀계), 하이드haid(월경)(말레이계, 타밀계), 멘스트루에이션menstruation(타밀계), 유에찡(월경)(중화계), 이이꾼(월경)(중화계-켄터니스), 꾸에껑(월경)(중화계-호끼엔), 수우껑(월경)(중화계-켄터니스), 구이껑(월경)(중화계-도쭈), 찡치(월경)(중화계)
기간 중심 (비공식)	내 달거리가 왔다my monthly came(공통), 다땅 불란datang bulan(그 달이 왔다)(말레이계), 피리어드period(말레이계, 중화계, 타밀계), 피웃peot(말레이계-컬란딴), 매달 그때that time of month(말레이계), 레이 라(왔다)(중화계), 하오 평요우 라이 라오(친한 친구가 왔다)(중화계), good friend has arrived(친한 친구가 도착했다)(중화계), AV(anti visits, 아줌마가 왔다)(중화계), 안티 라이 리아오(아줌마 방문했다)(중화계), relative visits(친척 방문)(중화계), 유에서(월사)(중화계), 마떼 미다ma the mida(매달이 왔다)(타밀계), 무술레깐란텐씨mussule ka lan ten si(매달)(타밀계)
감정 중심	불란 멍암방bulan mengambang(보름달)(말레이계), 우주르uzur(몸이 좋지 않다), 사낏sakit(아프다)(말레이계), MCmedical certificate(중화계)
시각 중심	번데라 메라bendera merah(붉은 깃발)(말레이계), 번데라 저뿐bendera jepun(일본기)(말레이계), red light(빨간등)(말레이계), holiday/public holiday(휴일/공휴일)(말레이계), 시랍(시럽)(말레이계), 아낙 다라anak darah(피흘리는 아이)(말레이계) 보쵸bocor(새어나옴)(말레이계), 다땅 빠까이datang pakai(입을 때가 왔다)(말레이계), 홍 또우 수에(팥물)(중화계), 붉은 거 도착the arrival of the red(중화계), 일등 수상won the first prize(중화계), the blood(그 피)(타밀계)
종교 관련	딱 버씨tak bersih(깨끗하지 않음)(말레이계), 다땅 꼬또datang kotor(더러운 것이 도착)(말레이계), 마리 꼬또mari kotor(더러운 것이 옴)(말레이계), 딱 볼레tak boleh(할 수 없음)(말레이계), 레이 라 따 에(더러운 것이 도착함)(중화계), 라 쌈(더러운 거)(중화계-호끼엔), 안 창 뚱 씨(더러운 일)(중화계), 비에 띠꺼 두람(집에서 떨어져 있음)(타밀계)
생식 중심	추꿉 우무르cukup umur(충분히 나이든)(말레이계), 다 다땅dah datang(이미 옴)(말레이계), 볼레 까윈boleh kawin(결혼 가능)(말레이계), 주오 따 런(어른이 됨)(중화계), 까나 완 치 리(이미 옴)(타밀계), 바이 시커 반다치(나이가 됨)(타밀계)
기타	D(=the) M's here(그 엠이 여기있음)(말레이계), the thing's here(그것이 여기있음)(말레이계), 까까피kakapi(*코드로 여고생들이 '더럽다'는 뜻으로 만들어 썼다는 용어)(중화계), 나꺼(그거)(중화계), got it(했어)(중화계), 특정 용어를 사용하지 않고 그냥 말없이 손으로 질 쪽을 가리킴(말레이계)

* ( )안은 이 용어를 사용한다고 말한 언어권

젊은 여성들, 특히 학교를 다니는 십 대 여성들은 은유어를 쓰거나 몇몇 친구들 사이에서만 사용하는 코드어를 선호한다.

우리는 '월경'이라는 말은 거의 안 써요. 그렇게 심각한 말은 안쓰는 거죠. 남자들이 그 말뜻이 무엇인지 안다는 걸 알고 있죠. 그렇게 직접적으로 말할 필요는 없는 거 아닐까요? '아줌마'가 무엇을 가리키는지 여자들은 모두 알거든요. 그렇게 말하는 게 좀 더 재밌는 거죠. 다른 사람들은 아마 알아듣지 못해도 말이죠. 아줌마들은 어디에나 있으니까요. 일종의 내부 사람만 아는 언어죠, 우리만 알고 다른 사람들은 모르는. 농담같이 말하는 거죠.
—28세, 고등학교 교사, 미혼

이런 여러 말들 중에서 '불란 멍암방bulan mengambang(보름달)'이라는 용어는 눈길을 끈다. 이 말은 단순히 월경 주기를 가리키는 것만이 아니라 다른 용어들과 달리 월경 중에 느끼는 느낌을 중심에 둔 용어라는 점에서 흥미롭다. 월경 중인 여성이 마치 자신 안에 보름달을 껴안고 있는 듯한 느낌, 어떤 밝고 충만한 느낌을 경험한다는 것을 함의하고 있는 것이다. 마치 몸이 정점에 오른 보름달같이 느껴지는 기간, 풍부함, 풍요로움, 밝음 등 월경 중에 여성들이 느끼는 좋은 기분과 긍정적인 기운을 한껏 드러내주는 용어이다.

월경에 대한 완곡어 혹은 은유어 사용 양태를 들여다보면 월경하는 사람들이 월경을 가리킬 때 은유어나 코드어 사용을 선호하는 이유를 몇 가지로 정리해 볼 수 있다. 첫째, 다른 사람들이 주위에 있을 때, 소위 은밀한 신체부위에 대해 이야기하는 것이 불편하기 때문이고, 둘째, 월경과 같은 주제는 공공연하게 이야기되어서는 안 된다고 생각하는 경향이 있기 때문이다.

많은 언어들에서 월경을 더럽거나 불순한 것으로 규정하는 부정적인 용어들이 발견된다는 것은 주의할 만하다. 여성들이 이런 부정적인 용어들을 선호하고 일상적으로 사용하는 것은 아니다. 대신 '보름달'과 같은 긍정적인 용어를 선호하거나 적어도 '그날' 혹은 '기간'과 같이 표면상으로는 특정한 시각이 드러나 보이지 않는 용어를 즐겨 사용한다. 그럼에도 이 용어들은 여전히 '월경'이라는 정식어를 대신하는 은유어라는 점에서 월경에 대해 공공연하게 말해서는 안 된다는 문화적 불문율을 여전히 재생산하고 있다고 볼 수 있다.

아프니까 월경이다?

창피한 감정 외에도 여성들이 월경에 대해 갖는 부정적인 감정은 더 있다. 그 같은 감정은 다음과 같은 경우에 일어나기 쉬운데 예를 들어 여행이나 야외 활동을 계획하거나, 월경 양이 견디기 힘들 만큼 많거나, 생리통과 같은 불편함과 고통이 동반되거나, 월경이 여성에 대한 차별을 정당화하는 근거로 이용되거나 할 때 그러하다. 이 같은 경험을 자주 하는 여성들은 월경을 매우 성가시고 귀찮고 문제적이라고 느끼게 될 가능성이 높다.

양이 좀 많아요. 몸이 거의 녹초가 되죠. 월경이 끝나면 매번 거의 죽은 것 같은 느낌이 들 정도였어요. 살 수가 없었죠. 다시 양분을 보충하기 위해 되게 많은 것들을 먹어야 했어요. 스트레스가 심했죠. 특히 할 때마다 통증이 있다면 더 그렇죠.

— 50세, 전업주부, 두 자녀의 어머니, 기혼

언제나 나는 여자가 되고 싶지 않았어요. 오빠와 남동생을 무척 부러워했고 항상 그들처럼 되고 싶었어요. 내 부모님은 아들을 딸보다 더 사랑하시죠. 그렇지 않다고 하지만 나는 알 수 있어요. 나만 그렇게 느끼는 게 아니라 언니들도 그렇게 똑같이 느끼거든요. 부모님은 무얼 하시든 간에 아들을 더 사랑한다는 것을 내보이시죠. 나는 항상 오빠와 남동생처럼 되고 싶었어요. 그래서 월경을 피하고 싶었죠. 물론 그럴 수 없다는 것을 알고 있었어요. 그저 그게 내 일상생활에 영향을 안주었으면 싶었죠. 월경을 하지만 나는 해오던 것을 계속 한다, 그런 거죠. 월경은 정말 부담스러웠어요. 정말 귀찮죠. 첫 월경을 하자마자, 앞으로 살면서 몇 번을 해야만 하는지 세어 봤어요. 세상에 너무 많았죠. 가능하다면 월경을 없애버리고 싶었어요.

— 28세, 고등학교 교사, 미혼

학교에서 모든 선생님들이 말해요, 이건 전부 남학생들을 위한 거다, 여학생들은 약하니까 하면 안 돼. 나는 내가 남자여서 그 모든 걸 할 수 있기를 바랐죠. 선생님들은 여학생들은 힘이 없어서 적합하지 않다고 말하고는 했어요. 그러면서 남학생들이 하게 하라고 했어요. 그런 대접을 받는 것이 매우 불행하게 느껴졌어요. 월경은 귀찮았죠. 매우 불편했어요. 캠핑을 갈 때도 적절한 시설이 없잖아요. 정말 미칠 노릇이 되는 거죠. 생리대를 갈아야 하는데 정말 창피하잖아요. 정상적인 거지만 여전히 창피하죠.

—19세, 고등학생, 미혼

여성들은 일상의 시설들이 월경을 하지 않는 남성을 중심으로 만들어져 있다는 것을 자주 발견하게 된다. 월경을 하지 않는 남성의 필요가 하나의 규범이 되고 월경하는 사람들의 필요는 부차적이 되는 것이다.

어떤 형태와 방식에서 일어나든 여성에 대한 차별 경험은 월경에 대한 여성의 태도를 부정적으로 만드는 데 영향을 준다. 앞에서 본 한 여고생의 사례에서처럼 월경 자체가 아니라 월경을 하는 사람들에 대한 사회적 지지와 지원 그리고 월경 중인 이들을 위한 시설 미비 등이 여성들로 하여금 자신의 몸과 월경에 대해 부정적인 인식을 갖도록 부추긴다.

한편, 월경 중에 겪게 되는 신체적 불편도 많은 여성들이 월경을 부정적으로 보는 이유 중 하나라고 할 수 있다. 다음 사례에서의 여성과 같은 경험을 하게 된다면 월경에 대해 긍정적인 생각을 갖기는 힘들 것이다.

생리통이 끔찍할 정도였어요. 월경하는 게 정말 싫었어요. 모든 게 느려지게 만들었거든요. 나는 뛰어노는 걸 좋아하는 활발한 성격인데 양이 너무 많아서 종종 학교에서 집에 와야만 했어요. 같은 반 친구가 집에 데려다 줘야만 했죠. 너무너무 아파서요. 나는 거의 보름마다 월경을 했고 가끔은 한 달에 세 번 한 적도 있었어요. 정말 문제가 많았어요. 고속열차 같았죠. 그렇지만 월경이 생활에 걸림돌이 되도록 놔두지는 않을 거예요. 정말 정말 심하지 않은 이상은요.　　　　—40세, 민간기업 관리직, 미혼

월경을 시작하지 않는 게 더 나을 거라고 생각했어요. 왜냐하면 생리대를 갈고 하는 게 부담스러울 거라고 생각했고 월경날엔 말 그대로 침대에서 나오지도 못하는 여자애도 봤거든요. 움직일 수도 없고 걸을 수도 없다는 거죠. 그걸 하기 시작했을 때 그다지 좋지 않았어요. 대신 걱정이 앞섰죠. 그 기간이 어떻게 작동하는지도 몰랐죠. 여자로 산다는 것은 정말 힘들다고 생각했어요. 남자들은 하지 않는 이 모든 걸 감내해야 하니까요. 그런 기간을 가져야 하다니 여자는 얼마나 불운한가하고 생각했죠.　　　　—30세, 대학강사, 한 아이의 어머니, 기혼

생리통이나 과량의 월경과 같은 일을 겪는 것은 여성이 '불운한 성'이라는 생각을 낳는 요소가 될 수 있다. 여기에 '도교에서는 여자는 전생에 나쁜 업을 쌓았기 때문에 이런 더러운 일을 해야만 한다. 여자는 아이를 임신해야 하고 아이를 먹여야 하고 월경도 겪어야 하는 것으로 가르친다'는 사십오세의 한 사업가 여성의 말처

럼 종교 교육은 월경에 대한 부정적 인식을 더욱 강화시키는 역할을 한다.

유쾌하지 못한 월경 경험을 하면 월경을 귀찮거나 문제적인 것으로 보는 경향이 생길 수밖에 없다. 그러한 경험은 성 정체성의 문제와는 또 다른 측면에서 '월경을 제거해 버리고 싶은' 혹은 '남자가 되고 싶은' 소망을 갖게 만들기도 한다.

그렇지만 여성들이 월경에 대해 좋게 생각하도록 만드는 측면들도 존재한다. 예를 들어, 월경을 일반적인 건강상태의 지표로, 새 생명을 만들어낼 수 있는 능력의 징표로, 젊음의 징표로 볼 때는 월경에 높은 가치를 부여하게 되는 것이다. 사십오세의 사업가인 한 여성은 월경은 창피한 것이고 은밀하게 감춰져야만 하는 것이라고 배웠지만 '더 많이 알게 된 뒤로는 월경은 건강뿐만 아니라 여러 많은 다른 것들의 좋은 표식'이기도 하다는 것을 알게 되었다고 말한다. 네 명의 아이를 낳아 기른 사십오세의 한 전업주부 여성은 "그 기간이 젊음을 유지해주죠. 그거 없이는 여성다움은 불완전해요"라며 월경을 '젊음'과 '여성다움'의 상징으로 여기고 있었다. 한편, 생식력 또한 월경이 중요하게 여겨지는 중요한 측면이다.

나이가 더 들면, 이게 뭘 의미하는 것인지 이해하기 시작하죠. 종교적 시각에서 그걸 알게 되는 거예요. 좋은 점이 있다는 것을. 그러면 나이가 들수록 그걸 감사하게 여기게 되는 거죠. 그 과정을 더 잘 이해하게 되고 그 뒤에는 다 이유가 있다는 것을 알게 되는 거죠. 젊은 여자들은 요즘 일반적으로 이런 것에 좀 더 개방적이에요. 종교적 제약조차도 기본적으로 그저 월경의 신체적인, 실질적인 측면에 대한 거죠. 그 가치를 폄하하는 그런 게 아니에요.　　　　　　　　　　　　―25세, 대학생, 미혼

그걸(월경을) 멈출 수는 없죠. 우리는 타고나기를 이렇게 났어요. 받아들여야 하죠. 매달 그 기간을 가질 거예요. 모든 이들이 가질 거죠. 정상적인 거예요. 이상한 게 아니죠. 그게 정상적인 거라는 걸 알게 되었을 때, 내가 갖고 있던 많은 두려움과 불편했던 감정들이 사라지는 걸 느꼈어요. 어머니께서 항상 말씀하셨죠. 이제 그 기간을 가지니, 이제 너는 용감해져야 해. 활동도 많이 하고. 그냥 앉아있지만 말고. 너는 여자야. 뭐든 할 수 있어. 어머니는 그렇게 독려해 주셨죠.　　―30세, 사회복지사, 미혼

이전에는 엄청 창피해했죠. 지금은 다른 사람도 다 하는데 뭐 그런 생각이죠. 남자애들이 그걸 부정적으로 본데도 그래서 뭐, 네 엄마도 하거든 하고 생각하죠. 네 엄마가 그걸 안 했다면 넌 지금 여기 있지도 못해, 이렇게요.　　―19세, 고등학생, 미혼

여자들은 월경을 하기 때문에 아이를 가질 수 있어요. 이건 정말 대단한 거죠. 가끔 남자들은 이게 되게 더러운 거라고 생각하죠. 그 남자들은 여자들이 참 문제가 많다고 생각해요. 그런 남자들을 보면 항상 정말 화가 나요. 그런 남자들한테 이렇게 말하죠. 여자들이 월경을 안 하면 네가 세상에 어떻게 나왔

겠니?   —19세, 고등학생, 미혼

앞에서 살펴보았듯이 월경 자체는 부정적 인식을 불러일으키는 주된 요소가 아니다. 오히려 월경 외의 요소들이 월경에 대한 부정적인 태도를 발생시킨다. 월경이 오염원이라는 만연해 있는 인식, 여성에 대한 근본적인 성차별, 월경하는 사람들의 필요를 제대로 지원해주지 않는 사회 시설물 등과 같은 주변 환경으로부터 비롯되는 것이다. 월경에 수반되는 다소 불쾌한 월경 증상들의 경우에도 그것을 유발하는 요인은 월경 자체가 아니라 개개인의 영양 상태나 식습관 등이라고 한다. 이와 같은 관점을 취할 경우 월경은 해당 개인의 건강을 해하는 원인이 아니라 건강 상태를 나타내주는 표식이나 지표로 보는 것에 더 동의할 것이다. 실제로 여성들이 월경을 건강 지표로 삼는 것은 흔한 일이다. 월경 중인 여성들이 평소보다 활동을 줄이는 것도 월경 때문이라고 하기 어렵다. 오히려 스노우덴과 크리스티엔이 주장하듯이 월경 중 여성들에게 가해지는 갖가지 금기들과 제약들이 그 주된 원인이라고 보는 것이 맞을 것이다.

폐경, 누구의 희망사항도 아닌?

여성 노화의 전형적 표식으로 여겨지는 폐경은 대부분의 여성들에게 환영받지 못하는 것 같다. 폐경에 대해 부정적인 정보와 관념이

만연해 있고 대부분의 여성들이 여기에 무방비로 노출되기 때문에 많은 여성들은 폐경을 건강 악화, 우울감과 우울증 발병, 성욕 감퇴, 노화, 여성성 상실, 통제 불가능한 감정 등과 연관시켜 인식하고 또 이에 대해 걱정을 하게 된다.

이십 대 여성들에게 폐경에 대해 어떻게 생각하냐는 질문을 던지자 다양한 답변들이 돌아왔다(〈표7〉 참고). 폐경은 좋은 것이라 생각한다는 이도 있고 심지어 폐경을 하게 되면 '기쁠 것'이고 '다 자란 것 같은, 성숙했다는' 느낌이 들 것이라고 말하기도 했다. 그러나 또 한편에서는 '슬플 것이다', '걱정된다', '무섭다' 등 흔히 들을 수 있는 답변들도 많았다. 우울감, 극심한 감정 기복, 짜증 등 폐경에 대한 전형적인 이미지들도 상당수가 언급했다. '늙은' 혹은 '쓸모없어진' 느낌 외에도 '질병에 취약'해지고 '쉽게 피곤'해질 것이라서 '특별한 돌봄'이 필요하다고 느끼게 될 것이라는 이야기도 했다. 이에 더해, 폐경기를 '불확실한 상태'라고 느끼거나 '자신감을 잃

〈표7〉 폐경에 대한 감정들   (2003년, 말레이시아 설문조사)

감정	슬픔/걱정/무서움	감정적 혼란/쉽게 화냄	늙음	쓸모없음	낮은 성욕	기타	합계
답변수	16	9	7	2	2	25	61[164]

(2014년, 한국 설문조사)

감정	슬픔/걱정/씁쓸	우울	아쉬움/섭섭/허망	홀가분함	늙음	기타	합계
답변수	14	6	6	9	1	4	40[165]

을' 것이라는 답변도 있었다. 물론 불확실성과 자신감 상실과 같은 감정은 폐경 후 여성들에 대한 믿을 수 없을 만큼 부정적인 시각이 만연해 있다는 것을 고려한다면 매우 자연스러운 반응으로 보인다. 다음은 폐경에 대한 다양한 여성들의 반응이다.

어머니가 그 기간을 끝낼 때가 되었었는데요. 그런데 사십육세에 임신을 했어요. 제겐 지금 어린 동생이 있죠. 끝낼 때가 되었을 즈음에 어머니는 우울해 하기 시작했어요. 내 생각에 나이 든 여자들은 그런 것 같아요. 내 친구들과 얘길해보면 친구 어머니들도 기본적으로 다 똑같데요. 어느 날 일어났는데 이제 더 이상 아이를 가질 수 없다. 내 생각엔 나이든 여자들한테는 그게 우울하게 만드나봐요. 앞 세대들한테서 들어보면 (월경을 안 하는 게) 좋지는 않죠. 폐경을 하게 될 거라는 생각에 어머니는 무척 우울감에 젖어 계셨죠. 내 생각엔 그게 다 심리적인 것 같아요. 변하는 것 같으니까, 그거에 대해 아무 것도 할 수 있는 게 없으니까. ―25세, 연구보조원, 미혼

아마 걱정을 하겠죠. 왜냐면 쉽게 짜증이 나고 쉽게 화가 나는 상태가 될 거니까요. ―28세, 영업 사원, 기혼

그거에 대비해 준비할 필요가 있어요. 왜냐하면 건강과 감정에 엄청난 영향을 남길 테니까요. 어머니가 그걸로 고통받으시는 걸 봤어요. 가장 고문 같은 건 어머니가 그걸 받아들이

지 않고 신체적인 변화나 감정적 변화에 관심을 기울이지 않는 거였어요. 어머닌 무척 감정적이 되셨죠. 그게 어머니만 그렇게 고문한 게 아니라 어머니 주위 사람들도 고문했어요. 나도 희생자가 되었죠. 거기서 배운 것이 있어요. 폐경에 관해 무얼 읽기는 아직은 이르지만 그 나이가 되면 배울 건 배워서 주의를 기울이고 준비를 할 거예요. 늙으면 당연히 건강 문제가많이 생기죠. 그 문제는 그리 문제적으로 생각되지 않아요. 그렇지만 감정적 증상은 많이 걱정하게 될 거예요. 주위 사람들과의 관계가 나빠질 수도 있죠. 내 감정을 통제 못하게 될까봐 정말 걱정이 되요. 나이든 여자들이 감정적이 되면 맨날 놀리잖아요, 폐경을 가지고 그 사람들을 묘사하잖아요. 많은 여자들이 자신이 폐경기에 있다고 말하는 걸 좋아하지 않죠. 왜냐하면 늙었다는 말이니까요. 이제 끝이 되었다는 말이니까요. 우리 가족들끼리는 그거(폐경)에 대해 거의 얘기하지 않아요.

—28세, 고등학교 교사, 미혼

내가 본 것들과 내가 읽은 것들 때문에 폐경을 하게 되면 내가되게 늙었다고 느껴질 거예요. 아마 무척 슬플 거예요. 생물학적 시계가 멈춰버렸다는 것을 가리키니까요. 아이를 더 이상만들 수 없는 거죠. 폐경에 관한 정보는 월경에 대한 정보만큼은 없어요. 폐경은 여전히 감춰져 있죠. 늙은 숙녀들에 대한 감춰진 사안인 거죠.   —30세, 대학강사, 한 자녀의 어머니, 기혼

그때가 오면 받아들일 거예요. 내가 늙었다고 느껴지게 만들 거라서 좀 무서워요. 폐경 자체가 무서운 게 아니라 늙는 게 무서워요.

—44세, 비서, 두 자녀의 어머니, 기혼

남은 삶 동안 평생 그 기간을 가질 수 있는 방법이 있다면, 나는 시도해 볼 거에요. 왜냐면 그 기간은 나의 일부니까요. 폐경을 하면 무언가가 사라진 것 같이, 불완전해진 것같이 느껴질 거예요.

—45세, 전업주부, 네 자녀의 어머니, 기혼

지금 당장은 계속 (월경을) 하려고 노력해요. 계속하면 호르몬 균형이 잡혀 있다는 뜻이니까요. 월경이 오지 않으면 호르몬 균형을 맞추기 위해 다른 방법을 써봐야 할 거예요. 월경을 하는 동안은 여전히 젊죠. 월경을 하지 않으면, 임신을 하지 않게 되면, 이제 삶의 다른 단계를 맞닥뜨리는 거죠. 갱년이란 뜻은 변화죠. 이 단계의 삶에서 다른 단계로의 변화. 더 이상 젊지 않다는 뜻이예요. 늙은 여자가 되었고 여성다움의 끝에 이르렀다는 뜻이죠. 폐경 후에는 남자와 다른 게 없어요. 왜냐하면 여자로서 할 수 있는 일을 더 이상 수행할 수 없으니까요. 적어도 자격 있는 여자는 아닌 거죠 이제. 끝에 다다랐을 때, 더 이상 임신을 할 수 없게 되었을 때, 그때는 더 이상 여자가 아닌 거죠. 요즘 나는 폐경을 준비하고 있어요. 생각해보면 꽤나 우울해져요. 내가 이미 그렇게 늙었구나. 폐경을 신호로 이제 여자로서는 끝이구나. 만약 뭘 하고 싶으면 지금 하는 게 좋죠.

—45세, 개인사업가, 미혼

폐경에 대한 이와 같은 생각들은 연령을 막론하고 공유되고 있다. 십구세 밖에 되지 않은 여고생조차 어머니가 폐경기를 거치는 과정을 지켜본 뒤 극심한 감정 기복, 불면증, 안면 홍조, 식은땀, 한 밤중에 자주 잠깸 등과 같은 다양하게 나타날 수 있는 증상을 줄줄 꿰고 있으며 역시 폐경을 두려워하게 되었다고 할 정도로 말이다.

흥미로운 것은 초경에 대해서는 잘 아는 바가 없었던 이들이 폐경에 대해서는 비교할 수 없을 정도로 잘 알고 있다는 것이다. 그리고 폐경에 대해 알고 있는 모든 것이 모두 부정적인 측면들이라는 것도 주지할 만하다. 또한 월경에 대해 부정적인 태도를 보이는 이들이 더 이상 월경을 하지 않게 되는 폐경에 대해서도 역시 부정적인 태도를 견지한다는 점도 흥미롭다. 적어도 논리적으로 보면 어떤 상태에 대해 부정적인 태도는 그 반대의 상태에 대해서는 긍정적인 태도를 나타내는 것이 맞지만 적어도 월경과 폐경에 대한 태도에서는 이런 논리가 작동하지 않는다. 폐경은 더 이상 젊지 않은 늙은 몸, 나빠지는 건강, 성생활 없는 삶, 욕망되지 않는 몸 등의 문제 등으로 점철되어 있기 때문이다. 여성들은 이처럼 월경을 해도 그리고 안 해도 항상 문제적인 상태에 놓여 있다.

물론 폐경기를 심한 우울감과 함께 겪은 어머니를 지켜보았던 다음 여성의 경우에서 볼 수 있는 것처럼 폐경에 대해 만연해 있는 부정적 인식과는 다른 생각을 가지고 있는 여성들도 당연히 있다.

폐경은 자유를 주죠. 더 이상 어떤 것들에 대해 걱정할 필요가 없죠. 폐경기가 오면 그저 잘 겪게 되길 바라고 있어요.

—25세, 연구보조원, 미혼

아마도 놓여난 것 같다는 느낌이 사실 들 거 같기는 해요. 왜냐하면 임신 걱정은 할 필요가 없으니까요. 폐경 때 있을 불편함에 대해 생각해 보지 않았어요. 호르몬대체요법 같은 것을 할 거라고도 생각하지 않고요. 그냥 되어가는 대로 최대한 자연스럽게 두려고 노력할 거에요.

—38세, 저널리스트, 미혼

오래전에 폐경기를 겪은 칠십칠세의 한 여성도 폐경이 자신에게 자유를 가져다 주었다고 말한다. 그 전보다 몸이 훨씬 약해졌다고는 느끼지만, 월경에 대해 더 이상 걱정하지 않아도 되기 때문이라고 했다. 이제 막 폐경기를 지난 오십세의 한 전업주부 여성 또한 월경은 자신에게 항상 문제들을 안겨온 귀찮은 것이었기 때문에 더 이상 월경을 하지 않게 되어 그런 문제에서 놓여나는 것 같다고 말했다. 그렇지만 폐경이 오기 전 '귀찮은' 월경을 하는 것이 항상 여성들로 하여금 폐경을 마침내 귀찮은 일로부터 놓여나는 것으로 보게 만드는 것은 아니다. 이혼 후 세 명의 아이를 혼자 키우는 사십사세의 한 영업사원 여성은 폐경과 함께 수반되는 신체 변화에 대해 큰 관심을 가지고 있으며 이미 큰 걱정을 하고 있다.

주기가 너무 잦고 양도 많아 힘들게 월경을 해 온 사십세의 회사원인 한 미혼 여성도 폐경기가 오면 호르몬대체요법HRT을 할 계획을 가지고 있었다.

이처럼 월경이 끝나고 얻게 될 자유에 대한 기대가 있는 반면, 또 많은 여성들은 여전히 폐경에 대해 여러 가지 불안감에 사로잡혀 있는 것이 현실이다. 폐경에 대한 불안의 원인은 각양각색이지만 불안 자체는 나이나 혼인 상태와 무관하게 공유되고 있다.

여기서 우리는 이러한 불안을 만들어내는 정보와 지식이 얼마만큼이나 정확하고 신뢰할 만한지에 대해서 질문해야 한다. 정보라는 이름으로 유통되는 많은 것들이 왜 주로 폐경의 부정적 측면에만 초점이 맞춰져 있는지, 그런 부정적인 측면과는 다른 경험들 혹은 긍정적인 경험들은 어떻게 관심에서 벗어나 있는지 등에 대해서 말이다.

폐경에 대한 부정적인 인식은 대체로 폐경 후 여성들에 대한 묘사를 통해 전달되는 경우가 많다. 폐경 후 여성들은 '폐업가게' 혹은 '쓸모없는 땅 혹은 불모지' 등으로 묘사되고 이런 표현들은 여성의 기본적인 사회적 역할은 임신과 출산이라는 함의를 전달한다. 이와 같은 태도는 '난관 결찰, 자궁 적출, 또는 여성을 소위 무성적sexless이라 여겨지도록 만드는 기타 시술들' 등과 같은 표현에서 잘 발견할 수 있다.[166] 오십이세의 한 미혼 여성은 자궁적출수술을 받았는데 그 결과 일반적인 경우보다 일찍 폐경기에 접어들었다. 이 여성은 자궁이 없는 여성 혹은 월경을 하지 않는 여성은 더 이상 여자가 아니라는 사회적 시각이 일반화되어 있다고 자신이 알고 있는 자궁적출 후의 삶에 대해 묘사했다. 생식 능력 없이는 어떤 여성도 '진정한 여성'이 될 수도, 유지될 수도 없다고 여겨지는 세상에서의 삶을 말이다.

흥미롭게도 많은 인류학적 보고들은 폐경이 오히려 일종의 '자격증'이 되는 경우에 대해 보고해 왔다. 예를 들어, 카리브 해 연안에서는 폐경 후 여성은 '초자연적 존재에 의해 임신되었다'고 여겨지고 마야Maya족이나 멕시코의 몇몇 시골마을, 그리고 과거의 한국에서도 폐경 이후 여성만이 병을 고치는 사람이나 산파가 될 수 있는 자격이 주어졌다. 파푸아 뉴기니의 킬리아이Kiliai족에서는 월경을 계속하는 여성에게는 허용되지 않았지만 폐경 후 여성에게는 남성의 집에 들어가는 것이 허용되고 신성한 비품들을 다뤄도 되며 남자들의 의식에 참여해도 되었다. 같은 이유로, 파푸아 뉴기니의 화Hua족 여성들은 폐경이 오기를 기다리는데, 폐경 후에는 남자들처럼 될 수 있기 때문이다. 이런 까닭은 파푸아 뉴기니에서 월경과 출산은 깨끗하지 못하고 품위가 저하되는 일이라 여겨지며 월경혈과 출산 시의 분비물은 파푸아 뉴기니 남자들이 가장 두려워하는 오염인이기 때문이다. 같은 이유로, 남자는 태어날 때 어머니의 육체로 인해 조금은 오염된 상태로 태어나고 이 오염은 이후 성인식을 통해 제거된다고 여겨진다.[167]

여기서 우리는 몸, 월경, 출산, 여성성 등이 어떻게 서로 맞물리면서 월경하는 사람들의 삶을 소위 비규범적이고, 비정상적인 상태의 삶으로 인식하도록 만드는지를 볼 수 있다. 여성들이 월경을 해도 문제고 월경을 하지 않아도 문제가 되는 까닭은 결코 월경 자체에 있는 것이 아니라 바로 여성의 몸과 월경, 출산, 그리고 여성성 등을 바라보는 그 사회의 시각과 인식에 있다는 것을 알 수 있다.

월경과 폐경에 대한 여성들의 인식은 부정적일 수도 있고 긍정적일 수도 있으며 심지어 모호하거나 양가적일 수도 있는데 어떠한 사회적 맥락에서 이들이 사회화되어 왔는가에 따라 다를 수 있다. 월경이 긍정적으로 인식될 때 그것은 여성성, 생식력, 젊음, 건강, 몸의 정화작용 등을 나타내는 것으로 여겨진다. 반면, 부정적으로 인식될 때 월경은 오염, 원치 않는 (이)성애, 수치심과 역겨움을 불러일으키는 취약함과 연결된다. 긍정적 인식과 부정적 인식 사이의 상호작용은 개개인 여성에게 영향력을 가지며 개개인 여성의 월경과 폐경에 대한 태도를 규정짓는다. 이에 더해 신념, 지식, 실천 또한 여성들이 월경과 폐경을 특정한 방식으로 보는 성향이 만들어지는 데에 매우 중요한 요소로 작동한다.

폐경에 대한 여성들의 인식에서 다시 한 번 살펴보았듯이 월경이 귀찮고 문제적이라 여기는 여성들이라 할지라도 반드시 월경을 그만하고 싶어 하지 않는다. 이는 그들이 속한 문화에서 보이는 월경에 대한 양가적인 태도의 영향 때문이다. 한편에서 월경은 오염적이고 더럽히는 것이지만 다른 한편에서 월경을 하지 않는 여성은 사회적 가치가 없다고 여겨지는 것이다.

월경에 대해서 생식 중심의 관점을 가지고 생식력에 높은 가치를 두는 경우 월경에 대한 긍정적인 이미지를 갖는 경향이 있고 그러한 특별한 능력으로 인해 생식력을 가진 여성들이 자기 가치를 인정받는다고 느끼게 될 수 있지만 그것이 반드시 여성들에게 궁극적으로 긍정적인 것은 아니다. 월경을 생식과 연관시키는 것이 사실상 월경을 긍정적인 측면에서 볼 수 있게 해 여성들이 자신의 몸과 월경 또한 긍정적인 관점에서 바라볼 수 있게 도와주지만 여기에도 한계가 있기 때문이다. 진짜 여성은 임신할 수 있는 여자이고 월경은 곧 임신을 목적으로 존재하는 것이라는 생각으로 인해 월경을 하지 않거나 임신을 원하지 않는 여성은 진짜 여성이 아니거나 쓸모를 다하지 않은 여성이라고 간주되기 쉽다. 또한 여성을 아이 낳는 몸으로 보는 여성에 대한 관습적인 시각은 관습적인 성별 규범을 재강화하는 데 이용될 수 있고 이로써 여성들에게 항상 우호적이지는 않은 성별 관계를 유지하는 데 이용될 수 있다. 모든 여성들을 이성애적 섹슈얼리티와 관습적인 성역할을 따르도록 강제하는 강력한 이데올로기적 도구로 사용될 수도 있다.

폐경에 대한 최근의 담론은 여성들로 하여금 잠재적 질병과 건강 악화, 젊음의 부재, 감퇴하는 성 에너지, 감정적 불안정 등에 대한 걱정과 불안으로 압도되도록 만들고 있다. 이는 남성들에 의해 그리고 대부분의 종교가 여성의 몸에 대해 오랫동안 가져왔던 것과 같은 여성의 몸에 대한 남성 중심적 관점을 통해 지배적으로 생산되고 유통되는 과학적 지식의 또 다른 행태이기도 하다.

월경에 대한 부정적인 인식이 종교와 같이 강력한 사회적 권위를 가진 기구들을 통해 만연하게 유통될 때는 그 종교를 따르는 여성들이 다소 모순된 위치에 봉착하게 된다. 예를 들어, 본인이 따르는 종교에서는 월경이 다른 것을 더럽히는 것으로 보지만 본인은 그러한 인식을 따르고 싶은 마음이 없을 경우가 있다. 그런 경우 그러한 인식에 저항하며 스스로에게 보다 더 설득력이 있는 해석을 취할 수 있다. 그럼에도 불구하고 전통적 관습에 대한 개인적 수준에서의 저항은 큰 영향력을 가지지 못하거나 종교적 처벌이 강력해서 다른 방식의 인식론을 허용하지 않는 엄격한 종교질서 중심 사회의 경우에는 아예 가능하지 않을 수도 있다.

나가는 말

페미니즘적 월경 인식론을 향하여
— Let It Be!

지금까지 어떻게 하나의 평범한 생물학적 과정인 월경이 각 사회에서 사회적으로 그리고 문화적으로 주목받고 의미부여되고 규제되면서, 어떻게 월경하는 이들의 삶에 그토록 큰 영향을 주는지를 살펴보았다.

월경을 포함해 '몸'이라는 주제를 페미니스트 논쟁의 중심으로 가지고 온 것은 제2물결 페미니즘 이론가들이다. 인간의 몸과 문화 사이의 관계를 이해하기 위해 페미니스트들은 다학문적으로 접근해 왔다. 여성의 몸에 대한 이해가 어떻게 여성의 삶에 영향을 미쳐왔는지에 대한 논쟁에서 페미니스트들은 문화인류학적 연구물에 많이 의지해 왔다. 특히 여성 몸에 대한 사회문화적 관념과 성별 관계 사이의 관계에 대한 다양한 도움말을 제공하는 결과물들에 주목했다. 인간 생산, 성인식, 의례, 그리고 터부와 같은 문화인류학적 발견들에서 가져온 정보는 몸, 특히 월경이라는 주제를 검토하려는 페미니스트 연구자들에게 중요한 자원이었다. 페미니스트 연구자들은 남성중심적 사회에서 여성의 몸에 대한 생각은 대체로 항상 남성들의 편익에 종사하는 '정치적 과정'을 거쳐 사회적으로 구성되며 그 관념들은 '남성 지배를 재강화하는 강력한 도구'가 되어 왔음을 밝혀왔다.[168]

페미니스트 연구자들은 여성의 삶에 근본적인 영향을 주는 사회적 조건과의 관련 속에서 여성의 몸이라는 주제를 부분적으로 혹은 전면적으로 다루면서 몸이라는 주제에 대한 지적 논쟁에서 핵심 역할을 해 온 글들을 생산했다. 이들이 공통되게 주목하거나 중요하게 언급하고 있는 월경은 인간을 여성으로 또는 남성으로 '성별화'시키는 메커니즘이 최대치로 작동하기 시작하는 매우 중요한 분기점이다. 월경이 시작되자마자 젠더, 섹슈얼리티, 도덕, 생산력, 그리고 모성 이데올로기가 동원되고 그 이데올로기는 이내 '여성'이라는 존재와 여성의 삶에서 핵심적 의미를 얻게 된다.

그럼에도 델러니와 그의 동료들[169]이 지적하듯이 온전히 월경이라는 주제를 페미니스트적 관점에서 다룬 저작들은 그렇게 많지 않다. 초기 페미니스트 이론가들은 '문화'와 '여성' 사이의 간격을 좁히려고 하는 과정에서 '자연'과 '여성' 사이의 간격을 불가피하게 넓히기도 했기 때문에, 여성과 자연의 근접성을 증명하는 증거로 주로 동원되어 온 월경이라는 주제를 전적으로 다룬 연구가 손에 꼽을 만큼 적은 것이 놀라울 것은 없다. 혹여 월경이라는 주제가 검토될 때에도, 그것은 대체로 재생산이라는 주제의 일부로 다뤄지기 일쑤였다.

제니스 델러니Delaney, 메리 제인 럽톤Lupton, 그리고 에밀리 토트Toth는 월경이라는 주제에 관심을 기울인 몇 안 되는 학자들에 속한다. 이들은 《저주The Curse: a cultural history of menstruation》를 함께 썼고 이 책에서 그들은 다소 본질주의적 관점을 설파했다. 델러니와 그 동료들은 무엇보다 미국 문화 안에서의 월경에 관한 숱한 신화, 관념, 문화 행태들에 주목해 이를 추적했다. 이들은 월경이 여성의 창조성을 증명하는 주된 증거이며 따라서 충분한 관심을 받을 가치가 있고 여성의 특별한 창조 능력에 대해 이미 오래전에 이뤄졌어야 할 인정이 당장 이뤄져야 한다고 주장했다. 이들은 미국 사회에서의 월경에 대한 부정적인 관념들을 성공적으로 드러내 비판했고 그만큼 월경에 관한 기존의 관념적 토대를 뒤흔든 개척자들로 평가받았다.

그러나 이들이 채택한 관점은 지나치게 본질주의적이라는 비판도 제기되었다.[170] 이러한 비판 과정에서 제닛 세이어Sayers는 자유주의 페미니스트들과 사회주의 페미니스트들이 생리휴가를 바라보는 관점이 서로 다르다는 점을 지적했다. 자유주의 페미니스트들은 생리휴가가 여성이 남성과 다르다는 것을 증명하고 재강화하는 효과를 낳기 때문에 결과적으로 여성에 대한 더 심화된 차별로 이어질 뿐이라고 주장하는 경향이 있었다. 이 관점에 따르면, 월경이 몸을 취약하게 만드는 특성도 있다는 생각은 여성은 정치나 정부 기관 등에서 중요한 위치를 갖도록 허용되어서는 안 된다는 성차별주의적 인식을 지지하는 것으로 이어진다. 사회주의 페미니스트들은 자유주의 페미니스트들의 이러한 관점을 비판하면서 월경에 따른 불편함은 많은 여성들이 실재로 겪는 것이며 따라서 생리휴가는 여성들에게 필요하고 이익이 된다고 주장한다. 사회주의 페미니스트들은 생리휴가를 없애는 것은 일에서 잠시 쉴 필요를 절실히 느끼는 여성 노동자들로부터 쉴 권리를 빼앗고 결과적으로 자본가들의 이익만을 반영하는 것이 될 뿐이라고 경고했다.

한편, 월경에 관련된 새로운 개념과 함께 이에 대한 우려도 등장했다. 소피 로우는 월경전증후군이라는 개념과 같은 것은 '인간 몸을 의료화하는 정치적 과정'을 통해 사회적으로 구성되는 것이며 이러한 생각과 개념은 '여성들의 삶에서 진짜 문제들 혹은 정치적으로 성별화된 문제들을 감추면서 여성들을 몸에 한정시키는' 결과로 이어진다고 주장했다. 에밀리 마틴은 특히 의학 관련 저술에서 여성의 몸이 다뤄지는 방식에 주목하면서 여성 몸에 대한 사회문화적 태도의 문제를 열정적으로 검토했다. 마틴의 작업들은 특히, 의학 텍스트들이 근대 사회에 만연해 있는 여성 몸에 대한 남성 중심적 관념을 대표적으로 드러내고 있음을 밝혔다. 마틴은 과학과 과학적 지식이라는 것이 결코 남성들이 가진 여성 몸에 대한 편견에서 자유롭지 않으며 항상 남성의 몸을 규범으로 취해 왔음을 밝혀왔다. 대체로 남성들에 의해 지배받고 있는 의료과학에서 월경전증후군, 월경, 완경(혹은 폐경) 등은 모두 이러한 시각에서 접근되고 있다는 것이다.

월경에 대한 관심에 이어 저메인 그리어는 폐경이라는 주제에 초점을 맞추었다. 그리어는 폐경이라는 개념 자체가 남성들의 발명품이며 남성들이 그것을 발명한 이유는 그들이 나이든 여성들을 대하는 능력이 부족하기 때문이라고 말한다. 이는 나이든 여성들이 젠더에 대한 사회적 관념에 더 이상 구속되지 않고 남성들의 성적 '요구'로부터 자유로운 존재들이기 때문이다. 그리어에 따르면 월경을 더 이상 하지 않게 되는 상태에 대한 여성들의 불안이 증가하고 젊음과 미에 대한 강박이 심화되고 있는 것은 자연스러운 것이 아니라 바로 폐경이라는 관념과 개념이 발명된 결과다. 여성은 이제 젊든 늙든 상관없이 평생 동안 섹스와 젠더 역할의 감옥에 갇혀 있게 된 것이다. 조이 웹스터 바브리Barbre는 여기에 덧붙여 폐경에 대한 자신의 글에서 '과학은 문화 외부에 존재하는 것이 아니며, 문화의 일부'임을 역설했다.[171] 바브리에 따르면 각 역사 시기마다 폐경과 폐경기 여성에 대한 사회적 태도들이 상이했으며 호르몬대체요법과 같이 나이 든 여성의 몸이 의료화되는 것은 '젠더와 섹슈얼리티에 대한 전형적 관념을 가진 것이라는 면에서 의혹과 강력한 비판의식을 가지고 평가되어야' 하는 것이다.

제닛 리Lee[172]는 초경이 '여성으로서 존재하는 것에 대한 양가성으로 점철되어 있다'고 보면서 초경을 '몸 정치학의 핵심'으로서 고찰했다. 리는 초경이 '소녀가 여성이 되고 젠더 관계가 재생산되는 현장이자 교차점'이라고 주장했다. 리는 여성이란 월경을 하게 되면 '여성'이 된다는 생각, (이)성애화된 사회에 깊이 침윤되어 있고 여성 몸의 생물학적 행사에 각인되어 있는 바로 이 생각을 '표상하고' 동시에 이에 대해 '도전'하는 양가적인 존재라고 보았다.

폴라 쿠이Cooey는 《몸과 종교적 상상Religious imagination and the body: a

feminist analysis》에서 앎에 대한 질문에서 가치와 권력에 대한 질문을 연관시키지 않는 것은 불가능하다고 역설한다. 여성 몸과 남성 몸의 육체적·신체적·생물학적 차이들이 존재하지만 로버Lorber도 주장하듯 "신체적 차이는 (중략) 사회적으로 실천됨으로써 하나의 사회적 사실로 변형되지 않는 한 무의미하다."[173] 인간 존재란 언어와 상징을 통해 구조지워진 사회적 환경 안에서 존재하며 우리가 다른 동물과 공유하는 생물학적 요소들보다는 바로 이 사회적 환경이야말로 우리가 어떻게 행동하는지를 결정하기 때문이다. 스테비 잭슨Jackson[174]이 주장하듯이, 생물학은 어떤 결정적인 운명이 아니라 한 사회에서 각 젠더에 소속된 성원들에게 지정된 특징들을 통하여 비로소 그렇게 되는 것이다.

에밀리 마틴과 저메인 그리어 등은 월경, 노화, 폐경에 대한 만연한 시각을 질문하고 이에 대해 논쟁하면서 여성의 몸에 대한 깊은 사유와 촘촘한 논의를 제공하고 있다. 이런 논의들은 여성들이 여성의 몸과 월경, 폐경 등에 대해 새롭고 대안적인 관점을 가질 수 있도록 도와준다. 마틴과 그리어가 지적하듯이 인간의 몸, 특히 여성의 몸에 대한 현존하는 전통적, 관습적, 종교적, 심지어 과학적 지식으로부터 거리를 두고 그것들이 어떻게 여성들로 하여금 스스로를 잘못된 존재로 만들고 있는지를 살펴볼 필요가 있다.

저자도 본 저서에서 여성 몸과 여성 몸의 생물학적 요소들에 대한 관념이 공히 여성의 삶에 큰 영향을 미친다는 관점을 취했다. 이 관념들은 여성 몸의 적합화와 그것에 지정된 젠더 규범에 대한 엄청난 양의 성차별적인 문헌들을 생산함으로써 물적 토대를 구축해 왔다. 여성 몸에 대한 사회적으로 구성된 관념과 특징들은 여성들을 남성들과는 '사회적으로 다른' 이들로 보게 하는 토대가 되어 왔고, 이는 두 성들 사이의 불평등한 권력 분배의 결과이자 그것을 재강화한 이데올로기가 되었다. 월경은 여성들이 겪는 많은 것들과 마찬가지로 몸, 몸에서 나오는 물질들, 여성 몸 자체에 대한 사회문화적 관념과 인식을 통해 그 사회에 의해 고도로 매개되고 규제되고 통제받는 영역이 되어 왔고 여전히 그러한 영역으로 남아 있다.

　많은 문화권에서 월경은 다른 것을 오염시키고 월경 중인 여성 또한 다른 것을 더럽히는 존재로 여겨진다. 월경 금기, 즉 월경이 더럽고, 더럽히고, 오염시키는 것이기 때문에 특별한 관리와 처리나 제약이 있어야 한다는 관념이 공공연하다. 오염과 더럽힘에 대한 관념은 특히 종교 교육에서 강력하게 전수된다. 대다수의 종교에서 월경 중인 여성에 대한 다양한 제약들이 여전히 존재한다. 유교권, 불교권, 힌두교권, 이슬람권, 그리고 기독교권 등 우리가 알고 있는 대다수의 문화권에서 월경에 대한 특정한 인식과 월경 금기가 존재한다는 것을 알 수 있었다. 월경에 대한 특정한 내용의 믿음과 금기는 민간신앙이나 토속적 지식 또는 종교와 같은 다양한 문화적 틀을 통해 형성되고 전승되어 왔다. 그중 어떤 관념과 관습은 세대를 거치면서도 큰 변화 없이 그대로 전달되어 내려오고 있다.

　다행스럽게도 종교에서 강제되는 월경 금기를 개별 여성들이 동일하게 받아들이지는 않는다. 받아들인다 하더라도 그것을 따르는 방식이 동일하지는 않다. 심지어 그런 제약들이 여성들을 폄하한다고 느끼는 경우에는 그것을 곧이곧대로 따르지 않기도 한다. 월경 오염이라는 관념 자체에 동의하지 않기 때문에 종교적 금기를 개인적으로는 아예 무시하며 사는 여성들도 있다. 때로는 그런 제약들이 여성을 폄하하는 것이 아니라 오히려 여성들에게 종교적 의무에서 벗어나 쉴 수 있는 특별한 권리를 주는 것이라고 재해석하는 이들도 있다.

월경에 대한 부정적 인식에 문제의식을 느낀 이들은 월경을 보다 월경하는 사람 친화적인 관점에서 인식할 수 있도록 돕기 위해 적극적으로 활동하기도 한다. 예를 들어, 1970년대 북미 유럽을 중심으로 일어난 여신 문화운동은 자연, 월경, 생명을 창조하고 보호하는 여신의 이미지를 되살리면서 월경의 힘과 여성의 힘을 연결시켜 드러내고자 노력했다. 한국에서는 1999년부터 매해 월경페스티벌[175]과 같은 행사가 개최되어 월경에 대한 부정적 시각을 환기시키고 이를 긍정적 시각으로 바꾸기 위한 문화운동으로서 전개되기도 했다. 생리휴가제[176]와 생리공결제[177] 등 월경통으로 인해 노동이 힘든 임금노동자들과 수업이 힘든 학생들을 위한 휴식이 각각 법제화되기도 했다. 한국여성민우회가 주축이 되어 일회용 생리대 부가가치세 폐지운동을 벌여 결국 폐지시키기도 했다. 또한 '피자매연대'[178], '여성환경연대' 등의 단체가 주축이 되어 일회용 생리대의 문제점들을 드러내고 대안생리대 사용을 독려하는 운동을 전개하기도 했다.[179] 공영 텔레비전 프로그램에서도 '이제 월경을 이야기하자'라는 제목으로 월경을 다루기도 했다.[180]

그림 27 제6회 월경페스티벌에 등장한 전시물

　그런데 여성의 몸을 다르고, 열등하고 따라서 규제되어야 하는 것으로 만들면서 유지되어 왔던 가부장제는 체제 유지를 위해서, 위계적인 성별 구조를 강제하고 유지할 필요가 있고, 따라서 여성과 남성 사이의 위계적 관계를 정당화하고 유지할 수 있기 위한 메커니즘을 계속해서 구성할 필요, 계속해서 창조하고, 재창조하고, 강제하고, 재강제할 필요를 갖는다. 그것을 위해서는 규범으로서의 남성의 몸에 대비되는 여성의 몸이 갖는 차이와 타자성이 계속해서 부각될 필요가 있고 열등하고, 생래적으로 오염되어 있으며 따라서 그 자체가 더럽고 다른 것을 더럽힐 잠재성을 항시적으로 가지고 있다는 인식이 확산되어야 한다.

　그러나 몸으로 존재하는 인간은 결코 규범이 되는 그 '남성의 몸'에서 탄생될 수 없기에 남성에게 위협적인 '여성의 몸'은 남성의 가계를 잇고 새로운 노동력을 생산하는 불가피한 도구이므로 어떤 체제가 되었든 가장 기본적으로 필요할 수 밖에 없는 필수적으로 중요한 몸일 수밖에 없다.

여기에서 양가적 인식이 만들어진다. 월경하는 몸은 더럽고 월경하는 인간은 열등하지만 인간 생식에서 차지하는 역할과 인간 생산 능력 때문에 중요하고 또한 그런 역할을 하고 그런 능력을 가지고 있다고 인정될 때에 비로소 가치 있게 여겨지는 것이다. 한편에서는 바로 그 생식 기능으로 인해 오히려 열등하고 덜 가치 있는 존재로 여겨진다. 동물적 기능에 불과하다고 여겨지는 생식 기능은 여성의 몸을 더럽고, 오염시키고, 불순한 것으로 간주되는 것들에 취약하게 만든다고 여겨지기 때문이다. 또한 여성의 몸은 다르고, 취약하고, 더럽고 통제되지 않는 자연의 상태에 있기 때문에 문화에 의해 규제되고 통제되어야 한다고 여겨진다.

이 같은 양가적인 상황은 한편에서는 여성이 자신의 이해관계를 중심으로 그것을 이용할 수 있는 여지를 허용할 수 있지만 다른 한편에서는 언제든 통제될 수 있는 '유순한 몸'으로 존재한다는 것을 의미한다.

월경에 대한 젠더 중립적인 정보와 지식의 부재는 월경과 여성의 몸에 대한 부정적 인식이 지속되도록 돕는다. 그러므로 월경을 긍정적으로 보려는 시도는 월경을 부정적으로 보는 태도에 대한 저항에서 비롯된 훌륭한 시도였다. 그러나 월경을 긍정적으로 보려는 시도들이 기반을 두고 있는 요소들은 월경을 부정적으로 보려는 시도들이 기반을 두고 있는 요소들과 공통된다. 예를 들어, 월경은 임신, 출산과 연결되므로 부정적으로 인식되기도 하고 그렇기 때문에 긍정적으로 인식되기도 한다. 부정과 긍정이 공존하는 양가적인 인식은 궁극적으로 부정적 인식에 기반을 둔 위계적 인식이 유지되도록 돕는다. 한 쌍의 서로 반대되는 인식론에서 월경은 참을 수 없이 무거운 의미의 굴레를 뒤집어쓰고 언제든 이용될 수 있는 유순한 존재로 남아 있는 것이다.

양가성은 권력을 점하지 못한 이들이 자신의 이해관계를 최대한 추구해 볼 수 있는 여지를 남겨놓는다. 이런 경우에는 이렇게 대응하고 또 저런 경우에는 저렇게 대응하는, 즉 양가적으로 대응하면서 양쪽의 경우에서 이득을 최대화하는 것이다. 사회적 약자인 여성들이 표면적으로 보기에는 자신에게 여러 가지의 제약을 가하는 것 같이 보이는 월경 터부 등을 강력하게 부정하지 않는 경우 그 이유는 기존 질서를 완전히 붕괴시키지 못하는 상황 안에서 최대한의 여지를 만들어 내기 위해 그것을 자신의 이해관계를 중심으로 조작할 수 있는 장치가 필요하기 때문이다. 가부장제가 강한 남성중심적 사회에서나 상대적으로 그 질서의 힘이 약화된 사회에서 월경 터부가 공통적으로 발견되는 까닭도 여기에 있다고 볼 수 있다.

경제적 상황과 정치적 상황, 월경 터부 사이의 관계를 연구한 카렌과 제프리 페이지에 따르면 부족사회와 유목사회에서 경제 상태가 불안정하고 따라서 정치 상황이 불안정할 때 월경 중인 여성이 공동체에서 분리되는 경향이 있다. 남성들이 월경 터부를 강제함으로써 여성의 재생산 주기에 대한 통제력을 유지하려 하기 때문이다. 남성들이 경제적, 정치적 혹은 사회적 영예를 누리기 위한 자원을 여성들에게 의존하는 경우에도 여성들을 오염인으로 간주하는 경향이 있다. 주변 환경에 대해 부정적 시각이 존재하는 곳(예, 굶주림이나 이웃 집단과의 부정적 관계 등)에서도 월경을 오염인이자 위험한 것으로 보는 경향이 발견된다. 월경을 보는 시각에는 외부 세계를 보는 시각이 반영되어 있다. 외부가 여성의 몸에 투사되기 때문이다. 더글러스가 지적하고 있듯이 월경혈이 오염인으로 여겨지는 사회에서는 여성과 여성적인 것이라고 간주되는 모든 것에 대해 그 사회가 가지고 있는 모호함을 월경혈 관념을 통해 상징적으로 코드화하고 있는 것이다. 남성 우월의식과 여성이 가진 권력 사이에 긴장이 만들어지고 권력 모순이 생기게 될 때, 그와 같은 양가적인 사회구조의 결과로 월경 터부가 등장한다.

월경 그리고 여성의 몸이 갖는 양가성은 남성중심적 사회에서 남성의 이해관계를 위해 쉽게 동원되고, 조작되고, 통제되는 몸, 유순한 몸을 만들어 내는 문화적 전략의 결과로 보아야 한다. 여성의 능력이나 생식의 힘은 가치 있다고 평가되고 그렇기 때문에 통제된다. 가치 있기 때문에 보호되어야 한다는 논리에는 항상 양가성이 있다. 동시에 여성은 남성과는 다른 열등한 존재이기 때문에 보호받고 통제되어야 한다. 그렇기 때문에 종속된 존재로 머물러야 한다. 여성 몸의 양가성과 그로 인한 여성의 유순성을 강화, 재강화하는 문화적 전략은 가부장체제 유지를 위해 필수적이다.

양가성에 기대는 전략은 한편에서는 사회적 약자들이 취할 수 있는 효율적인 전략이 될 수 있지만 다른 한편에서는 바로 그 양가성으로 인해 규범으로서의 지위, '그냥 그렇게 있어도 아무 문제가 없는 지위'의 위치를 점하지 못하는 한계도 만들어 낸다. 월경에 대한 양가적 인식, 즉 여성의 생물학적이자 문화적인 상징인 월경을 양가적인 위치에 두게 되면 한쪽에서는 여성을 배제하는 근거로서, 다른 한쪽에서는 여성을 비난하는 근거로서 각자의 요구와 필요에 따라 그때그때 적절하게 활용할 수 있다. 양가성은 권력이 차이진 두 집단 사이에서 권력을 점한 집단이 권력을 점하지 않은 집단에 부여하는 문화적 통치술과 같은 것이기도 하기 때문이다.

가부장적 질서가 미미한 사회에서는 양가성을 전략으로 취해야 할 필요 자체가 없다. 월경은 그냥 월경으로서 존재할 뿐 그것에 어떤 구구절절한 의미가 부여되지 않는다. 월경이 순수한 것이라거나 불순한 것이라는 식의 어떤 특정한 인식이 없기 때문에 예를 들면, 여사제는 월경 여부와 무관하게 언제든지 어떤 의식이든 거행할 수 있고 또한 초자연적 존재와도 언제든지 접신할 수 있다.[181] 월경을 한다고 무엇을 더 할 수 있다거나 무엇을 하지 못하거나 하지 않는다. 월경을 하던 하지 않던 해야 할 사람이 해야 할 일을 하면 되는 것이다.

정치적 변화와 경제적 변화와 같은 사회적 환경과 맥락은 우리가 인간 몸을 인식하고 그것을 재현하는 데에 영향을 미친다. 월경에 대한 사회적 편견과 선입견들은 성적 분리를 유지시키거나 강화시킨다. 특히 남성들이 여성들에 의해 위협받는 것처럼 보일 때 더욱 그러하다. 여성운동이 여성과 남성 사이의 기존 관계를 흐트러뜨릴 수 있어서 남성 헤게모니가 위협에 직면하게 되었을 때 기존의 성별질서를 옹호하는 많은 저자들은 전통적인 성 역할을 재강화하기 위해서 월경의 해로운 영향 등과 같은 기존의 만연해 있던 관념들을 다시 불러오는 시도들을 한다.[182] 월경 중인 여성들의 활동력이 떨어지는 경우 그것은 월경의 부수효과인 신체 피로보다는 월경이 불순하다는 문화적 믿음 때문이라는 주장은 큰 주목을 받지 못한다.

그렇다면 페미니스트들은 월경의 양가성을 어떻게 다룰 것인가? 초기 페미니스트들의 전략은 여성의 '인간화'를 통한 양가성의 배제를 택했다. 여성이 남성이라는 보편 인간의 동등한 상대로서가 아니라 그를 인간일 수 있도록 만드는 토대(혹은 자연)로서만 인식되는 상황을 타개하려는 전략이었다. 이 전략은 여성이 남성과 같은 인간이 되는 전략이었고 그에 따른 전술은 '차이'를 지우는 것이었다.

그러나 한때 잘 지웠다고 여겨졌던 그 차이는 언제든지 고개를 들고 그 맹위를 떨칠 잠재력을 잃지 않았다. 그것은 양가성을 가지고 있기 때문에 언제든지 다시 호출되어 여성의 인간됨을 재질문하고 그것에 타격을 입힐 수 있는 힘을 가지고 있다. 그 힘의 핵심이자 초점은 항상 몸이었다. 성형과 조형의 시대, '자연'의 지위가 철저하게 질문받고 위협받게 된 시대에도 그것은 여전히 유효하다.

그렇다면 양가성을 그대로 두고 그것을 활용하는 전략을 취하기보다는 어떠한 의미도 구구절절 붙어 있지 않은 상태를 추구하는 것이 오히려 해방적 전략이 되지 않을까? 남성들이 성적인 존재이면서도 동시에 이성적인 존재일 수 있는 것은 그들에 대한 어떠한 특정한 관념이 없기 때문이며, 그러한 무관념을 입은 대상이 될 수 있는 것은 그들이 곧 규범으로 존재하기 때문이다. 규범적 존재에게는 어떤 것이든 할 수 있는 자유가 특권처럼 부여되어 있다. 그들은 꼭 사제일 필요도 없고 꼭 동물일 필요도 없다. 언제든지 필요에 따라 사제가 될 수도 있고 동물이 될 수도 있다. 특정한 양태나 행동에 남성의 정체성이 묶이지 않는다. 왜냐하면 남성이 어떤 존재라는 규정이 없기 때문이다. 남성은 인간, 즉 어떤 것으로도 존재해도 되는 자유로운 인간 자체이기 때문이다.

월경은 이제 금기할 필요가 없는 어떤 상태가 되었지만 그럼에도 그것은 여성임을 증명하는, 여성의 양가성을 증명하는 증거로서, 또한 여성의 불완전함, 여성의 취약함, 여성의 다름, 여성의 무자격성 등을 증명하는 증거로서 반복해서 호출되려는 징후가 발견되고 있다. 'PMS는 질병'이라는 광고 문구는 그냥 흘려보낼 만한 가벼운 것이 아니다. 그것은 의료 권력이 종교의 힘을 얻은 근대 과학의 시대에, 권력의 핵심에서 대중매체를 통해 흘리고 있는 메시지이기 때문이다. 월경은 한때 종교라는 이름의 남성 권력에 휘둘렸다. 이제 다시 의료라는 이름의 남성 권력에 휘둘릴 것인가? 그리하여 또 다시 유순한 몸이 될 것인가?

권력의 목소리에 귀를 막자. 그들의 메시지에 눈을 감자. 그리고 자신의 몸이 말하는 소리, 자신의 옆 사람이 말하는 소리에 귀를 기울이자. 피곤하다고 하는가? 쉬게 하자. 화가 난다고 하는가?

이야기를 듣자. 충만하다고 하는가? 춤을 추게 하자. 각자의 상황대로, 각자의 존재대로 들려오는 그 목소리를 직접 듣자. 그리고 그대로 존재하게 하자. Let it be!

주

1   Weitz, 2003, p. 19

2   달거리 혹은 생리(生理, 생물체의 생물학적 기능과 작용) 등으로 불린다. 고유한 한국어인 '달거리'도 그렇고, 한자어인 '月經(달월, 지름길 경 혹은 지날 경)'도 그러하며, 영어인 'menstruation'의 어원도 라틴어로 달을 뜻하는 'mensis'이니 언어가 달라도 모두 두루두루 '매달 치르게 되는 행사'라는 의미를 가지고 있다. 이런 측면에서 오늘날 보편적으로 사용되고 있는 '생리'라는 용어보다는 '월경'이 범문화적으로 폭넓게 사용되는 용어라 할 수 있다. 이 책에서도 꼭 필요한 경우가 아니라면 '생리'라는 용어 대신 '월경'을 쓰겠다. 한편, 월경이라는 소리말을 가진 또 다른 한자어가 '越境', 즉, 넘을 월(越)과, 지경 경(境)으로서 '어떠한 지경을 넘는 행사'라는 의미이니 '월경'이라는 소리말이 가지고 있는 의미는 '생리' 보다 훨씬 중층적으로 확장될 수도 있다.

3   Feminist Women's Health Centre, 2002

4   앞의 글

5   '젠더(gender)'는 1930년대부터 의학과 심리학적 용어로 쓰여 왔다. 당시 영어권 심리학자들은 'gender'라는 용어를 인간 심리를 묘사하기 위해 사용했고 그것을 특정한 성(sex), 즉, 우리가 생물학적 성이라고 이해하고 있는 것과 연결 시키지는 않았다. 1968년, 심리학자 로버트 스톨러(Robert Stoller)가 'sex'와 gender를 서로 다른 개념으로 구분해 사용하기 시작했는데 스톨러는 그의 저서 《Sex and Gender》에서 여성(female)과 남성(male)을 각각의 신체적 특징을 기준으로 분류했고 행위, 감정, 생각, 환상 등 sex와 관련되어 있지만 그렇다 고 해서 근본적으로 생물학적 함의를 가지는 것은 아닌 것들을 가리키기 위해 gender 개념을 사용했다(Oakely, 1997). 당시 스톨러에게 'gender'란 심리학적이고 문화적인 함의를 갖는 용어였던 것이다. 이렇게 볼 때, sex를 묻

246

는 적절한 용어가 '여성'과 '남성'이라면 gender에 상응하는 설명어는 '여성적 (feminine)'과 '남성적(masculine)'이 된다(Haralambos & Holborn, 1995). 이런 논의 과정에 개입하면서 페미니스트들은 gender가 sex가 갖는 생래적 특징이 아니라 사회적으로 구성되어 온 하나의 구성물임을 논증해 왔다.

6 Bordo, 1992

7 '여성'은 생물학적 조건에서 비롯된 생래적 특징을 일컫는 개념이 아니라 사회문화적으로 구성된 측면을 일컫는 개념이기도 하다는 것이 1990년대 이후의 논의다. 그렇게 보는 까닭은 첫째, 생래적 혹은 생물학적 특징에 대한 인식 과정 자체와 의미부여 과정 자체가 이미 문화적 영역의 것이고, 둘째, '여성'이라고 규정되는 사람들 사이의 무수한 차이들에 주목하고 그 차이가 무화되거나 간과된 결과가 빚어내는 문제들을 비판적으로 볼 필요가 있기 때문이다.

8 사회학자 막스 베버는 가부장제란 남성들이 가구의 수장이라는 지위를 통해 사회를 통치하는 통치체제라고 정의한 바 있다. 급진적 페미니스트들은 많은 사회들이 일반적으로 남성들에 의해 지배되고 통치되어 왔고 이 남성들은 가부장제를 통해 여성에 대한 지배를 유지해 왔다고 본다(Walby, 1990).

9 1990년대 들어 이전까지는 대체로 생래적인 것으로서 당연시되어 왔던 남성과 여성의 몸의 차이 혹은 생물학적 차이에 대해 많은 질문이 제기되기 시작했다. 버틀러와 같은 후기구조주의 페미니스트들은 '젠더' 뿐만 아니라 그동안 생물학적인 것이라고 규정되어 온 '섹스' 조차도 그것이 인지되고 규정되기 위해서는 '문화'라는 렌즈를 거치지 않을 수 없기 때문에 생물학적인 것이 아니라 '문화적인 것'으로 봐야 한다고 주장한다.

10 몸/정신, 자연/문화 등의 이분법은 정신을 몸보다 우등한 것으로, 문화를 자연보다 우등한 것으로 가치 평가하는 이원론적 세계관에 근거하고 있다. 셰리 오트너(Ortner, 1974)에 따르면, 이 같은 위계적 관념은 인류가 개인과 사회의 생존을 위해 자연을 통제하는 방법과 능력을 발전시킬 수밖에 없었던 조건에서 비롯된 것이며 따라서 인간이 만들어 낸 관념이다.

11 Jackson and Scott, 2002

12 Birke, 1986

13 한국에서는 지난 십여 년 넘게 '폐경'보다는 '완경(完經)'을 쓰자는 논의가 있어 왔다. 이는 폐경이 아무래도 부정적 의미에서 사용되는 경우가 많기 때문에 보다 긍정적인 관점에서 이 시기를 명명할 필요가 있다는 인식이 설득력을 얻었기 때문이다. 저자 또한 그러한 문제의식에 동의하지만 이 책에서는 일반적으로 흔히 사용되고 있는 용어라는 측면에서 특별한 경우가 아닌 한 '폐경'

을 우선적으로 사용하겠다.

14 '메노포즈(menopause)'는 'meno'와 'pause'의 합성어다. meno는 그리스어로 달을 뜻하는 'mēn'에서 온 용어이며 pause는 '어떤 행위를 (잠깐 동안) 멈춘다' 라는 뜻이다. 따라서 '메노포즈'는 '달을 멈춘다', 즉 '매달 해오던 어떤 행위를 멈춘다'라는 뜻을 갖는 말이다. 한국에서도 요사이 많이 쓰이게 된 용어다.

15 앞에서 언급한 바 있는 '가부장제' 개념의 여성화된 형태라고 할 수 있겠다. 그런데 가모장제의 역사적 실재 여부에 대해서는 단일한 시각이 있는 것은 아 니다.

16 galloway, 1997; Brettell & Sargent, 2001. 'galloway' 영어 소문자 철자는 오 타가 아니라 인용된 저자의 의도에 의해 쓰이는 것임을 밝힌다.

17 이런 의미에서 다민족, 다언어, 다종교 사회인 말레이시아는 비교문화적 현장 을 살필 수 있는 훌륭한 사회문화적 텍스트였으며 그 내용은 이 책의 상당 분 량에서 반영되어 있다.

18 Bramwell et al. 2002

19 Tierney, 1991

20 Dalton, 1969, Sayers, 1982, 재인용

21 Buckley & Gottlieb, 1988

22 이에 대해서는 Douglas, 1966; Buckley & Gottlieb, 1988; Delaney et al., 1988; O'Grady, 1998 등 참조

23 Lupton et al., Tierney, 1991 재인용

24 Dalton, 1969, Sayers, 1982 재인용

25 Sayers, 1982

26 Lupton et al., Tierney, 1991 재인용

27 Delaney et al. 1988

28 Knight, 1991

29 Sultans, 1988

30 저자는 로지아 오마와 브람웰 등의 견해와는 다른 견해를 가지고 있다. 그 내 용은 특히 3장과 4장에서 자세히 다루고 있다.

31 Freud, 1918: 197, Sayers, 1982, p. 112 재인용

32 Ford, 1945, Buckley & Gottlieb, 1988 재인용

33 Snowden & Christian, 1983

34 Stephens, 1962

35 Buckley & Gottlieb, 2001

36 Rozin & Fallon, 1987, Curtis & Biran, 2001 재인용

37 Lupton et al. 1988

38 Kelly, 1981

39 Sayers, 1982

40 Snowden & Christian, 1983, Bramwell et al. 2002

41 Tierney, 1991, p.192

42 고은광순, 2006

43 Wiesner-Hanks, 2001, p. 114

44 그러나 만약 그 집안에 여성이 단 한 명밖에 없다면 월경 중에도 종교 의식을
    여느 때처럼 하게 되기도 하는데 바로 여성이 제단을 차리거나 촛불을 켜고
    향을 피워 관리하는 일을 담당하고 있는 문화의 경우가 그러하다.

45 Wiesner-Hanks, 2001

46 Sered, 1999

47 Wiesner-Hanks, 2001, p. 115

48 Othman and Ng, 1995

49 Sered, 1999

50 Ferree et al. 1999

51 Durkhiem, 1915; Douglas, 1966; Buckley and Gottlieb, 1988; Delaney et al.
    1988 참조

52 또 다른 이름은 랑수르(langsuir) 또는 마띠 아낙(mati anak)이다.

53 Laderman, 1983, p. 127

54 O'Grady, 1998.

55 악귀를 쫓기 위해 못을 쓰는 것은 앞에서 래더만(Laderman, 1983)의 글을 통
    해서 보았듯이 말레이시아 문화에서도 발견된다. 래더만에 따르면, 말레이시
    아 문화에서 쌀과 철은 전통적으로 세계를 통제하는 남성의 힘을 상징하는 것
    이었다. 쌀과 철은 인간의 통제력을 벗어난 부정적인 초자연적인 힘에 맞서 인
    간이 스스로를 보호하기 위해 사용했던 주된 물건이었다. 철로 만들어진 물건
    인 못을 악귀를 상대하는 데 사용하는 것은 앞에서 보았던 뽄띠아낙 귀신 이
    야기에서도 등장한다.

56 Lanson, 1974

57 Dube, 1977

58 Wiesner-Hanks, 2001

59 Comber, 1960; Wiesner-Hanks, 2001

60 Comber, 1960

61 Wiesner-Hanks, 2001

62 Comber, 1960

63 정작 인도에서는 사람들이 힌두교로 돌아가거나 이슬람이나 기독교를 갖게 됨에 따라 1200년경 이래 거의 사라진 종교가 되었다(Wiesner-Hanks, 2001).

64 Leslie, 1994

65 Leslie, 1994, p. 70-71

66 그렇지만 스리랑카의 불교도들의 경우에는 초경 의례를 치르고 초경을 맞은 소녀와 소녀가 속한 공동체를 위해 중요하고 성스러운 행사를 치러주는 경우도 있다(Winslow, 1980, O'Grady, 1998 재인용).

67 Lang, Tierney, 1991, p. 60 재인용

68 Lang, 1968; Wiesner-Hanks, 2001

69 Lebra and Paulson, 1980

70 Ching, Hing et al. 1984 재인용

71 Oorijtham, Norani and Ng, 1995 재인용

72 Mehta, 1987

73 Wiesner-Hanks, 2001

74 이 법은 서기 200년에서 400년 사이에 정리되었다고 전해진다(Wiesner-Hanks, 2001).

75 Oorjitham, 1987

76 Roy, Tierney, 1991 재인용. 이는 한반도 역사에서 있은 '과부 보쌈'과 유사하다고 볼 수 있다. 누구의 의지와 판단이 작용한 것인지에 따라 '보쌈'은 납치 및 강간에 다름 아닌 것으로 볼 수 있기 때문이다.

77 '붉다'는 뜻이다.

78 Leslies, 1994, p. 67

79 이런 이유로 인도에서는 많은 곳에서 초경 축하연이 행해지는 것을 볼 수 있다(Leslie, 1994).

80 이런 측면에서 인도 문학에서 여성은 비교할 데 없이 순수하고 결코 오염된 상태에 있지 않는 존재로 그려지기도 하는데 이는 월경이 매달 그들의 죄를 씻어낸다고 여겨지기 때문이다(Leslie, 1994, p. 76).

81 Bhattacharyya, 1988

82 태국과 일부 아프리카 사회에서도 소녀의 첫 월경은 공중에 떠다니는 영에 의해 꽃이 떨어진 결과라고 여겨지는데 월경을 하는 동안 나는 피는 그 영과 계

속해서 성교를 하기 때문에 나는 것이라는 믿음이 있다. 이 때문에 소녀는 초경 동안 '신부'라고 불린다(Bhattacharyya, 1988, Delaney et al. 1988 재인용).

83 인도 문화에서는 월경혈, 정자, 땀 등 몸에서 분비되는 것은 모두 불순한 것으로 간주된다(Leslie, 1994).

84 그리스도는 '기름부음 받은 이'라는 뜻의 히브루어인 메시아(Messiah)의 그리스어 번역어다(Wiesner-Hanks, 2001).

85 Wiesner-Hanks, 2001

86 16세기 이래, 개신교주의는 여러 많은 종파들로 나뉘어졌고 각 종파는 젠더에 대해 서로 다른 생각들을 가졌다. 퀘이커(Quakers) 교도들과 같은 몇몇 종파는 17세기부터 여성들이 설교를 할 수 있도록 해왔다.

87 실비아 페데리치(2011)는 《캘리번과 마녀》에서 '마녀사냥'은 남성으로부터 독립적인 삶을 살아가는 자산가 여성들의 재산을 탈취하기 위한 목적으로 이뤄졌고 이것이 자본주의 초기에 자본의 원시적 축적을 가능하게 했다고 본다.

88 O'Grady in Yound et al. 1998

89 Buckley and Gottlieb, 1988

90 Wood, C.T. 1981, p. 710-727.

91 Wiesner-Hanks, 2001

92 다섯 가지 기둥은 첫째, 신앙 고백, 둘째, 기도, 셋째, 자캇(zakat, 자신의 소득과 물건을 다른 이와 나누는 것), 넷째, 금식, 다섯째, 하지(haji, 성지인 메카를 순례하는 것)를 일컫는다(Strange, 1981, p. 22).

93 Othman, 1988a

94 아이와 옹(Ong)에 따르면 이런 현상은 중산층뿐만 아니라 농민층에서도 일어났다. 상속 아닷이 이슬람법인 샤피(Shafi'i)에 의해 변형되어 딸과 아들에게 가는 상속이 차이가 나게 된 것이다. 변형된 상속 아닷에 따라 딸은 아들이 받는 상속분의 절반만을 받게 되었고 자신의 여자형제가 상속받은 땅이 농사를 짓기에는 너무 적은 크기일 때 남자형제가 여자형제의 상속분을 사버리는 경우가 종종 생기게 된 것이다. 이로써 농민들 사이에서도 여성과 남성 사이의 경제력은 점점 더 격차가 벌어졌다.

95 Dube, 1977

96 옹도 지적하고 있듯이, 다른 무슬림들과 같이 말레이시아 무슬림들도 개를 매우 혐오스러운 존재로 여긴다. 이러한 표현은 해당 여성이 성적으로 개와 같이 무차별적이고 순수하지 못하다는 함의를 가진다.

97 여기서 황금땅은 여성의 몸을 가리킨다.

98 '하지'는 성지 메카로 순례를 다녀온 사람 이름 앞에 붙이는 호칭이다.

99 Laderman, 앞의 글, p. 141-142

100 Strange, 1981

101 영어로 된《코란》에 따르면(2:223), 월경은 '불순'하며 따라서 남편은 자신의 아내가 월경하는 동안은 아내로부터 거리를 유지해야 하고 이는 아내가 월경 중일 때는 성관계를 갖지 않아야 하는 것으로 이해된다(Majid Fakhry, 1997, p. 26).

102 프로펫 모하마드의 말과 행동, 승인 등을 모아놓은 책으로서 무슬림들에게 법적 효력을 갖는다(Philips, 2001, p. 5).

103 Philips, 2001:5, 13-15

104 당시 어떤 여성들은 월경용 옷을 따로 마련해 입었다(Philips, 2001).

105 모하마드는 여러 명의 아내들을 두었던 것으로 알려져 있다. 이것은 지금도 무슬림 남성들이 중혼을 하고 여러 명의 아내를 두는 것을 정당화하는 근거로 사용되고는 한다. 그러나 기혼의 무슬림 남성이 또 다른 결혼을 할 때는 반드시 기존 아내의 용인이 있어야 한다. 물론, 해당 남성과 여성이 동등한 권력 관계에 있지 않을 때 각각의 의견이 동등하게 반영되지 못할 수도 있기 때문에 아내의 동의라는 말 자체가 실질적으로 가능한지에 대해서는 이견이 있을 수 있다. 한편, 무슬림 남성들이 여러 번의 결혼을 합리화하려는 주장에 대해 무슬림 페미니스트들은 동의하지 않는다. 프로펫 모하마드 시기에는 전쟁으로 인해 고아와 '과부'들이 많았고 여성이 독립적으로 생계를 꾸리는 것이 거의 불가능한 사회였기 때문에 남편이 없는 여성들이 생존하기가 너무나 어려웠는데 프로펫 모하마드가 여러 아내들을 두게 된 것은 당대의 사회적 상황 때문이었다고 본다. 즉 모하마드가 여러 번을 결혼했던 이유는 생계가 막막한 여성들을 궁휼히 여겼던 프로펫이 그녀들의 생계 문제를 해결해 주기 위한 것이었고 즉각적이고 확실한 방법이 당시에는 결혼일 수 밖에 없었을 것이라는 것이다. 따라서 당시의 결혼을 산업화된 근대 자본주의 사회에서의 결혼과 동일하게 생각하고 여러 명의 아내를 두는 것이 프로펫의 삶을 따르는 것이라고 주장하는 것은 설득력을 갖기 어렵다.

106 글로리아 스타이넘, 1995

107 이 가상의 각본에서 등장하는 용어들은 대체로 저자가 만난 여성들이 직접 사용한 것들이다.

108 트랜스젠더의 경우에서 보면 '소녀'가 아니라 '소년'일 수도 있다. 한계가 있음을 주지하면서도 이 글에서는 편의상 소녀로 쓰도록 하겠다.

109 이소리, 1999

110 〈동아일보〉 1984년 1월 4일, 강조는 저자

111 〈한겨레〉 1992년 12월 6일, 강조는 저자

112 Brooks-Gunn, 1988, Tierney, 1991 재인용. 심리학자 캐런 호니에 따르면, 성적 죄의식, 여성성 수행 실패에 대한 공포, 심각한 자기 방어, 의심과 적대감 등과 같은 신경증이나 성격장애 등으로 힘들어하는 여성들의 이와 같은 특징들을 형성시키는 결정적 요소들은 그보다 어린 이전 시기에 처음 등장한다 할지라도 대체로 초경을 하는 동안 나타나기 시작한다(Horney, 1967, Greer, 1970, 재인용).

113 Greer, 1970

114 galloway, 1997

115 〈동아일보〉 1998년 11월 16일

116 〈동아일보〉 1999년 6월 25일, 7월 16일, 매일경제 1999년 8월 4일 참고

117 〈이투데이〉 2012년 6월 5일자 참고

118 한 여성은 인터넷에 돌아다니는 월경 관련 유머를 들려주었다. "여성은 신뢰할 수가 없는 존재인데 왜냐하면 일주일 동안 피를 흘리고도 죽지 않기 때문이다"는 내용이다. 만약, 글로리아 스타이넘의 질문처럼 남자가 월경을 했다면 다른 유머가 만들어 졌을 것이다. 예를 들어, "남자는 너무 위대해. 왜냐하면 일주일 동안 피를 흘리고도 여전히 살아 있잖아!" 같은 것 말이다.

119 예를 들어, 말레이시아의 한 텔레비전 프로그램인 "3R"은 세 명의 젊은 여성 진행자들이 나와 여성 관련한 주제들에 대해 이야기를 나누는데 종종 월경에 대해서도 이야기를 나누기도 한다. 이 프로그램을 지원하는 광고주들 중 하나는 킴벌리클락(Kimberly-Clark)으로 '코텍스' 생리대를 생산하는 업체다. 한국의 유한킴벌리와 같은 회사다.

120 Martin, 1997

121 〈그림 3〉의 제약회사는 해당 제품을 1999년부터 판매해 왔으며 2015년 현재까지 1억3천만 정을 판매했다고 한다(종근당 홈페이지 http://m.prefemin. co.kr/menstruation.html 참고, 2016년 6월 15일 검색). 유투브 동영상 등을 통해서도 월경전증후군을 '질병'으로 여기는 일반인들이 만든 동영상을 어렵지 않게 발견할 수 있다.

122 Laws, 1993, p. 385-387

123 Delaney et al. 1988

124 Greer, 1991

125 그리어는 의료 영역에서의 이러한 흐름을 지적하고 비판하기 위하여 '에노포비아(anophobia)', 즉 '나이든 여성을 비이성적이고 비합리적으로 두려워하는 증상'으로 불러야 한다고 제안했다. 에노포비아는 라틴어인 에너스anus, 즉, '늙은 여자'에서 유래한 말이다. 그리어는 이러한 비이성적인 공포증은 완경에 대해 부정적인 사회적 인식의 한 원인이라고 지적했다.

126 Martin, 2002, p. 384

127 앞의 글 p. 386

128 〈경향신문〉1991년 11월 14일

129 월경 기간을 7일로 잡고 하루 3-4시간마다 생리대를 교체한다면 월 사용 생리대 개수는 평균 35개이고 이것을 평균 월경기간 약 38년으로 잡아 감안할 때 약 7천원의 중형(18개입) 생리대 구입에 월평균 1만4000원, 연 16만8000원, 평생 약 638만4000원이 소요된다는 계산이 나온다(〈이투데이〉 2012년 7월 15일).

130 Feministing.com 참조

131 〈경향신문〉 1999년 6월 8일자

132 The Museum of Menstruation 참조

133 〈MK뉴스〉 2010년 2월 5일

134 〈매일경제〉 1970년 4월 16일

135 출처: http://money.joins.com/news/article/article.asp?total_id= 7652718&ctg=1502 (2016년 6월 18일 검색)

136 〈동아일보〉 1980년 10월 11일과 13일

137 〈경향신문〉 1990년 5월 24일

138 Lupton et. al. 1988

139 〈매일경제〉 4월 16일자, 강조는 저자

140 〈동아일보〉1975년 12월 27일, 강조는 저자

141 (극장광고는 계속되었다) 그런데 〈동아일보〉 1984년 1월 4일자 한 기사 내용에는 '요즘은 안방에 앉아서 부모는 아들딸들과 TV를 통해서 여성의 생리대 광고나 피임약 광고를 보고 듣고 있으면서도 별로 서로 불편하게 생각하지 않게 되었으니 세월이 많이 변했다고 하겠다'라는 부분이 나온다. 이를 보면, 생리대 전파광고 금지가 엄격하게 강제된 것이 아니었던 것 같다.

142 〈한겨레〉 1998년 1월 14일

143 〈동아일보〉 1980년 2월 5일

144 〈매일경제〉 1995년 10월 13일

145 〈동아일보〉 1998년 11월 16일자 기사는 1989년 한국에 들어온 P&G의 '위스퍼' 광고가 생리대로서는 최초로 TV 광고도 실시한 업체라는 내용을 실었다. 이는 정확하지 않다.

146 박이은실, 2013

147 〈동아일보〉 1994년 10월 10일

148 1994년 '울트라 화인' 생리대 광고에 남성 모델 감우성이 등장한 이래 남성 연예인들이 주로 여성 연예인들이 모델로 활동해 왔던 각종 여성관련 혹은 가전 제품관련 광고에 속속 등장한다. 또한 남성 연예인들의 모델료 또한 여성 연예인들의 모델료를 능가하게 된다. 당시 많은 광고에 등장했던 내로라하는 여성 연예인인 채시라, 김지호, 김혜수, 이승연 등이 받는 모델료는 2억5천만원에서 4억 원대였는데 이전에는 이의 절반정도를 받아왔던 남성 연예인들(배용준, 박중훈, 최민수, 이정재 등)의 1년 전속모델료가 3-4억 원대로 껑충 뛰었던 것이다(〈경향신문〉 1996년, 12월 17일).

149 대한펄프에서 이즈음 '20대 중반의 여성을 대상으로 한 프리미엄급 생리대'를 표방하며 내놓은 '매직스 프린세스'는 '남성 지갑을 노리고 출시된 브랜드'라고 홍보되었다. 광고 문구에는 "매직스 프린세스라면 그이로부터 선물받고 싶다"는 내용이 들어 있다(〈동아일보〉 1998년 4월 10일).

150 〈스포츠조선〉 2008년 5월 18일

151 매일경제, 1987년 5월 27일자, 1995년 11월 4일자, 동아일보 1999년 7월 16일자, 월간마이더스, 2013년 11월호, 머니투데이, 2013년 7월 10일자 참조

152 한겨레, 2003년 12월 24일자, 파이낸셜뉴스, 2011년 4월 7일자 참조

153 수전, 2010

154 헬스조선, 2013년 2월 20일자, 한국경제, 2011년 8월 30일자, 시사저널 2011년 7월 19일자 참조

155 이소리, 1999

156 이소리, 1999

157 이 장에서 인용하는 설문조사 결과는 저자가 직접 진행한 2003년, 말레이시아 한 대학교 여대생들에 대한 설문조사와 2014년, 한국의 한 대학교 여대생들에 대한 설문조사를 종합한 것이다. 인용된 인터뷰 내용은 말레이시아에서 만난 말레이계, 화교계, 타밀계 말레이시아 여성들의 답변들이다.

158 무답 3명

159 이 여성은 영양분 흡수와 혈액순환, 이후 몸에서 잔여물이 배출되는 주기 전체를 일컫기 위해 '메타볼리즘'이라는 말을 사용했다.

160 이소리, 1999

161 Leslie, 1994, p. 70-71

162 월경 중에는 집에서 멀리 떨어져서 지내야 했던 풍습에서 비롯된 말이다. 이에 대해서는 1장에서 자세히 다루고 있다.

163 줄리아 레슬리에 따르면, 인도에서 사용되는 월경을 가리키는 말들은 이밖에 더 있다. 예를 들어, '푸스피니(꽃임신)', '푸스파바티(피어남)', '말라바드바싸스(옷에 얼룩 묻은 여자)', '라자스발라(불순함, 더러움, 욕정으로 가득 참)', '스트리다미니(여성으로서의 의무를 가진 자)' 등이다. 그러나 이 용어들은 말레이시아에서는 잘 알려져 있지 않고 사용되지도 않는 것으로 보인다.

164 합계가 총답변자수(50명) 보다 많은 것은 두 가지 이상의 답변을 한 사람들이 있기 때문이다.

165 합계가 총답변자수(27명) 보다 많은 것은 두 가지 이상의 답변을 한 사람들이 있기 때문이다.

166 Strange, 1981

167 아이가 여성의 몸에 의해 오염된 상태로 태어난다는 이러한 관념은 비단 파푸아뉴기니 문화에서만 발견되는 것은 아니다. 가톨릭을 포함한 기독교에서 말하는 인간의 '원죄'와 '세례식', 여성의 머리를 천으로 가리는 것 등도 유사한 인식을 토대로 하고 있다고 볼 수 있다.

168 Weitz, 2003

169 Delaney et al. 1976/1988

170 Sayers, 1982; Buckley & Gottlieb, 1988 참조

171 Barbre, 1993; Weitz, 2003, p. 279 재인용

172 Lee, 1994, Weitz, 2003 재인용

173 Lober, Weitz, 2003, p. 19 재인용

174 Jackson, 1998:63

175 여성문화기획팀 '불턱'(고려대, 서울대, 서울시립대, 연세대 연합팀)이 '월경 제대로 보기운동'의 일환으로 1999년 9월 10일, 서울 고려대 안암 캠퍼스 대운동장에서 제1회 '월경페스티발'을 개최했다(〈동아일보〉 1999년 9월 6일).

176 생리휴가제는 1953년 근로기준법 제6507호 71조 항에 "사용자는 여성인 근로자에 대해 월 1일의 유급 생리휴가를 주어야 한다."가 명시되면서 제도화되었다가 해당 조항이 2003년, 여성단체들과 노조의 반발에도 불구하고 6974호 71조 "사용자는 여성인 근로자가 청구하는 때에는 월 1일의 생리휴가를 주어야 한다."는 내용으로 개정되었다. 무급화된 생리휴가제도는 이후

유명무실해졌다는 평가를 받고 있다.

177 2004년, 한 중학교 교사의 국가인권위 진정서 건으로 논의되기 시작한 후 2006년 3월부터 전국 초·중·고등학교 학생들을 대상으로 생리공결제가 시행되었다.

178 2003년, 대안생리대 만들기 운동을 시작했던 '피자매연대'는 2013년, 활동을 중단하고 새로운 활동 모색에 들어갔다.

179 "박진형 여성환경연대 활동가는 "면 생리대는 처음 구입 가격이나 만들기 가격이 일회용 생리대보다 단가가 높지만 평균 3-4년은 사용할 수 있다"며 "환경도 살리고, 건강도 돌보고, 주머니 사정까지 봐주는 면 생리대가 대안"이라고 강조했다." (《여성신문》 2011년 9월 9일)

180 EBS, 〈미래의 조건〉, 2004년 11월29일-12월2일 방영

181 Appell, Buckly & Gottlieb, 1988 재인용

182 Delaney et al. 1988. 적절한 용어가 '여성(female)'과 '남성(male)'이라면 'gender'에 상응하는 설명어는 '여성'이다.

그림, 표

참고문헌

김재은, "초경의 충격, 생명의 존엄성을 배우는 기회", 〈동아일보〉 1984년 1월 4일

나임윤경, 《여자의 탄생》, 웅진지식하우스, 2005

더글러스, 메리, 《순수와 위험》, 유제분 역, 현대미학사, 1997

박이은실, "패권적 남성성의 역사", 〈문화과학〉, 2013

스타이넘, 글로리아, 곽동훈 옮김, 《여성 망명정부에 대한 공상》, 현실문화연구,
    1995

이소리, "생리 아픔 딛고 깨닫는 몸의 자존심", 〈한겨레〉 1999년 9월 15일.

이현재, 《여성의 정체성: 어떤 여성이 될 것인가》, 책세상, 2007

스트레서, 수전, 《낭비와 욕망》, 김승진 역, 이후, 2010

푸코, 미셸, 《성의 역사 1》, 이규현 역, 나남, 2004

페데리치, 실비아, 《캘리번과 마녀》, 갈무리, 2011

Appell, L. W.R. "Menstruation among the Rungus of Borneo: an unmarked
    category", In Buckley, T. & Gottlieb, A. (eds.) *Blood magic: the anthropology
    of menstruation*, pp. 94-112, Berkley: University of California Press, 1988

Banks, D. *Malay Kinship*, Philadelphia: ISHI Publications, 1983

Barbre, J. W. "Meno-boomers and moral guardians: an exploration of the
    cultural construction of menopause" In Weitz, R. *The politics of women's
    bodies: sexuality, appearance, and behaviour*, 2nd ed. pp. 271-281, New York:
    Oxford University Press, 2003

Bettelheim, B., *Symbolic wounds: puberty rites and envious male*, revised edition,
    New York: Collier Books, 1962

Bhattacharyya, N. N., *Indian Puberty Rites*, Firma KLM Private Limited, 1988

Bordo, S.R. "The body and the reproduction of femininity: a feminist appropriation of Foucault", In Jaggar, A.M. & Bordo, S.R. (eds.), 1989. *Gender/body/knowledge: feminist reconstructions of being and knowing*, pp. 13-33, New Brunswick: Rutgers University Press, 1989

Bramwell, R.S., Biswas, E.L. & Anderson, C., "Using the menstrual attitude questionnaire with a British and an Indian sample", *Journal of Reproductive and Infant Psychology* 20(3): 159-170, 2002

Brettell, C. & Sargent, C. F. (eds.), *Gender in cross-cultural perspective*, 3rd .ed. New Jersey: Prentice-Hall, Inc., 2001

Brooks-Gunn, J., "Antecedents and consequences of variations in girls' maturational timing", *Journal of Adolescent Health Care* 9: 365-373, 1988

Birke, L., "Animals and biological determinis", In Jackson, S. & Scott, S. (eds.) *Feminism and sexuality: a reader*, pp. 101-109. Edinburgh: Edinburgh Press,1998

Birke, L., Women, *feminism and biology*. Brighton: Wheatsheaf, 1986

Buckley, T. & Gottlieb, A., "A critical appraisal of theories of menstrual symbolism", In Buckley, T. & Gottlieb, A. (eds.) *Blood magic: the anthropology of menstruation*, pp. 3-50. Berkley: University of California Press, 1988

Butler, J., *Bodies that matter: on the discursive limits of 'sex'*. London: Routledge, 1993

Comber, L., *Chinese magic and superstitions in Malaya*. Singapore: Eastern University Press Ltd., 1960

Cooey, Paula M. *Religious imaginations and the body: a feminist analysis*. Oxford: Oxford University Press. 1994

Curtis, V. & Biran, A., "Dirt, disgust, and disease: is hygiene in our genes?", *Perspectives in Biology and Medicine* 44(1): 17-31, 2001

Dalton, K., *The menstrual cycle*, New York: Pantheon, 1969

Dan, A.J. & Monagel, L., "Sociocultural influences on women's experiences of premenstrual symptoms", In Gold, H. & Severino, S.K. (eds.) *Premenstrual dysphorias: myths and realities*, Washington, DC.: American Psychiatric Press, 1994

De Beauvoir, S., *The second sex* (trans.), London: Picador, 1949

de Rios, M. D., "Why women don't hunt: an anthropological look at the origin
of the sexual division of labour in society", *Women's Studies* 5: 241–47, 1978

Delaney, J., Lupton, M. J. & Toth, E., *The curse: a cultural history of
menstruation*, revised and expanded edition. Chicago: University of Illinois
Press, 1988

Douglas, M., *Purity and danger: an analysis of concepts of pollution and taboo*,
London: Routledge & Kegan Paul Limited, 1966

Dube, L., *Women and kinship: perspectives on gender in South and Southeast
Asia*, Tokyo: United Nations University Press, 1997

Durkheim, E., *The elementary forms of the religious life* (trans.), 2nd (ed.)
London: George Allen & Unwin Ltd., 1971

Ferree, M., Lorber, J. & Hess, B. (eds.) *Revisioning gender*. California: SAGE
Publication, 1999

Ford, Clellan, *A comparative study of human reproduction*, New Haven: Yale
University Press, 1945

Freedman, Jane, *Feminism*, Buckingham: Open University Press, 2001

Friedl, E., *Women and men: an anthropologist's view*. New York: Holt, Rinehart
& Winston, 1975

galloway, P., "Where have all the menstrual huts gone? The invisibility of
menstrual seclusion in the late prehistoric southeast", In Brettell, C. &
Sargent, C. F. (eds.) *Gender in cross-cultural perspective*, 3rd (ed.) pp. 70–81,
New Jersey: Prentice-Hall Inc., 2001/1997

Greer, Germaine, *The Change: women, aging and the menopause*, New York:
Fawcett Clumbine, 1991

Greer, G., *The Female eunuch*, London: MacGibbon & Kee Ltd., 1970

Haralambos, M. & Holborn, M., *Sociology: themes and perspectives*, 4th, (ed.)
London: Collins Educational, 1995

Horney, Karen, *Feminine Psychology*, New York & London: W.W Norton &
Company, 1993/1967

Jackson, S. & Scott, S. (eds.), *Gender: a sociological reader*, London: Routledge.,
2002

Jackson, S. & Scott, S. (eds.), *Gender: A Reader*, London & New York:
Routledge, 2000

Jackson, S. & Scott, S. (eds.), *Feminism and sexuality: a reader.* Edinburgh: Edinburgh University Press Ltd., 1998

Karim, Wazir Jahan, "The Status of Malay Women in Malaysia: From Culture to Islam and Industrialization", *International Journal of Sociology of the Family*, 17(1): 41-45, 1987

Karrazi, Lily, "State of separation: Syrian Jewish women and menstruation", *National Women's Anthropology Newsletter* 4(2): 13-14, 27, 1980

Khan, Mumtaz Ali and Ayesha, Noor, *Status of rural women in India: A study of Karnataka*, Uppal., 1982

Kelly, R., "Introduction: accounting for sexual meaning", In Ortner and Whitehead (eds.), *Sexual meanings*, pp. 20-21, Cambridge: Cambridge University Press, 1981

Knight, Chris, *Blood relations: menstruation and the origins of culture*, Yale University Press, 1995/1991

Kok, Hu Jin, "Malaysian Chinese fold religion: with special reference to Weizhen Gong in Kuala Lumpur", In Cheu Hock Tong (ed.) *Chinese beliefs and practices in Southeast Asia: studies on the Chinese religion in Malaysia, Singapore and Indonesia*, pp. 103-142. Petaling Jaya: Pelanduk Publications, 1993

Laderman, C., *Wives and midwives: childbirth and nutrition in rural Malaysia.* Berkeley: University of California Press, 1983

Lamp, Frederic J., "An Opera of the West African Bondo: the act, ideas, and the word", *The Drama Review* 32(1): 83-101, 1988

Lamp, F., "Heavenly bodies: menses, moon, and rituals of license among the Temne of Sierra Leone", In Buckley, T. & Gottlieb, A. (eds.) *Blood magic: the anthropology of menstruation*, pp. 210-231. Berkley: University of California Press, 1988

Lang, O., *Chinese family and society.* New York: Archon books, 1968

Lanson, L., *From woman to woman: a gynaecologist answers questions about you and your body*, New York: Pinnacle Books, 1984

Lanson, L., "Strategies, cooperation and conflict among women in domestic groups", In Rosaldo, M.Z. & Lamphere, L. (eds.) *Women, culture and society*, pp. 97-112. Stanford: Stanford University Press, 1974

Lawrence, Denise, "Reconsidering the Menstrual Taboo: a Portuguese case", *Anthropological Quarterly* 55(2): 84–89, 1982

Laws, S., "Seeing red", In Jackson, S. & Scott, S. *Gender: a sociological reader*, pp. 373–383. London: Routledge, 2002

Laws, S., "Who needs PMT?: A feminist approach to the politics of premenstrual tension", In Jackson, S., Atkinson, K., Beddoe, D., Brewer, T., Faulkner, S., Hucklesby, A., Pearson, R., Power, H., Prince, J., Ryan, M., & Young, P. (eds.) *Women's studies: a reader*, pp. 385–388. Hertfordshire: Harvester Wheatsheaf, 1993/1995

Lebra, J. & Paulson, J., *Chinese women in Southeast Asia*. Singapore: Times Books International, 1980

Lee, J., "Menarche and the (Hetero)sexualization of the female body", In Weitz, R. (ed.) *The politics of women's bodies: sexuality, appearance, and behaviour*, 2nd (ed.) pp. 82–99, New York: Oxford University Press, 2003/1994

Leslie, J., "Some traditional Indian views on menstruation and female sexuality", In Porter, R. & Teich, M. (eds.) *Sexual knowledge, sexual science: the history of attitudes to sexuality*, pp. 63–81, Melbourne: Cambridge University Press, 1994

Lorber, J., "Believing is seeing", In Weitz, R. *The politics of women's bodies: sexuality, appearance, and behaviour*, 2nd (ed.) pp. 12–24, New York: Oxford University Press, 2003

March, K.S., "Deer, bears, and blood: a note on nonhuman animal response to menstrual odour", *American Anthropologist* 82: 125–127, 1980

Martin, E., The egg and the sperm. In: Jackson, S. & Scott, S. Gender: a sociological reader, pp. 384–391. London: Routledge, 2002/1991

Martin, E., "Medical metaphors of women's bodies: menstruation and menopause", In Conboy, K., Nedia, M. & Stanbury, S. (eds.) *Writing on the body: female embodiment and feminist theory*, pp. 15–41, New York: Columbia University Press, 1997

Martin, E., "The woman in the body", In Jackson, S., Atkinson, K., Beddoe, D., Brewer, T., Faulkner, S., Hucklesby, A., Pearson, R., Power, H., Prince, J., Ryan, M., & Young, P. (eds.) *Women's studies: a reader*, pp. 380–384, Hertfordshire: Harvester Wheatsheaf, 1993/1992

Martin, E., "Premenstrual syndrome: discipline, work, and anger in late industrial societies", In Buckley, T. & Gottlieb, A. (eds.) *Blood magic: the anthropology of menstruation*, pp. 161-181. Berkley: University of California Press, 1988

Mead, M., *The mountain Arapesh II: arts and supernaturalism*. Garden City: The Natural History Press, 1970

Meggitt, M., "Male-female relationships in the Highlands of the Australian New Guinea", *American Anthropologies* 66(4): 204-224, 1964

Mehta, R., *Socio-legal status of women in India*, Delhi: Mittal Publications, 1987

Montagu, M. A., "Physiology and the origins of the menstrual prohibitions", *Quaterly Review of Biology* 15(2): 211-220, 1940

Nunley, C. "Response of deer to human blood odour", *American Anthropologiest* 83(3): 631-634, 1981

O'Grady, K. & Wansbrough, P., "Menstruation", In Eleanor B. Amico, (ed.) *Reader's Guide to Women's Studies*, pp. 403-404, Chicago: Fitzroy DearbornPublishers, 1998

Omar, R., *The Malay women in the body: between biology and culture*. Kuala Lumpur: Penerbit Fajar Bakti Sdn. Bhd, 1994

Ong, A., "State versus Islam: Malay families, women's bodies, and the body politics in Malaysia", In Ong, A. & Peletz, M. G. (eds.) *Bewitching women, pious men: gender and body politics in Southeast Asia*, pp. 159-194. Los Angeles: University of California Press, 1995

Oorjitham, S., "Gender, culture and religion: a Hindu perspective", In Othman, N. & Ng, Cecilia (eds.) *Gender, culture, and religion: equal before God, unequal before man*, pp. 39-54. Kuala Lumpur: Persatuan Sains Social Malaysia, 1995

Oorjitham, S., "Socio-economic development of the urban Indian working class in Peninsular Malaysia", Ph.D. Thesis, Universiti Sains Malaysia, 1995

Ortner, S. B., "Is female to male as nature is to culture?", In Rosaldo, M.Z. & Lamphere, L. (eds.) *Women, culture and society*, pp. 67-87, Stanford: Stanford University Press, 1974

Othman, N., "Sexuality and gender rights: a sociological perspective", Kertas Kerja regional workshop: Islam, reproductive health and women's rights, pp.

16-17, Concord Hotel, Kuala Lumpur, 20-23 August, 1998b

Othman, N., "Islamization and modernization in Malaysia: competing cultural reassertions and women's identity in a changing society", In Wilford, R. & Miller, R.L. (eds.) *Women, ethnicity and nationalism: the politics of transition*, pp. 170-192, London: Routledge, 1998a

Othman, N., "Gender inequality, culture and the historicity of religious interpretation", In Othman, N. & Ng, Cecilia (eds.) *Gender, culture, and religion: equal before God, unequal before man*, pp. 1-12, Kuala Lumpur: Persatuan Sains Social Malaysia, 1995

Paige, K. E. & Paige, J. M., *The Politics of Reproductive Ritual*, Berkeley, Los Angeles, London: University of California Press, 1981

Philips, Abu Ameenah Bilal, *Islamic rules on menstruation and post-natal bleeding*. Kuala Lumpur: A.S. Noordeen, 2001

Roy, K., "India: ancient", In Tierney, H. (ed.) *Women's studies encyclopaedia. Vol.III History, philosophy, and religion*, pp. 215-217, New York: Greenwood Press, 1991

Rozin, P. & Fallon, A., "A perspective on disgust", *Psychology Review* 94: 23-41, 1987

Sandy, Peggy, *Female power and male dominance: on the origins of sexual inequality*, Cambridge: Cambridge University Press, 1981

Sayers, J., *Biological politics: feminist and anti-feminist perspectives*. London: Tavistock Publications, 1982

Schlegel, Alice, *Male dominance of female autonomy: domestic authority in matrilineal socieites*, New Haven: Human Relations Area Files Press, 1972

Sered, S. S., "Woman" as symbol and women as agents: gendered religious discourses and practices", In Ferree, M., Lorber, J. & Hess, B. (eds.) *Revisioning gender*, pp. 193-448, California: SAGE Publication, 1999

Shostak, Marjorie, *Nisa, the life and words of a !Kung woman*, New York: Vintage Books, 1983

Skeat, Walter W., *Malay Magic, Being an Introduction to the Folklore and Popular Religion of the Malay Peninsula*, Oxford University Press, 1984

Skultans, V., "Menstrual symbolism in South Wales", In Buckley, T. & Gottlieb, A. (eds.) *Blood magic: the anthropology of menstruation*, pp. 137-160.

Berkley: University of California Press, 1988

Snowden & Christian, *Patterns and perceptions of menstruation: a World Health Organization International Collaborative Study in Egypt, India, Indonesia, Jamaica, Mexico, Pakistani, Philippines, Republic of Korea, United Kingdom and Yugoslavia*, New York: St. Martines' Press, 1983

Stephens, William N., *The Oedipus complex: cross-cultural evidence*, New York: Free Press, 1962

Stephens, William N., "A cross-cultural study of menstrual taboos", *Genetic, Psychology Monographs* 64: 385–416, 1961

Strange, H., *Rural Malay women in tradition and transition*. New York: Praeger Publisher, 1981

Swanton, J.R., "Indians of the Southeastern United States", *Bureau of American Ethnology Bulletin* 137, Washington D.C., 1946

Tierney, H. (ed.), *Women's studies encyclopaedia Vol.III History, philosophy, and religion*. New York: Greenwood Press, 1991

Tuner, Brian, *The Body and Society: Explorations in Social Theory*, SAGE Publications, 1996

Wadud, A., "Gender, culture and religion: an Islamic perspective", In Othman, Norani & Ng, Cecilia (eds.) *Gender, culture, and religion: equal before God, unequal before man*, pp. 30–38, Kuala Lumpur: Persatuan Sains Social Malaysia, 1995

Wadud, A., "What's interpretation got to do with it: the relationship between theory and practice in Islamic gender reform", In Nik Noriani Nik Badlishah (ed.) *Islamic family law and justice for Muslim women*, pp. 83–94, Kuala Lumpur: Sisters In Islam, 2003

Walby, S., *Theorizing patriarchy*. Oxford: Blackwell Publishers, 1990

Weber, M., *The theory of social and economic organisation*. New York: Free Press, 1947

Weitz, R., *The politics of women's bodies: sexuality, appearance, and behaviour*, 2nd (ed.) New York: Oxford University Press, 2003

Wiesner-Hanks, M. E., *Gender in history*. Oxford: Blackwell Publishers Ltd., 2001

Winslow, D., "Rituals of first menstruation in Sri Lanka", *Man* 15: 603–625,

1980

Wolf, M., *Women and the family in rural Taiwan*, California: Stanford
University Press, 1972

Wood, C.T. "The doctor's dilemma: sin, salvation, and the menstrual cycle in
medieval thought", Speculum 56, 1981

Yound, S. et al. (eds.), *Women and world religions*, New York: Macmillan, 1998

Youssef, N. H., *Women and work in developing societies*, Westport, Conn.:
Greenwood Press, 1974

Zelman, E.C., "Reproduction, ritual, and power", *American Ethnologist* 4:714–
733, 1977

인터넷 자료

고은광순, "오마이난자: 황교수 연구가 사기극인 것이 감사하다", 〈오마뉴스, 2006
   년 2월 3일(2015년 4월 15일 검색)
   http://www.ohmynews.com/NWS_Web/View/at_pg.aspx?CNTN_
   CD=A0000308461
동아일보, 2002년 10월 8일(2015년 4월 15일 검색)
   http://news.naver.com/main/read.nhn?mode=LSD&mid=shm&sid1=102&o
   id=020&aid=0000155345)
동아일보, 2002년 11월 26일(2015년 4월 15일 검색)
   http://news.naver.com/main/read.nhn?mode=LSD&mid=shm&sid1=102&o
   id=020&aid=0000164047)
레이디경향, 2007년 11월호(2015년 4월 15일 검색)
   http://lady.khan.co.kr/khlady.html?mode=view&code=10&artid=10184&pt
   =nv
머니투데이, 2013년 7월 10일(2015년 4월 15일 검색)
   http://stylem.mt.co.kr/styview.php?no=2013071014164499133&type=1
머니투데이, 2003년 8월 19일(2015년 4월 15일 검색)
   http://news.naver.com/main/read.nhn?mode=LSD&mid=shm&sid1=101&oi
   d=008&aid=0000312164)
"매춘을 아웃소싱하는 대한민국… 대표 포주는 '대학'" (프레시안, 2011년 6월 24일,
   http://www.pressian.com/news/article.html?no=66483) (2015년 4월 30일
   검색)
세계일보, 2004년 9월 6일(2015년 4월 15일 검색)

http://news.naver.com/main/read.nhn?mode=LSD&mid=shm&sid1=103&o
id=022&aid=0000051479)

스포츠조선, 2008년 5월 18일(2015년 4월 15일 검색)
http://foto.sportschosun.com/news/ntype2_o.htm?ut=1&name=/news/
life/200805/20080519/85s27011.htm) (2015년 4월 30일 검색)

시사저널, 2011년 7월 19일 http://www.sisapress.com/news/articleView.
html?idxno=55646

여성신문, 2011년 9월 9일 http://www.womennews.co.kr/news/50691#.
VWwy0mASUkY

연합마이더스, 2013년 11월(2015년 4월 15일 검색)
http://www.yonhapmidas.com/people/company/2013-11/131115215840_
734419

오마이뉴스, 2002년 8월 31일(2015년 4월 15일 검색)
http://news.naver.com/main/read.nhn?mode=LSD&mid=shm&sid1=102&o
id=047&aid=0000011389)

월간마이더스, 2013년 11월호(2015년 4월 15일 검색)
http://www.yonhapmidas.com/people/company/2013-11/131115215840_
734419

이투데이, 2012년 7월 15일(2015년 4월 16일 검색) http://www.etoday.co.kr/
news/section/newsview.php?TM=news&SM=2203&idxno=605336)

종근당 홈페이지 http://m.prefemin.co.kr/menstruation.html (2015년 6월 15일
검색)

중앙일보, 2006년 8월 2일(2015년 4월 15일 검색)
http://article.joins.com/news/article/article.asp?ctg=12&Total_ID=2400712)

파이낸셜 뉴스, "한달에 한번 여성필수품 생리대 어떻게 고를까", 2013년 9월 2일
(2015년 6월 16일 검색)
http://www.fnnews.com/news/201309021721361547?t=y

파이낸셜뉴스, 2011년 4월 7일(2015년 4월 15일 검색)
http://www.fnnews.com/news/201104071205442873?t=y

한겨레, 2003년 12월 24일(2015년 4월 15일 검색)
http://news.naver.com/main/read.nhn?mode=LSD&mid=shm&sid1=101&oi
d=028&aid=0000038527)

한국경제, 2011년 8월 30일(2015년 4월 15일 검색)

http://www.hankyung.com/news/app/newsview.php?aid=2011083056707)

헬스조선, 2013년 2월 20일(2015년 4월 15일 검색)
http://health.chosun.com/site/data/html_dir/2013/02/20/2013022001066.
html

O'Grady, K. & Wansbrough, P. (1995) "Menstruation: a list of sources",
http://www.inform.umd.edu/EdRes/Topic/WomenStudies/Bibliographies/
menstruation (2002년 7월 6일 검색).

The Museum of Menstruation http://www.mum.org

Feminist Women's Health Centre http://www.feministcenter.org(2015년 4월 15
일 검색)

Feministing, http://feministing.com/2015/03/27/instagram-bans-photos-for-
showing-menstruation/ (2015년 6월 16일 검색)

Rupi Kaur, http://www.rupikaur.com/tagged/gallery (2015년 6월 16일 검색)